教师教育学科核心素养丛书

信息技术教育专业核心素养提升读本

XINXIJISHU JIAOYU
ZHUANYE HEXIN SUYANG TISHENG DUBEN

主　编　冯健文　林　璇
副主编　王会林　张海光
参　编　苗利明　赵芫野　蔡博瀚
黄毓丹　张　捷　钱桂校
林培瑜

广东高等教育出版社
Guangdong Higher Education Press
·广州·

内容简介

本书结合当前国内外中小学信息技术教育的发展趋势和师范生培养的职业要求，围绕信息技术核心素养内涵，对计算机和教育技术专业培养师范生学科核心素养、开展专业建设和课程改革进行系统介绍。内容上既宏观系统介绍中小学信息技术教育和信息技术核心素养，又具体阐述师范专业在课程体系、实践教学、基础教育协同发展、课程改革等方面的举措和实践。

全书体系科学规范，内容取舍得当，语言简明流畅。适合高等学校计算机、教育技术等师范专业教学科研的需要，也适合教学管理部门参考。

图书在版编目（CIP）数据

信息技术教育专业核心素养提升读本/冯健文，林璇主编．—广州：广东高等教育出版社，2020.12

（教师教育学科核心素养丛书）

ISBN 978－7－5361－6956－2

Ⅰ.①信…　Ⅱ.①冯…②林…　Ⅲ.①计算机课－教学研究－中小学　Ⅳ.①G633.672

中国版本图书馆 CIP 数据核字（2020）第 256619 号

出版发行	广东高等教育出版社 社址：广州市天河区林和西横路 邮编：510500　营销电话：(020) 87554153 http://www.gdgjs.com.cn
印　刷	广州市穗彩印务有限公司
开　本	787 毫米×1 092 毫米　1/16
印　张	11.75
字　数	290 千
版　次	2020 年 12 月第 1 版
印　次	2020 年 12 月第 1 次印刷
定　价	38.00 元

总　　序

“核心素养”的概念最早是欧美一些发达国家在20世纪90年代提出来的，目的是为了提高各国公民的综合素养与核心竞争力。如何定义核心素养？表述不一。联合国教科文组织将学生终身学习所需要的素养称为核心素养。欧盟的《终身学习核心素养：欧洲参考框架》指出：核心素养是个体在自我实现、社会融入中知识、技能与态度的整合。在我国教育界，最先引发对核心素养的关注是2014年教育部发布的《教育部关于全面深化课程改革落实立德树人根本任务的意见》，这份文件明确提出要“研究制订学生发展核心素养体系和学业质量标准”。之后，北京师范大学牵头组织核心素养课题组，并于2016年9月13日发布中国学生发展核心素养的研究成果：以培养“全面发展的人”为核心，将核心素养分为文化基础、自主发展、社会参与三个方面，具体又细化为人文底蕴、科学精神、学会学习、健康生活、责任担当、实践创新等六大素养和国家认同等18个要点。

接下来的问题是如何培养学生的核心素养？这个任务，恐怕最终必须落实到中小学的学科教学中。核心素养的培育，当然也可以通过家庭、社会教育的途径，但是，对于中小学生而言，他们接受教育的主要途径毕竟是学校教育，而学科教育是学校教育的基本教学形态。这样，“学科核心素养”的概念就被提出来了。一方面，学科核心素养是核心素养在学科中的具体化，如果没有学科教育的支撑，核心素养最终只能是空中楼阁；另一方面，每一个学科对核心素养的支撑，又不可能是面面俱到的，它们有各自的学科特点和任务，它们支撑的可能是核心素养中某几个方面的要素，但是，各学科核心素养的有机结合就构成了新时代背景下学生必备的核心素养。目前，各学科的核心素养已经在教育界形成共识，并且已经被落实到新课程标准中。

对师范院校来说，当然要研究核心素养，要将学科核心素养纳入学科教学论的教学内容中。但是，这并不是最重要的，更重要的是，我们培养的学生最终都要成为中小学某个学科的教师，他们要在教育教学中培养学生具有某学科的关键素质和能力，他们自己首先必须具有这一学科的核心素养。也可以说，具有学科核心素养，是师范生将来从事学科教育工作最基本的前提条件。甚至，我认为，各学科的师范生，应该自觉将学科核心素养内化在自己的价值取向、思维方式、行为方式、情感态度之中，彰显自己作为某学科教师的独特标识。这样，对学生而言，他们不仅从教学中，而且从教师的身上，感受到具有鲜明学科特征的素养与品格。一个语文教师和一个数学教师，他们的行为方式、情感态度和气质，应该是不一样的。一个数学教师，应该是一丝不苟的、严谨的，一个语文教师，应该具有一点诗性气质。所以，对师范院校来说，如何培养学生具有学科核心素养，就是一个事关人才培养的重要问题。这套丛书的编写，凝聚了我们对这个问题的思考和探索的成果。丛书没有统一的体例，可以是理论的阐述，可以是实践的案例，但是，必须解决两个问题：其一，如何解读学科核心素养？其二，如何培养师范生学科核心素养？从形成的书稿来看，水平有高低，体例各不同，但是，这两个问题大都涉及了。我们的初衷，是把这套丛书作为大学教师、师范生的教学参考书和读物。相信丛书的出版，对于提升师范专业人才培养质量，是有所借鉴和帮助的。

近年来，广东提出“新师范”的概念，也出台了《广东“新师范”建设实施方案》，这个概念的提出和若干措施的推动，不仅对广东，而且对全国教师教育改革都起到较大的推动作用。当然，“新师范”究竟新在哪里？还有较大的阐释和讨论空间。我以为，“新师范”的“新”，应该包括党和国家对新时代教师所提出的新要求，也应该包括基础教育改革对教师素质和能力的新要求，而学科核心素养，无疑应该包含在这个新要求中。从这个角度看，这套丛书的编写和出版，也是对广东的“新师范”建设做出的一个微小的贡献。

黄景忠
2020 年 12 月

前　言

本书基于编者在多年从事计算机科学与技术师范生职前培养及基础教育信息技术学科教学实践基础上，借鉴国内外卓越教师职前职后培养、教育信息化等相关文件和技术发展趋势而编写。本书主要内容包括：第一章系统介绍中小学信息技术教育学科的历史起源、发展和趋势，相关的政策和指南，学科目标和主要研究内容，中小学各阶段课程标准解读。第二章逐步从素养、核心素养、信息技术核心素养、师范生核心素养阐述概念、内涵和核心结构，构建中小学与大学之间的素养连接模型，为师范专业建设定义核心素养导向。第三章结合专业认证和教师资格证、信息技术学科需求，以计算机科学与技术（师范）专业为例，系统阐述师范生核心素养培养模型、课程体系、实践环节的建设，以及大学—政府—中小学—教育机构（UGSO）四位一体的协同发展框架，给出师范生职前职后培养一体化的整体论述。第四章选取专业培养核心素养的主干代表性课程，介绍课程改革思路及实践。第五章从创新创业项目、竞赛、产业学院角度阐述培养师范生核心素养的做法和启示。

本书编者来自于大学和中学一线教育管理者和骨干教师。由冯健文和林璇担任主编，王会林和张海光担任副主编。其中，冯健文编写本书第三章部分内容及统稿全书，林璇编写第一、第二章、附录和第四章部分内容，王会林、林培瑜参与编写第三章，张海光、苗利明、黄毓丹、钱桂校、张捷参与编写第五章、附录，赵芜野和蔡博瀚参与编写第四章。

由于编者水平有限，书中难免存在不足之处，敬请广大读者批评指正。

编者
2020 年 9 月

目 录

第一章　中小学信息技术教育概述

信息技术教育是指学习、利用信息技术，培养信息素质，促进学与教的理论与实践。它包含两个方面的含义：一是指学习与掌握信息技术的教育；二是指采用信息技术进行教育活动。信息技术教育是在信息技术不断发展的基础上产生和发展起来的，是信息革命在教育领域中的反映，是信息社会对教育的新要求。

《中共中央　国务院关于深化教育改革全面推进素质教育的决定》中，将“大力提高教育技术手段的现代化水平和教育信息化程度”，“在高中阶段的学校和有条件的初中、小学普及计算机操作和信息技术教育”作为全面推进素质教育的重要措施。实践表明，开展信息技术教育，能促进知识向能力的转化，能推进智力因素与非智力因素的结合，能实现个性教育、终身教育，全面提高人的身体素质、心理素质与社会素质。

1.1　中小学信息技术教育的意义与作用

1.1.1　中小学信息技术教育的意义

教育部基础教育司在 2000 年《教育部关于在中小学普及信息技术教育的通知》（教基〔2000〕33 号）中明确指出：“为了进一步贯彻落实邓小平同志‘教育要面向现代化，面向世界，面向未来’和‘计算机的普及要从娃娃做起’的战略指导思想，落实党的十五届五中全会精神，深化教育改革，全面推进素质教育，适应 21 世纪的需要，培养具有创新精神和实践能力的高素质人才和劳动者，教育部决定，从 2001 年开始用 5～10 年的时间，在中小学（包括中等职业技术学校）普及信息技术教育，以信息化带动教育的现代化，努力实现我国基础教育跨越式的发展。”要求各地要采取积极措施，加快推进中小学信息技术课程建设。要“将信息技术课程列入中小学生的必修课程，推动信息技术与课程教学改革的结合，促进教学方式的变革。”并提出要科学规划，全面推进，因地制宜，注重实效，大力加快中小学普及信息技术教育的工作步伐，实现在中小学开设信息技术必修课的阶段目标：“2001 年底前，全国普通高级中学和大中城市的初级中学都要开设信息技术必修课。2003 年底前，经济比较发达地区的初级中学开设信息技术必修课。2005 年前，所有的初级中学以及城市和经济比较发达地区的小学开设信息技术必修课，并争取尽早在全国 90% 以上的中小学校开设信息技术必修课。”

在《关于加快中小学信息技术课程建设的指导意见（草案）》中，对信息技术教育的意义也做了重点阐述："在全国中小学积极推进信息技术教育，促进中小学课程、教材、教学的改革，是落实《面向21世纪教育振兴行动计划》，深化基础教育改革，全面实施素质教育的需要；是面向21世纪国际竞争，提高综合国力和全民素质，培养具有创新精神和实践能力的新型人才的需要。""这对于全面推进素质教育，培养学生创新精神和实践能力；对于加快教育现代化进程，巩固'普九'成果，提高'普九'水平；对于推动教育消费，促进教育产业发展，为国民经济发展作贡献，都具有重大意义。"

1.1.2 中小学信息技术教育的作用

吴军其在《新理念信息技术教学论》一书中提到：中小学信息技术教育的作用是以信息技术作为认知工具，以其他学科知识的学习过程作为载体，使学生掌握计算机的基本操作技能及一些常用软件的使用方法，同时培养学生会用计算机搜集信息、加工整理信息和处理信息的能力，从而达到培养学生综合能力的目的，因此，可以从以下几个方面来理解信息技术教育的作用。

（1）教给学生初步使用信息技术工具的方法。信息技术作为一门独立设置的学科，主要还是学习信息技术的技能和基本工具。在学习信息技术过程中，要培养学生利用信息技术解决问题的习惯、能力以及使用信息技术的道德。因此，我们可以把信息技术作为一种工具，整合到实际任务中进行学习。这个任务不拘泥于教材或参考书所提供的材料，可以是其他学科的知识，可以是社会热点问题，也可以是学生自己感兴趣的问题。

（2）作为辅助其他学科教学的工具。在教育信息化逐步推进的今天，大部分的学科教育都开始向信息化教学方式靠拢，不仅教师在课堂上开始使用信息技术工具来辅助教学，而且，相当多的课程内容中也融入了与信息技术或者是计算机相关的成分，所有这些都极大地拓宽了信息技术教育的视野。如果把信息技术课作为一门工具性的课程，那么，学生可以借助他们掌握的信息技术工具，在其他学科中更好地理解教师的教学方法，更好地完成教师布置的任务，能够自如地进行个别化或者小组协作学习。学生在学习中始终能保持积极主动，通过获取信息、处理信息、交流信息等步骤完成研究目标，形成研究成果。在整个学习过程中，更加突出了学习的主体性和参与的过程性。在整个研究过程中，学生充分利用各种信息媒体获取信息，在教师和同伴协助下，不断地加工，形成自己的观点，并借助信息技术将自己的观点展示出来。

（3）促进了教育信息化。教育信息化是指以现代信息技术为基础的教育形态。它是教育信息化的必然结果。从技术层面上看，信息化教育的基本特点是数字化、网络化、智能化和多媒体化。从教育层面上看，信息化教育具有教材多媒体化、资源全球化、教学个性化、学习自主化、任务合作化、环境虚拟化和管理自动化等特点。中小学信息技术教育的开展，促进了教育信息化的发展。首先是信息化的教学环境有了改善，其次是开发了很多教育资源。通过把信息技术与学校教育、学科内容、学生学习和教学管理融合起来，提升了整个教育信息化水平。

1.2　国内外中小学信息技术教育概况

20 世纪 50 年代以来，国外各类教育改革有一个共同趋势，就是加强信息技术教育。自 20 世纪 90 年代以来，无论是发达国家还是发展中国家，都加快了改革进程，人们普遍认识到，以计算机和网络为核心的现代信息技术，是获取知识、从事工作不可或缺的工具，也是现代生活必不可少的工具。为此，世界各国都高度重视信息技术教育的普及工作，竞相推出了一系列重大举措，并初步形成了各自的发展特色。目前，世界范围内的信息技术课程内容已经处于相对稳定的状态，这是课程成熟的表现，也是学习借鉴的有利契机。

1.2.1　国外中小学信息技术教育概况

（一）美国的中小学信息技术教育概况

美国在教育信息化方面一直走在世界前列。早在 1985 年，美国就在《2061 计划》中将中小学阶段的基本科学知识浓缩为 12 大类，其中"技术的本质"和"技术世界"两大类都涉及了信息技术教育的内容。随后，美国教育部发起的"明星学校"计划（1988—1997 年）使 6 000 多所学校连通信息高速公路，并开发了 30 多门完整的信息化课程；由美国科学基金会资助的"全国学校网络试点项目（NSNT）"涉及 153 所学校和 95 个其他组织，联合进行多方面的教育改革试验。此外，美国教育部于 1997 年 2 月 13 日发表了与克林顿教育行动纲领相对应的说明：①使美国每一所学校和每一间教室都与信息高速公路连接；②使所有教师和学生都能掌握现代化计算机；③开发有效的教育软件和联机学习资源作为学校课程的完整组成部分；④为教师帮助学生掌握计算机和使用信息高速公路提供必要的培训和支持。

在此基础上，全美上下开展了轰轰烈烈的信息技术教育运动。由于美国各级学校的课程设置与实施是根据地方分权的原则进行的，因而各州，甚至一州之内的各学区、各学校均拥有一定的自主权与决定权。这也导致美国的信息技术课程开设情况参差不齐，不同学区、不同学校都采取不同的形式对学生进行信息技术教育。因此，在美国流行着三种程信息技术教育思潮，分别是信息素养、信息技术通晓和全国学生教育技术标准。

（1）信息素养（information literacy）着重于信息的获取、交流、分析、信息检索和评估，是一种理解、发现、评估和利用信息的认知能力。培养信息素养的识别推理能力和终身学习能力，需要通过对技术的利用来实现。美国全国图书馆协会和教育传播与技术协会在 1998 年制定了学生学习的九大信息素养标准，这一标准分为信息素养、独立学习和社区责任三个方面，九大标准的表述，丰富了信息素养的内涵。

（2）信息技术通晓（fluency with information technology）关心的是对技术的了解，

以及对应用的掌握，强调信息技术教育的目的是获得对信息技术的深刻理解，强调运用信息技术解决问题的重要性。信息技术通晓由概念、技能和能力三个层次组成，包括基础性概念、暂时性技能和智力性能力三方面。

（3）全国学生教育技术标准（National Educational Technology Standards for Students）由美国国际教育技术协会公布，强调作为学习者的信息技术技能的基本构成与发展，全国学生教育技术标准主要分为以下六类。

①基本操作与概念

a. 学生对技术系统的性质和操作的正确理解；

b. 学生熟练地使用技术。

②社会、伦理与人类问题

a. 学生理解与技术有关的伦理、文化和社会问题；

b. 学生以负责任的态度使用技术系统、信息和软件；

c. 学生发展对技术用途的积极态度，以支持终身学习、合作、个人追求和生产能力。

③技术生产性工具

a. 学生使用技术工具增进学习，促进生产力，提高创造性；

b. 学生在构建技术开发模式、准备出版物、产生其他创造性作品的协作中使用生产性工具。

④技术交流工具

a. 学生使用通信工具进行协作，发表言论和作品，与同伴、专家和其他公众相互交流；

b. 学生使用各种媒体和形式与不同的群体和个人有效地交流信息和思想。

⑤技术研究工具

a. 学生使用技术查找、评价和收集各种来源的信息；

b. 学生使用技术工具加工处理数据并报告结果；

c. 学生根据特定任务的适当性，评价、选择新的信息资源和技术成果。

⑥技术问题解决和决策工具

a. 学生使用技术资源解决问题和做出明智的决策；

b. 学生在开发解决现实世界问题的策略中使用技术。

另外，协会还开发出一套总的描述学生技术素养的发展阶段的标准，描述学习者从幼儿园一直到进入大学之前的不同发展阶段所必须达到的技术标准。

（二）英国的中小学信息技术教育概况

英国是欧洲最早开展信息技术教育的国家。早在 1978 年，英国的教育与科学部就制订了促进在学校教育中运用计算机等微电子技术的计划。1981 年，英国学校委员会第一次明确地提出了较为具体的信息技术教育目标体系。1985 年，英国皇家督导团发表了一份关于《5～16 岁课程》的文件，该文件建议初等学校必须为儿童提供九大方面的经验，其中“技术”方面就包含了现代信息技术。

1999 年公布的《信息与通信技术课程标准》要求进一步重视和加强信息技术教育。对在中小学中开展信息技术教学总的要求是：通过教学尽力促进学生能利用 ICT 技术工具进行探究、分析、辨别和进行有创意的信息加工活动，能使学生利用 ICT 工具快速获取不同社会背景、不同人群、不同文化环境下的知识和经验，增强学生独立学习的能力和判别使用 ICT 工具的时机并使这种能力在现在和将来都能对学生发挥作用。通过 ICT 教育促进学生在心智、道德、社会伦理和文化背景知识等方面的发展，促进学生思维能力的形成和发展，培养学生协同工作、主动获取知识进行独立学习和解决问题的能力。

2000 年，英国制定了《信息技术能力——2000 课程标准》，明确把以前的“信息技术”课程改为“信息与通信技术”，列为从小学到高中的国家课程必修课，主要目的是培养学生的信息技术能力，课程的内容包括学习内容和结果目标。英国整个信息与通信技术（ICT）教育分为以下四个阶段。

第一阶段：

（1）学习内容：在大量复杂的资料中收集有用信息。包括数据的输入和存储、从磁盘或光盘上读取信息。使用文档、表格、图片、声音的相关软件来表达自己的观点。将信息以不同的形式进行传递。

（2）结果目标：要求学生摸索信息与通信技术的用法，学会自主地使用，并能开始用信息与通信技术来描述自己的一些观点，记录所做的工作，同时，对软件、硬件有一定的熟悉。

第二阶段：

（1）学习内容：讨论需要何种信息（文本、图片、声音）来拓展和提炼更好的观点。创建、测试、发展及精化一系列指令，并将其付诸实现。模拟并建立简单问题的数学模型，辨认模式和关系，交换与共享信息（如采用演示程序、海报、在网上发布消息等）。

（2）结果目标：要求学生使用更为广泛的信息与通信技术工具和信息源进行其他学科的学习，对信息质量与合理性提出自己的看法，能用别人乐于接受的形式发表自己的研究成果。

第三阶段：

（1）学习内容：拓展及探索信息，解决问题并获得新信息（如从原始数据中求和等）。建立用于特殊目的的程序（如模板）。对信息进行变换和重新组织（如将文本信息变换为表格信息）。

（2）结果目标：要求学生能更独立地使用信息源和信息与通信技术工具，对信息与通信技术如何促进他们的工作，以及对何时、如何使用信息与通信技术有更深刻的理解，在信息与通信技术的使用中做到更专注、更高效和更精确。

第四阶段：

（1）学习内容：正确运用信息与通信技术概念，使工作自动化。评价自己和他人使用信息与通信技术工具的效率，利用其结果来提高工作质量。针对不同主题，有效地利用信息与通信技术工具及信息资源以分享、交流信息。调动学生的主观能动性，使其发现和利用更新、更高级的信息与通信技术工具及信息资源（如网络新站点、升级的应用软件等）。

（2）结果目标：要求学生对信息及通信技术工具和信息源的选择更为慎重，在大多数情况下，学生能独立工作，并能运用许多与信息及通信技术有关的应用程序来进行高效的工作。能根据不同的目的，选择和设计一些信息与通信技术系统，甚至为别人设计实现新的系统，还能适当加以评价。

以上这些学习内容，部分在专门的信息技术课上进行教学，部分则和其他课程相结合。上述四个阶段均要在规定的知识、技能、理解力和综合这四个方面有所表现。并且对于每个阶段都分别从发现知识、发展思维、交流和共享信息以及回顾、修改和评价工作这四个方面进行了详细的说明。在每个阶段结束时，不同程度的学生的知识、技能、理解能力应有一个等级描述，英国政府把这个等级描述分为八级。在第八级基础之上还附加了一个对额外表现的描述，详细描述了每个等级该学生所应有的表现及其类型。

（三）法国的中小学信息技术教育概况

法国把信息技术教育作为学生技术课教育的一部分，强调信息技术和其他学科的高度结合，要在其他学科的学习以及通过项目制造成果的活动中，将在信息技术课中学到的技能逐渐充分地发挥出来。因为这将有助于学生甚至于年轻人把握好所处的环境，有助于他们获取信息并拓展自己的知识和能力。

法国分别在小学、初中和高中开设信息和通信技术（Information and Communication Technology，简称ICT）教育，对各个学段有不同要求：

小学阶段：学生将逐步学习使用计算机、部分软件、多媒体产品、电子邮件和因特网。要求教师使用科学的和技术的术语来描述应用程序，并能给学生做正确的演示，为其后续获得这方面的知识做准备。

初中阶段：要求学生在不同学科、在学校信息资料室以及自主学习（查阅资料、资料研究等）中使用信息和通信技术。在技术课上，学生要获得有关信息和通信技术的专门训练，为此，要培养学生的信息技术使用技能、获得合理使用这些工具的相关知识。达到一定水平的信息技术教育主要在高一进行，目的是使进入高中后的学生在相关知识和使用技术方面的水平更加均匀，在相同条件下开始他们的高中课程。

高中阶段：信息和通信技术教育要有计划地出现在各学科教学中，所有学科的教学大纲都要考虑到这方面的内容。教师要教会学生对遇到的各种情况进行理解和分析。

学生要在各学科中接触一些专门软件（如地图绘制技术、实验数据的获得和处理等），这时教师要结合其学科教学对相应的信息技术进行必要的教育。

在教学内容的选取上，以初中、高中为例：

初中一年级：主要是文字信息的处理，包括打开、关闭文字处理软件，保存、打印文字材料，对文字做适当的编辑，学会使用软件中的菜单。每周1.5小时的必修课。

初中二年级：使用数学计算软件和图表制作软件进行信息处理。每周2小时的必修课。

初中三年级：除了继续初中二年级的内容外，另外增加计算机辅助设计和生产、数据咨询和信息传递这两部分内容。包括计算机对数字化的生产系统进行操纵，以图表的设计指导印刷电路板的制作；远程安装软件、查询数据库、使用电子邮件。这些内容作为选修课，每周安排3小时来学习。

初中四年级：每周安排2小时的必修课和5小时的选修课。目的是让学生进一步熟悉计算机技术，以便更合理地使用计算机。主要内容有两方面：一是把自己分析、综合后的结果在计算机上用各种形式表现出来，包括图表、表格、问卷等。二是深入计算机辅助制作，在其中能接触到信息处理、信息存储、转变和传递，计算机操纵的自动化。这一点特别要求学生能利用计算机及相关软件进行简单的产品设计和生产，以便学生毕业后如升入职业学校能更好地进行学习。

在高中阶段，主要的学习内容是：文字处理、图表、资料查询软件的使用，在各学科教学中学习专门软件（如照片处理、建立网站等），利用地方和远距离网络收发电子邮件、制作网页，阅读反映多种信息形势的商业资料等。要求能编辑文本、绘制图表、对网上信息进行分类和选择、利用因特网收集数据、使用导航系统和网站联系、正确安装和连接打印机等端口设备、安装和调试MODEM、安装或删除软件。此外，还要了解其中隐含的基础知识，如计算机结构、程序、操作系统、通信、信息处理系统、服务器、传输速度、资源分配等。

（四）日本的中小学信息技术教育概况

一直以来，日本对信息技术教育高度重视，1985年日本临时教育审议会在第一次答申报告中提出了教育要适应信息化社会，在学校教育中使用计算机和在小学、初中、高中的各个阶段使用计算机进行学习指导等问题。在1986年4月临时教育审议会的第二次答申报告中提出了“信息运用能力（即信息素养）”这一概念，并指出，“信息运用能力”是指“主动地选择、运用信息及信息手段等人们所应具有的基本素质”。报告中还提议，把“信息运用能力”放到与“读、写、算”同等重要的位置上，并在学校教育活动中加以培养。1987年12月，教育课程审议会报告提出：要从培养人们自主地适应社会信息化的基本能力出发，培养学生对信息的理解、选择、整理、处理、创造等必要的能力，以及运用计算机等信息手段、工具的态度。

1997年11月，日本文部省审议会公布了面向21世纪《关于改善教育课程基准的基本方向》的文件，指出从小学到高中都应开设“信息技术”课。对各级学校在培养信息应用能力方面有不同的课程设置和要求：小学开设“综合学习时间”，并把它作为学校正式的教育课程之一；初中要把现行的“信息基础”选修课改为必修课；高中阶段开设“信息”课，该课设有3门科目信息A、信息B和信息C。每门科目均有自己的侧重点：信息A着重培养学生运用计算机在网上选择、处理、发送信息的基本技能；信息B着重计算机的功能和组成；信息C着重计算机在网络社会中的运用和效果。同时，文部省还规划，所有的初中、高中、特殊教育学校到2001年，所有的小学到2003年为止均需实行网络化，以构筑信息通信环境及信息活用环境。1999年1月，文部省制定了公立学校互联网连接计划，规定到2001年为止，所有的公立中小学都连接入网；同年12月，日本政府制定了《教育信息化实施计划》，提出到2005年为止，全国中小学所有的科目都要实现依托计算机和互联网进行授课。

2008年12月，日本文部科学省公布了新的学习指导要领，指出高中信息教育课程的总目标是：让学生掌握运用信息及信息技术的知识与技能，培养关于信息的科学观点与方法，理解信息与信息技术在社会中发挥的作用与影响，培养在社会的信息文化发展中能够自主应对的能力和态度。并将现行的高中信息学科必修科目“信息A”“信息B”“信息C”改为“社会与信息”与“信息科学”，学生在其中选一个科目进行学习。新的学习指导要领于2013年开始实施。

1. “社会和信息”科目的目标与内容

目标：使学生理解信息的特征和信息化对社会的影响，能够正确运用信息设备和信息通信网络收集、处理、表现信息的同时，培养学生有效交流的能力和积极参与信息社会的态度。

内容：

①信息的运用和表现。包括信息和媒体的特征、信息的数字化、信息的表现和传递。

②信息通信网络与传播。包括交流手段的发展、信息通信网络的构成、信息通信网络的运用与传播。

③信息社会的课题与信息伦理道德。包括信息化对社会影响的课题、信息安全的确保、信息社会中的法与个人的责任。

④构建理想的信息社会。包括社会中的信息系统、信息系统和人、信息社会中的问题的解决。

2. “信息科学”科目的目标与内容

目标：理解支撑信息社会的信息技术的作用和影响，学习在发现和解决问题中有效运用信息和信息技术的科学方法，培养学生在信息社会发展中的自主能力与态度。

内容：

①计算机和信息通信网络。包括计算机和信息处理、信息通信网络的构成、信息系统的机能和提供的服务。

②解决问题和运用计算机。包括解决问题的基本方法，问题的解决和处理程序的

自动化、模型化和模拟。

③信息的管理和问题解决。包括信息通信网络和问题解决、信息的存储管理和数据库、对问题解决的评价和完善。

④信息技术的发展和信息伦理。包括社会信息化和人类、信息社会的安全和信息技术、信息社会的发展和信息技术。

1.2.2　我国中小学信息技术教育的发展历程

我国的中小学信息技术教育相比国外发达国家，起步较晚，从20世纪80年代初开始，大致经历了四种形式：课外活动、活动课、计算机教育、信息技术教育，经过30年的发展，积累了丰富的经验，按照发展的规模，课程发展过程可分为以下四个阶段。

（一）起步与试验阶段

这一阶段的时间跨度是从20世纪70年代末到80年代初期。

1981年，在瑞士召开的第三届世界计算机教育应用大会上，苏联学者伊尔肖夫的报告《程序设计是第二文化》中，把阅读和写作能力看作第一文化，把阅读和编写计算机程序的能力比喻为第二文化。他指出，随着计算机的发展和普及，人类只有第一文化是不够的，必须掌握阅读和编写计算机程序的能力，并预言在不远的将来，通常的程序设计将被每一个人所掌握。“计算机文化论”由此形成，程序设计也得以确立其在计算机教育中的重要地位。

我国政府积极响应，并根据此次大会精神，在有条件的中小学逐步开展计算机教育的试验。1978—1981年期间，我国中学计算机教育主要通过各学校自发探索，采取的主要形式是校内课外兴趣小组及校外学习小组，教育内容主要为基本的BASIC语言及简单的编程。最早开展这些活动的组织包括上海儿童活动中心、青少年科技活动站、北京景山学校等。1982年，根据世界中小学计算机教育的发展需求和趋势，我国教育部决定在清华大学、北京大学、北京师范大学、复旦大学和华东师范大学5所大学的附属中学试点开设BASIC语言选修课。自此，计算机课程正式进入中小学，这意味着我国中小学计算机课程和计算机教育的开端。1982—1983年，我国中学计算机选修课的主要内容包括BASIC语言及简单的编程，另外还涉及少量的计算机发展史及其在现代社会中的作用，计算机的基本原理等硬件方面的基础知识。

1984年，教育部颁布了《中学电子计算机选修课教学纲要（试行）》，其中规定计算机选修课的目的为：初步了解计算机的基本工作原理和它对人类社会的影响；掌握基本的BASIC语言并初步具备读、写程序和上机调试的能力；逐步培养逻辑思维和分析问题、解决问题的能力。还依据以上目的规定了选修课的内容及课时。内容除了简单的计算机基本工作原理以外主要是BASIC程序设计语言；课时规定为45～60小时，其中至少要有三分之一课时保证学生上机操作。可以看出，“1984纲要”充分体现出对计算机语言学习及与之相关的逻辑思维能力培养的重视。

在这一阶段，我国中学计算机课程由无到有，开展了重点试验，几年间不少中小学校相继配备了计算机，开设了选修课或开展课外活动，编写教材，探索教学方法，撰写论文，开展学术交流活动，中学计算机教学的研究逐步深入。

（二）逐步发展阶段

这一阶段的时间跨度是从20世纪80年代中后期到90年代。

随着信息技术的发展，人们认识到必须学会使用计算机，但不是必须学会编程。在1985年召开的第四届世界计算机教育应用大会上，许多教育专家提出应当把计算机作为一种工具来应用，普及计算机教育就是把计算机作为一种资源、一种工具来掌握，这一观点得到普遍的认同，“计算机工具论”由此形成。

这一阶段，我国的计算机教育也逐步发展起来，邓小平同志提出了“计算机的普及要从娃娃做起”的号召，对计算机教育起到了巨大的推动作用，全国掀起了在中小学校推广计算机教育的高潮。先后推出了《普通中学电子计算机选修课教学大纲（试行)》和《中小学计算机课程指导纲要（试行)》。

1987年《普通中学电子计算机选修课教学大纲（试行)》规定计算机课程的教学目的与要求是：使学生初步了解电子计算机在现代社会中的地位和作用，锻炼学生应用电子计算机处理信息的能力，提高学生逻辑思维能力及创造性思维能力。通过电子计算机选修课的教学，要求学生初步了解电子计算机的基本工作原理及系统构成；会用一种程序设计语言编写简单程序；初步掌握电子计算机的操作，并了解一种应用软件的使用方法。

从“1987大纲”的描述可见，课程目标依然强调逻辑思维能力，但已经开始关注计算机使用能力、语言使用能力等。“1987大纲”规定的教学内容包括电子计算机概述、程序设计语言和电子计算机操作与应用。

就内容来看，“1987大纲”在“1984纲要”的基础上，借鉴吸收了国内外电子计算机教学方面的有益经验，根据我国普通中学的实际情况对“1984纲要”进行了必要的调整，保留了“1984纲要”中的基本内容，适当地降低了对程序设计技巧部分的要求，增加了电子计算机应用方面的内容。实际上，这一时期计算机教学在理论宣传上已经开始强调应用。但限于当时硬件设备、应用软件、师资力量等具体条件，在教学内容的规定上仍然以BASIC语言为主，相应增加了应用软件的相关内容。

1991年10月，国家教委召开了“第四次全国中小学计算机教育工作会议”，成立了“中小学计算机教育领导小组”，颁发了《关于加强中小学计算机教育的几点意见》的纲领性文件，这次会议是我国中小学计算机教育发展中的一个重要的里程碑，整个社会也开始重视计算机普及教育，为学校开展计算机教育提供了良好的社会环境。根据本次会议的精神，全国中小学计算机教育研究中心制定了《中小学计算机课程指导纲要（试行)》，并由国家教委基础教育司于1994年10月正式下发。

1994年《中小学计算机课程指导纲要（试行)》对中小学计算机课程的地位、性质、目的和内容等做了比较详细的阐述，首次提出了计算机课程将逐步成为中小学的一门独立的知识性与技能性相结合的基础性学科的观点。在“计算机工具论”的影响下，课程目标中明确了计算机的工具性定位，强调计算机技能、态度以及道德等相关内容。“1994 纲要”规定了计算机课程内容包含的 5 个模块，包括计算机的基础知识、计算机的基本操作与使用、几个常用计算机软件介绍、程序设计语言及计算机在现代社会中的应用以及对人类社会的影响，这 5 个模块作为各地编写教材、教学评估和考核检查的依据。

在“1994 纲要”中，对中学与小学计算机课程的教学目标分别进行规定，其中中学的教学目标为：认识计算机在现代社会中的地位、作用以及对人类社会的影响。了解电子计算机是一种应用十分广泛的信息处理工具，培养学生学习和使用计算机的兴趣；培养学生初步掌握计算机的基础知识和基本操作技能；培养学生逐步使用现代化的工具和方法去处理信息；培养学生分析问题、解决问题的能力，发展学生的思维能力；培养学生实事求是的科学态度和刻苦学习、克服困难的良好意志品质，进行使用计算机时的道德品质教育。

（三）快速发展阶段

这一阶段的时间跨度是从 20 世纪 90 年代初开始到 20 世纪末。

1997 年《中小学计算机课程指导纲要（试行）》颁布，这标志着中小学计算机教育发展到了另一个阶段。“1997 纲要”进一步明确了中小学计算机课程的地位、目的、教学内容和教学要求等。其中规定：

（1）小学计算机课的教学应以计算机简单常识，操作技能和益智性教学软件为重点。计算机学科本身的教学内容和课时不宜过多，一般为 30 学时，最多也不宜超过 60 学时。如果有条件增加课时，建议把教学重点放在计算机辅助教学或计算机应用上。建议在四、五年级开设小学计算机课程。

（2）初中计算机课的教学以计算机基础知识和技能性训练、操作系统、文字处理或图形信息处理为主。一般为 60 学时，建议在初一或初二年级开设。

（3）在小学和初中阶段不宜教程序设计语言。如果要开展 LOGO 语言教学，应以绘图、音乐等功能作为培养学生兴趣和能力的手段来进行教学。

（4）高中计算机课程要以操作系统、文字处理、数据库、电子表格、工具软件的操作使用为主。程序设计可作为部分学校及部分学生的选学内容。一般不少于 60 学时，建议在高一或高二年级开设。

（5）考虑到各地、各校及每个学生在中学阶段学习计算机的起点不同，在相当长时期，初中和高中的教学内容很难彻底分开，因此，允许有交叉重复。

（6）考虑到我国经济与教育发展非常不平衡，教学内容仍宜采用“以模块为主，兼顾层次”的方法，各地可根据自身的师资、设备条件选取不同的模块和层次。

随着对计算机认识的加深，课程目标也趋向重视信息意识，强调信息能力及合作精神。以高中阶段为例，课程目标是：使学生了解计算机在现代社会中的地位、作用以及对人类社会的影响，培养学生学习和使用计算机的兴趣以及利用现代化的工具与方法处理信息的意识；使学生掌握计算机的基础知识，具备比较熟练的计算机基本操作技能；培养学生利用计算机获取信息、分析信息和处理信息的能力；培养学生实事求是的科学态度、良好的计算机使用道德以及与人共事的协作精神等。

在“1997 纲要”中，中学计算机课程的教学内容包括 10 个模块，分为基本模块、基本选学模块和选学模块 3 个层次。

（1）基本模块

模块一：计算机基础知识与基本操作。

模块二：微机操作系统（包括 DOS 和 Windows）的操作与使用。

模块三：汉字输入及中西文文字处理。

（2）基本选学模块

模块四：数据处理与数据库管理系统。

模块五：电子表格。

模块六：LOGO 绘图。

模块七：多媒体基础知识及多媒体软件应用。

模块八：Internet 基础知识与基本操作。

（3）选学模块

模块九：常用工具软件的应用。

模块十：程序设计初步。

（四）全面深化阶段

这一阶段的时间跨度是 20 世纪末至今。

伴随信息技术的飞速发展，“信息素养”一词逐渐走进人们的视野，在计算机教育领域日渐升温，在基础教育、终身教育等领域也得到较多的关注，人们围绕这一名词引发了广泛的探讨。在此过程中，计算机教育开始向信息技术教育转型，培养信息素养也逐渐成为信息技术教育的目标。

1999 年，在国家层面的几个相关文件中，开始出现“信息技术课程（教育）”的字样。如 1999 年 6 月 13 日，中共中央、国务院在《关于深化教育改革全面推进素质教育的决定》（中发〔1999〕9 号）中要求“在高中阶段的学校和有条件的初中、小学普及计算机操作和信息技术教育”（第十五条）。又如 1999 年 11 月 26 日，教育部基础教育司发出的《关于征求对〈关于加快中小学信息技术课程建设的指导意见（草案）修改意见的通知》。这些举措实际上已经暗示了由计算机教育转向信息技术教育这一趋势。

2000 年 10 月，在北京召开了“全国中小学信息技术教育工作会议”，时任教育部部长陈至立做了题为《抓住机遇，加快发展，在中小学大力普及信息技术教育》的重要报告。会议讨论了《关于在中小学普及信息技术教育的通知》《关于在中小学实施

“校校通”的通知》和《中小学信息技术课程指导纲要（试行）》三个重要文件，并于会后将其作为正式文件下发全国各地，自此中小学信息技术课程在我国诞生，这意味着计算机课程向信息技术课程的转变。正是在这个意义上，2000 年被称为信息技术课程的“元年”。

这次会议还决定，从 2001 年开始用 5 ~ 10 年的时间，在中小学（包括中等职业技术学校）普及信息技术教育，全面启动中小学“校校通”工程；用 5 ~ 10 年时间，使全国 90% 左右的独立建制的中小学能够与 CERNET 和 Internet 或中国教育卫星宽带网连通。会议还决定：将信息技术教育课程列为中小学生的必修课程，并指出中小学信息技术课程的主要任务是：培养学生对信息技术的兴趣和意识，让学生了解和掌握信息技术的基本知识和技能，了解信息技术的发展及其应用对人类日常生活和科学技术的深刻影响，通过信息技术课程使学生具有获取信息、传输信息、处理信息和应用信息的能力。教育学生正确认识和理解与信息技术相关的文化、伦理和社会等问题，负责任地使用信息技术；培养学生良好的信息素养，把信息技术作为终身学习和合作学习的手段，为适应信息社会的学习工作和生活打下必要的基础。

在这次大会发表的文件中，“信息技术课程”取代了“计算机课程”，并对“信息技术教育”做了详细的阐述，意味着该课程已成为基础教育中基础文化的一部分，这是一个质的飞跃。在国家教育政策方面，2003 年，教育部颁布了《全日制普通高中信息技术课程标准（审定稿）》，2017 年又颁布了《普通高中信息技术课程标准》，这表明我国的信息技术课程正以良好的态势向前发展。

1.3　我国信息技术课程标准解读

课程实施需要有一个指导性、纲领性的规划文件。在《基础教育课程改革纲要（试行）》中提出“义务教育课程标准应适应普及义务教育的要求，让绝大多数学生经过努力都能够达到，体现国家对公民素质的基本要求，着眼于培养学生终身学习的愿望和能力”的要求，我国高中阶段信息技术课程标准已于 2017 年出台，而义务教育阶段的国家信息技术课程标准尚在研制，目前小学、初中阶段的课程纲领性文件是《中小学信息技术课程指导纲要（试行）》（2000 年）。

（一）课程标准的性质

国家课程标准确定了基础教育课程改革的基本框架和原则，包括了课程目标、内容标准、实施建议等内容；课程标准是教材编写、教学、评估和考试命题的依据，是国家管理和评价课程的基础；课程标准是国家基础教育课程质量的主要标志，是教学管理、评价、督导与指导的依据。

课程标准体现国家对不同阶段的学生在知识与技能、过程与方法、情感态度与价值观等方面的基本要求，规定各门课程的性质、目标、内容框架，提出教学和评价建议。课程标准包含对教学目标的要求，因此是衡量教师教学结果和学生学习结果的具体规定。在学校中开展的各种活动都是围绕着促进学生身心全面发展的目标来进行的。地方和学校设置怎样的特色课程，教师能否开展一些活动等都需要依据课程标准的规定进行。因此，课程标准是教学实施、教学管理、教学评价的主要依据。课程标准规定学生的学习结果除了获得必要的学科知识与操作技能，还注重要求学生参与整个学习过程，在学习过程中获得体验，掌握解决问题的方法和技能，并且在获得知识技能与参与体验的基础上，要进一步提升学生的综合素质，促进学生的身心发展。

（二）课程标准的特点

课程标准是一个实施框架，不规定具体教学内容，通过课程目标规定了知识与技能、过程与方法、情感态度与价值观三个领域要达到的学习结果，但并不具体规定应该讲授什么教学内容，在具体知识点方面，注重把学习与学生的实际生活结合起来，注重知识来源于生活，学以致用，解决生活中的实际问题。

课程标准突出了学生的学习主体地位，把学生参与教学过程、获得学习体验作为一个重要的课程目标，较好地关注到了学生在学校的学习与在社会、家庭中的生活之间的关系，突出了学生的学习主体地位。在教学评价方面，课程标准提倡用多种方式进行评价，关注学习过程及学生在学习过程中的表现，并把这个过程和学生在这个过程中的表现作为最终学习结果的重要方面，能够更好地实现培养全面发展的人的目标。

课程标准提供了对整个教学实施有关的建议，不是强制性要求。课程标准的教学实施建议包括教学建议、评价建议、教材编写建议、课程资源开发与利用建议等，这比教学大纲的教学建议、课时安排、教学中应注意的问题、考核与评价等硬性规定更加灵活。

课程标准体现了教材多元化、教学方式变化的特征。当前基础教育实施中有多种版本教材，只要教材经过审定被认为符合课程标准就可以在教学中使用，为课程体现地方特色提供了可能。课程标准规定了要求达到的学习结果，但对如何达到这种结果没有明确规定，因此教师在教学实施过程中可以采用多种方法，只要最终结果达到即可。

课程标准为教学实施中教师在专业上自由发挥提供了空间。教师除了依据教材进行学科知识体系的传授，还可以在教学中贯穿教师对教学的理解和创新，不同的教师可以用不同的教学方法和实现途径达到课程标准规定的结果。

1.3.1 《中小学信息技术课程指导纲要（试行）》(2000年)

《中小学信息技术课程指导纲要（试行）》（以下简称《指导纲要》）规定了中小学信息技术课程的主要任务，小学、初中、高中各学段的教学目标，教学内容和课时安排，以及教学评价的基本原则等。例如，中小学信息技术课程的主要任务是：“培养学生对信息技术的兴趣和意识，让学生了解和掌握信息技术基本知识和技能，了解信息技术的发展及其应用对人类日常生活和科学技术的深刻影响。通过信息技术课程使学生具有获取信息、传输信息、处理信息和应用信息的能力，教育学生正确认识和理解与信息技术相关的文化、伦理和社会等问题，负责任地使用信息技术；培养学生良好的信息素养，把信息技术作为支持终身学习和合作学习的手段，为适应信息社会的学习、工作和生活打下必要的基础。”

在课时安排方面，《中小学信息技术课程指导纲要（试行）》规定，小学阶段信息技术课程，一般不少于68学时；初中阶段信息技术课程，一般不少于68学时；高中阶段信息技术课程，一般为70～140学时。上机时间不应少于总学时的70%。

义务教育阶段信息技术课程的内容有以下几个方面。

1．小学

模块一：信息技术初步

（1）了解信息技术基本工具的作用，如计算机、雷达、电视、电话等。

（2）了解计算机各个部件的作用，掌握键盘和鼠标的基本操作。

（3）认识多媒体，了解计算机在其他学科学习中的一些应用。

（4）认识信息技术相关的文化、道德和责任。

模块二：操作系统简单介绍

（1）汉字输入。

（2）掌握操作系统的简单使用。

（3）学会对文件和文件夹（目录）的基本操作。

模块三：用计算机画画

（1）绘图工具的使用。

（2）图形的制作。

（3）图形的着色。

（4）图形的修改、复制、组合等方面的处理。

模块四：用计算机作文

（1）文字处理的基本操作。

（2）文章的编辑、排版和保存。

模块五：网络的简单应用

（1）学会用浏览器收集材料。

（2）学会使用电子邮件。

模块六：用计算机制作多媒体作品

（1）多媒体作品的简单介绍。

（2）多媒体作品的编辑。

（3）多媒体作品的展示。

2．初中

模块一：信息技术简介

(1) 信息与信息社会。
(2) 信息技术应用初步。
(3) 信息技术发展趋势。
(4) 信息技术相关的文化、道德和法律问题。
(5) 计算机在信息社会中的地位和作用。
(6) 计算机的基本结构和软件简介。

模块二：操作系统简介
(1) 汉字输入。
(2) 操作系统的基本概念及发展。
(3) 用户界面的基本概念和操作。
(4) 文件和文件夹（目录）的组织结构及基本操作。
(5) 操作系统简单的工作原理。

模块三：文字处理的基本方法。
(1) 文本的编辑、修改。
(2) 版式的设计。

模块四：用计算机处理数据
(1) 电子表格的基本知识。
(2) 表格数据的输入和编辑。
(3) 数据的表格处理。
(4) 数据图表的创建。

模块五：网络基础及其应用
(1) 网络的基本概念。
(2) 因特网及其提供的信息服务。
(3) 因特网上信息的搜索、浏览及下载。
(4) 电子邮件的使用。
(5) 网页制作。

模块六：用计算机制作多媒体作品
(1) 多媒体介绍。
(2) 多媒体作品文字的编辑。
(3) 作品中各种媒体资料的使用。
(4) 作品的组织和展示。

模块七：计算机系统的硬件和软件
(1) 数据在计算机中的表示。
(2) 计算机硬件及基本工作原理。
(3) 计算机的软件系统。
(4) 计算机安全。
(5) 计算机使用的道德规范。

（6）计算机的过去、现在和未来。

教学评价必须以教学目标为依据，本着对发展学生个性和创造精神有利的原则进行。教学评价要重视教学效果的及时反馈，评价的方式要灵活多样，要鼓励学生创新，主要采取考查学生实际操作或评价学生作品的方式。中学要将信息技术课程列入毕业考试科目。考试实行等级制。有条件的地方可以由教育部门组织信息技术的等级考试的试点工作。在条件成熟时，也可考虑作为普通高校招生考试的科目。

《指导纲要》规范而具有灵活性，在强调对课程全面规范的同时，又通过教学内容的模块化、基本课时保证前提下安排的弹性制、教学评价方式的多样性等适度给以灵活处理的余地，使各地可以根据《指导纲要》以及实际情况，指定教学大纲，选择教学内容，安排课时，确定评价方式，开展信息技术教育，做到“下保底，上不封顶”，为各地因地制宜，积极发挥优势开展信息技术教育提供了条件；《指导纲要》重视能力培养，在课程任务和教学目标的阐述中，着重强调了对学生获取、传输、处理和应用信息能力的培养，利用信息技术进行学习和探究的能力的培养，以及创新精神和实践能力的培养。《指导纲要》重视人文、伦理、道德和法制教育，明确指出了要“教育学生正确认识和理解与信息技术相关的文化、伦理和社会问题”。

1.3.2　《普通高中信息技术课程标准（2017 年版）》

（一）高中信息技术课程理念

高中信息技术课程坚持立德树人的课程价值观，围绕信息技术学科核心素养，精练学科大概念，吸纳学科领域的前沿成果，构建具有时代特征的课程内容。通过丰富多样的任务情境，鼓励学生在数字化环境中学习与实践，将知识积累、技能培养与思维发展融入运用数字化工具解决问题和完成任务的过程中。课程强调为学生提供多样的学习机会，让学生参与信息技术支持的沟通、共享、合作与协商，体验知识的社会性建构，理解信息技术对人类社会的影响，提高他们参与信息社会的责任感与行为能力，从而成为具备信息素养的公民。

（二）高中信息技术课程目标

互联网使得信息的双向传播变得更加快速便捷，越来越多的人使用互联网进行协作，产生了大量的数字化信息。与此同时，可穿戴设备正在实时地捕捉个体的大量信息，智能物联网正在让线上的数据分析直接反馈到线下的智能设备上，让物理空间变得更加智能化、个性化。人工智能在机器学习与深度学习方面也有了进展。随着信息技术的普及，信息技术教育正在从工具操作层面上的内容，转变为正确价值观、必备品格和关键能力的发展，提升人适应信息化时代的能力，从而符合新时代对“具有信息素养的人”的基本诉求。

在新技术环境下，高中信息技术课程目标是针对“数字原住民”向“数字公民”发展的需要，在综合考虑信息技术学科核心素养和学科大概念的基础上，按照学生认知能力所确定的学科育人目标，是学生在信息技术学科学习过程中形成的基础知识、关键能力和情感态度与价值观等方面的综合表现。

《普通高中信息技术课程标准（2017 年版）》中对课程目标的描述是：高中信息技术课程旨在全面提升全体高中学生的信息素养。课程通过提供技术多样、资源丰富的数字化环境，帮助学生掌握数据、算法、信息系统、信息社会等学科大概念，了解信息系统的基本原理，认识信息系统在人类生产与生活中的重要价值，学会运用计算思维识别与分析问题，抽象、建模与设计系统性解决方案，理解信息社会特征，自觉遵循信息社会规范，在数字化学习与创新过程中形成对人与世界的多元理解力，负责、有效地参与到社会共同体中，成为数字化时代的合格中国公民。

（三）高中信息技术课程结构

按照《普通高中信息技术课程标准（2017 年版）》设置的课程结构，为满足不同学生的学习需求，高中信息技术课程由必修、选择性必修和选修三类课程组成。在此基础上，依据学科逻辑特征和高中学生的学习需求设计体现时代性、基础性、选择性和关联性的课程模块。课程模块的设计既强调构建我国高中阶段全体学生信息素养的共同基础，关注系统性、实践性和迁移性，也注重拓展学生的学习兴趣，提升课程内容的广度、深度和问题情境的复杂度，为学科兴趣浓厚、学科专长明显的学生提供具有挑战性的学习机会。高中信息技术课程模块见表 1－1 所示。

表 1－1　高中信息技术课程模块

类别	模块设计	
必修	模块一：数据与计算 模块二：信息系统与社会	
选择性必修	模块一：数据与数据结构 模块二：网络基础 模块三：数据管理与分析	模块四：移动应用设计 模块五：三维设计与创意 模块六：开源硬件项目设计
选修	模块一：算法设计初步 模块二：智能系统初步	

1. 高中信息技术必修课程

高中信息技术必修课程是全面提升高中学生信息素养的基础，强调信息技术学科核心素养的培养，渗透学科基础知识与技能，是每位高中学生必须修习的课程，是选择性必修和选修课程学习的基础。高中信息技术必修课程包括“数据与计算”和“信息系统与社会”两个模块。

（1）必修模块一：数据与计算。

在综合分析学生认知能力、社会发展需要和学科特征的基础上，数据与计算模块按照“明晰核心概念—突出学科方法—关注工具应用—促进素养形成”的思路，从数据与信息、数据处理与应用、算法与程序实现等三个方面构成本模块的内容结构，如图 1－1 所示。

图 1－1　数据与计算模块

（2）必修模块二：信息系统与社会。

在综合分析学生认知能力、社会发展需要和学科特征的基础上，信息系统与社会模块按照“感知信息社会—理解信息系统—树立信息社会责任”的思路，从信息社会特征、信息系统组成与应用、信息安全与信息社会责任三个方面构成本模块的内容结构，如图 1－2 所示。

图 1－2　信息系统与社会模块

2. 高中信息技术选择性必修课程

高中信息技术选择性必修课程是根据学生升学、个性化发展需要而设计的，分为升学考试类课程和个性化发展类课程。选择性必修课程旨在为学生将来进入高校继续开展与信息技术相关方向的学习以及应用信息技术进行创新、创造提供条件。选择性必修课程包括“数据与数据结构”“网络基础”“数据管理与分析”“人工智能初步”“三维设计与创意”“开源硬件项目设计”6 个模块。其中，前三个模块是为学生升学需要而设计的课程；后 3 个模块是为学生个性化发展而设计的课程，学生可根据自身的发展需要进行选学。

（1）选择性必修模块一：数据与数据结构。

结合最新的技术发展态势、数据结构的经典内容，并综合分析学生认知能力、社会发展需要和学科特征，以突出学科思维，促进学科核心素养全面形成为导向，本模块包括数据及其价值、数据结构、数据结构应用三部分内容，如图 1－3 所示。

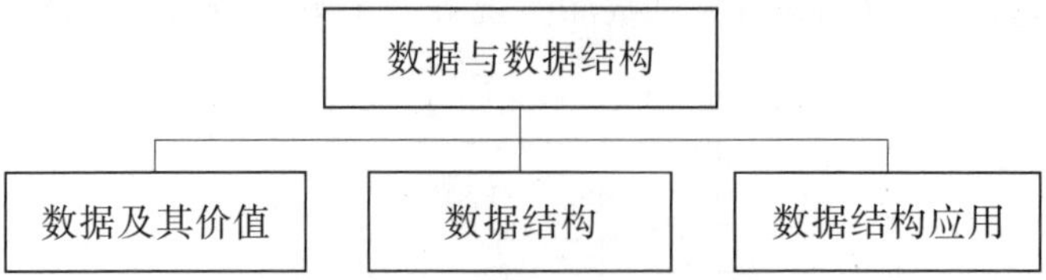

图 1－3 数据与数据结构模块

（2）选择性必修模块二：网络基础。

结合网络技术的经典内容和最新的技术发展，以及学生未来适应信息社会所应具备的网络知识与能力，以信息技术学科核心素养为指导，本模块设计了网络基本概念、网络协议与安全、物联网三部分内容，如图 1－4 所示。

图 1－4 网络基础模块

（3）选择性必修模块三：数据管理与分析。

在综合分析学生认知能力、社会发展需要和学科特征的基础上，数据管理与分析模块按照真实问题解决的逻辑线索，突出学科思维，促进全面素养形成的思路，选择内容与组织结构。本模块包括数据需求分析、数据管理、数据分析三部分内容，其内容结构如图 1－5 所示。

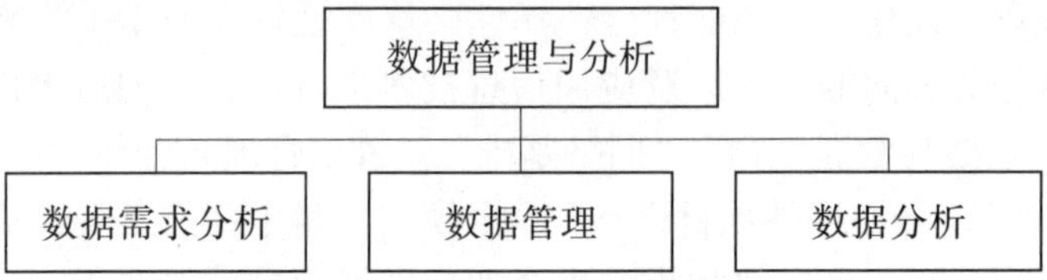

图 1－5 数据管理与分析模块

（4）选择性必修模块四：人工智能初步。

在综合分析学生认知能力、国家对中小学中开设人工智能相关课程的要求及学科特征的基础上，人工智能初步模块设置了“人工智能基础”“简单人工智能应用模块开发”“人工智能技术的发展与应用”三部分内容，如图 1－6 所示。

图 1－6　人工智能初步模块

（5）选择性必修模块五：三维设计与创意。

通过本模块的学习，学生能够理解基于数字技术进行三维图形和动画设计的基本思想和方法，能够结合学习与生活的实例设计三维作品并发布，体验利用数字技术进行三维创意设计的基本过程和方法。本模块包括“三维设计对社会的影响”“三维作品设计与创意”“三维作品发布”三部分内容，如图 1－7 所示。

图 1－7　三维设计与创意模块

（6）选择性必修模块六：开源硬件项目设计。

通过本模块的学习，学生能搜索并利用开源硬件及相关资料，体验作品的创意、设计、制作、测试、运行的完整过程，初步形成以信息技术学科方法观察事物和问题的能力，提升计算思维与创新能力。本模块包括“开源硬件的特征”“开源硬件项目流程”“基于开源硬件的作品设计与制作”三部分内容，如图 1－8 所示。

图 1－8　开源硬件项目设计模块

3．高中信息技术选修课程

高中信息技术选修课程是为满足学生的兴趣爱好、学业发展、职业选择而设计的自主选修课程，为学校开设信息技术校本课程预留空间。选修课程包括“算法初步”“移动应用设计”模块以及各高中自行开设的信息技术类校本课程。

（1）选修模块一：算法初步。

通过本模块的学习，学生应该理解利用算法进行问题求解的基本思想、方法和过程，掌握算法设计的一般方法；能描述算法，分析算法的有效性和效率，利用程序设计语言编写程序实现算法；在解决问题过程中能自觉运用常见的几种算法。在综合分析学生认知能力、社会发展需要和学科特征的基础上，算法初步模块包括“算法基础”“常见算法及程序实现”“算法应用”三部分内容，如图 1－9 所示。

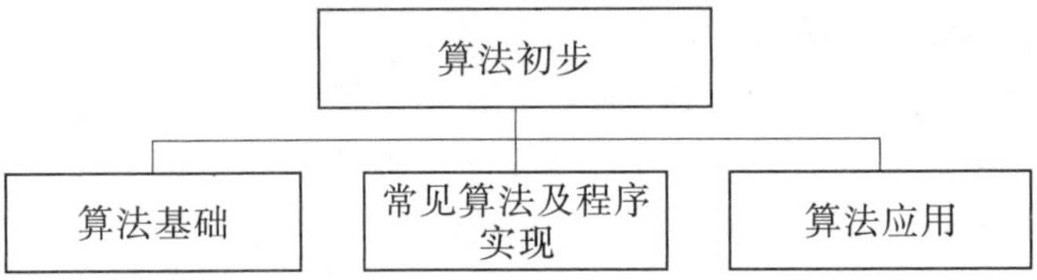

图 1－9　算法初步模块

（2）选修模块二：移动应用设计。

通过本模块的学习，学生能够了解常用移动终端的功能与特征，形成移动学习的意识，掌握移动应用设计与开发的思想方法，根据需要设计适当的移动应用，创造性地解决日常学习和生活中的实际问题。本模块包括“移动技术对社会的影响”“移动应用功能设计与开发”“移动应用中的信息安全”等三部分内容，如图 1－10 所示。

图 1－10　移动应用设计模块

（四）学分与选课

高中信息技术必修课程的学分为 3 学分，每学分 18 课时，共 54 课时。必修课程是本学科学业水平合格性考试的依据，学生学完必修课程后，可参加高中信息技术学业水平合格性考试。

学生在修满信息技术必修学分的基础上，可根据兴趣爱好、学业发展和职业意向，学习选择性必修和选修课程，发展个性化的信息技术能力或达到更高的学业水平。选择性必修和选修课程中，每个模块为 2 学分，每学分 18 课时，需 36 课时。

选择性必修课程是对必修课程的拓展与加深，满足学生升学和个性化发展的需要。学生可根据能力、发展需要选学。选择性必修中的“数据与数据结构”“网络基础”“数据管理与分析”是本学科学业水平等级性考试的依据。学生修完这 3 个模块后，可参加高中信息技术学业水平等级性考试。选择性必修中的“人工智能初步”“三维设计与创意”“开源硬件项目设计”3 个模块的修习情况应列为综合素质评价的内容。

选修课程体现了学科的前沿性、应用性，学生可根据自身能力兴趣或需要进行自主选学。选修课程的修习情况应列为综合素质评价的内容。

（五）课程学业质量评价

学业质量是学生在完成本学科课程学习后的学业成就表现。学业质量标准是以本学科核心素养及其表现水平为主要维度，结合课程内容，对学生学业成就表现的总体刻画。依据不同水平学业成就表现的关键特征，学业质量标准明确将学业质量划分为不同水平，并描述了不同水平学习结果的具体表现。

高中信息技术学业质量水平是根据问题情境的复杂程度、相关知识和技能的结构化程度、思维方式、探究模式或价值观念的综合程度等进行划分的。高中信息技术学业质量水平一共有 4 级，每级水平主要表现为学生整合信息技术学科核心素养，在不同复杂程度的情境中运用各种重要概念、思维、方法和观念解决问题的关键特征。不同水平之间具有由低到高逐渐递进的关系。

学业质量评价是对学生信息技术课程学习结果的总结性评价，根据评价需求的不同，又可分为学业水平合格性考试和学业水平等级性考试。

1. 高中信息技术课程学业水平合格性考试

高中信息技术课程学业水平合格性考试是对学生高中阶段信息技术学科基础知识和基本技能掌握情况的标准参照考试，是面向全体高中学生的测试。学业水平合格性考试注重全面考查学生学习的广度，强调考试的知识覆盖面。高中信息技术学业水平合格性考试应重视对学生知识、技能和问题解决能力的考查，注重信息技术知识和技能在生产、学习、生活等方面的广泛应用，激发学生学习信息技术的兴趣，促进学科核心素养目标的达成。

根据学业水平合格性考试的性质和要求，高中信息技术学业水平合格性考试以必修课程的两个模块为基础，以信息技术学科核心素养水平 1 为目标制定评价方案，评价标准应依据必修课程的学业质量描述，结合当地学生的学习情况制定，通常达到学业质量水平 2，即为学业水平合格。

2. 高中信息技术课程学业水平等级性考试

高中信息技术课程学业水平等级性考试是由合格的高中毕业生和具有同等学力的考生参加的选拔性考试，主要用于学生升学，即为高校入学提供依据。高中信息技术课程学业水平等级性考试应具有较高的信度、效度，必要的区分度和适当的难度，应把对能力的考核放在首要位置。

根据高中信息技术课程学业水平等级性考试的性质和要求，考核内容建议以必修课程的两个模块和选择性必修课程中的“数据与数据结构”“网络基础”“数据管理与分析”3 个模块为基础，选择既能体现信息技术学科核心素养，又能为高校培养信息技术人才打下基础的内容。制定评价标准时，应依据相应的学业质量水平为依据，并结合当地教学的实际情况合理设计。

第二章　核心素养与师范生职业素养

党的十八大以来，党中央、国务院多次强调把立德树人作为教育的根本任务。林崇德教授在《构建中国化的学生发展核心素养》一文中交代了研制中国学生发展核心素养的根本出发点就是为了立德树人。立德树人是发展中国特色社会主义教育事业的核心所在，是培养德、智、体、美全面发展的社会主义建设者和接班人的本质要求。要把立德树人根本任务落到实处，必须首先回答好“立什么德、树什么人”这一关键问题，必须把党的教育方针的宏观要求细化为具体的人才培养目标。为了把党的教育方针科学地细化为具体的人才培养目标，2013 年 5 月，受教育部基础教育二司委托，北京师范大学林崇德教授为课题组总负责人，由北京师范大学牵头，涉及北京师范大学、华南师范大学、河南大学、山东师范大学和辽宁师范大学共 5 所高校的 96 名研究人员共同承担，历经 3 年多时间，于 2016 年 9 月 13 日召开了中国学生发展核心素养研究成果新闻发布会，全面公布了包括三大领域、六种素养、18 个要点的中国学生发展核心素养。

在《学生发展核心素养：面向未来应该培养怎样的人?》一文中，林崇德教授介绍了课题研制工作主要包括的四个方面。第一，借鉴自上而下的研究思路，通过核心素养的基础理论研究、国际比较研究、教育政策研究、传统文化分析等，开展学生发展核心素养的理论研究。第二，基于自下而上的研究思路，采用专家焦点小组访谈、个别化访谈、问卷调查等方法，广泛调查了代表 10 类社会群体的 608 名有影响力的教育家、大中小学校长、学科专家、企业家等人士，形成约 351 万字的录音转录文本等支撑材料，归纳梳理社会民众对学生在 21 世纪应具备的核心素养的期望和要求，为充分把握现实需求、建构符合国情特点的学生发展核心素养框架提供依据。第三，通过专家座谈、意见调研等方式，整合两种研究思路下的研究成果，形成初步的学生发展核心素养总框架。第四，意见征询与效度验证。先后召开 20 余次研讨会，全方位、多层次听取和吸收各方意见，反复修改完善，最终形成研究成果。

中国学生发展核心素养的正式提出，对于我国教育发展改革的意义十分重大，堪称教育领域具有里程碑和划时代意义的重大事件。这项历时 3 年多权威出炉的研究成果，对学生发展核心素养的内涵、表现、落实途径等做了详细阐释。中国学生发展核心素养，主要指学生应具备的，能够适应终身发展和社会发展需要的必备品格和关键能力。研究学生发展核心素养是落实立德树人根本任务的一项重要举措，也是适应世界教育改革发展趋势、提升我国教育国际竞争力的迫切需要。

2.1　中国学生发展核心素养

2.1.1　中国学生发展核心素养的理论框架构建

核心素养课题组历时 3 年集中攻关，并经教育部基础教育课程教材专家工作委员会审议，最终形成研究成果，确立了六大学生核心素养。中国学生发展核心素养，以科学性、时代性和民族性为基本原则，以培养“全面发展的人”为核心，分为文化基础、自主发展、社会参与三个方面。综合表现为人文底蕴、科学精神、学会学习、健康生活、责任担当、实践创新六大素养，具体细化为国家认同等 18 个基本要点。根据这一总体框架，可针对学生年龄特点进一步提出各学段学生的具体表现要求，如图 2 –1 所示。

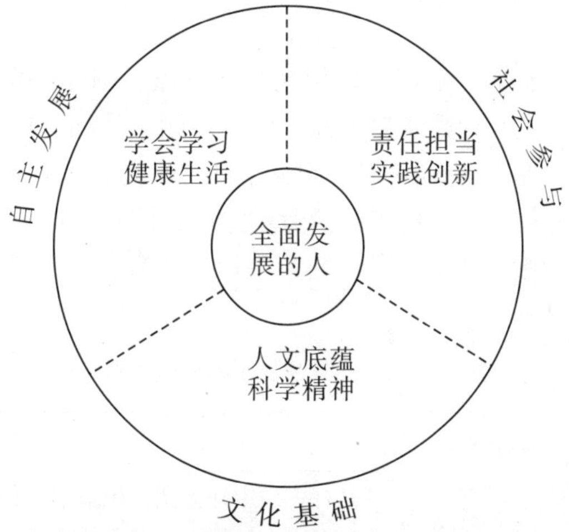

图 2 – 1　中国学生发展核心素养框架

（一）文化基础

文化是人存在的根和魂。文化基础，重在强调能习得人文、科学等各领域的知识和技能，掌握和运用人类优秀智慧成果，涵养内在精神，追求真善美的统一，发展成为有宽厚文化基础、有更高精神追求的人。

（1）人文底蕴。主要是学生在学习、理解、运用人文领域知识和技能等方面所形成的基本能力、情感态度和价值取向。具体包括人文积淀、人文情怀和审美情趣等基本要点。

（2）科学精神。主要是学生在学习、理解、运用科学知识和技能等方面所形成的价值标准、思维方式和行为表现。具体包括理性思维、批判质疑、勇于探究等基本要点。

（二）自主发展

自主性是人作为主体的根本属性。自主发展，重在强调能有效管理自己的学习和生活，认识和发现自我价值，发掘自身潜力，有效应对复杂多变的环境，成就出彩人生，发展成为有明确人生方向、有生活品质的人。

（1）学会学习。主要是学生在学习意识形成、学习方式方法选择、学习进程评估调控等方面的综合表现。具体包括乐学善学、勤于反思、信息意识等基本要点。

（2）健康生活。主要是学生在认识自我、发展身心、规划人生等方面的综合表现。具体包括珍爱生命、健全人格、自我管理等基本要点。

（三）社会参与

社会性是人的本质属性。社会参与，重在强调能处理好自我与社会的关系，养成现代公民所必须遵守和履行的道德准则和行为规范，增强社会责任感，提升创新精神和实践能力，促进个人价值实现，推动社会发展进步，发展成为有理想信念、敢于担当的人。

（1）责任担当。主要是学生在处理与社会、国家、国际等关系方面所形成的情感态度、价值取向和行为方式。具体包括社会责任、国家认同、国际理解等基本要点。

（2）实践创新。主要是学生在日常活动、问题解决、适应挑战等方面所形成的实践能力、创新意识和行为表现。具体包括劳动意识、问题解决、技术应用等基本要点。

人文底蕴、科学精神、学会学习、健康生活、责任担当、实践创新六大核心素养所包括要点如表 2－1 所示。

表 2－1　中国学生发展核心素养要点

三大方面	六大核心素养	基本要点	主要表现描述
文化基础	人文底蕴	人文积淀	具有古今中外人文领域基本知识和成果的积累；能理解和掌握人文思想中所蕴含的认识方法和实践方法等
		人文情怀	具有以人为本的意识，尊重、维护人的尊严和价值；能关切人的生存、发展和幸福等
		审美情趣	具有艺术知识、技能与方法的积累；能理解和尊重文化艺术的多样性，具有发现、感知、欣赏、评价美的意识和基本能力；具有健康的审美价值取向；具有艺术表达和创意表现的兴趣和意识，能在生活中拓展和升华美等
	科学精神	理性思维	崇尚真知，能理解和掌握基本的科学原理和方法；尊重事实和证据，有实证意识和严谨的求知态度；逻辑清晰，能运用科学的思维方式认识事物、解决问题、指导行为等
		批判质疑	具有问题意识；能独立思考、独立判断；思维缜密，能多角度、辩证地分析问题，做出选择和决定等
		勇于探究	具有好奇心和想象力；能不畏困难，有坚持不懈的探索精神；能大胆尝试，积极寻求有效的问题解决方法等

续上表

三大方面	六大核心素养	基本要点	主要表现描述
自主发展	学会学习	乐学善学	能正确认识和理解学习的价值，具有积极的学习态度和浓厚的学习兴趣；能养成良好的学习习惯，掌握适合自身的学习方法；能自主学习，具有终身学习的意识和能力等
		勤于反思	具有对自己的学习状态进行审视的意识和习惯，善于总结经验；能够根据不同情境和自身实际，选择或调整学习策略和方法等
		信息意识	能自觉、有效地获取、评估、鉴别、使用信息；具有数字化生存能力，主动适应“互联网＋”等社会信息化发展趋势；具有网络伦理道德与信息安全意识等
	健康生活	珍爱生命	理解生命意义和人生价值；具有安全意识与自我保护能力；掌握适合自身的运动方法和技能，养成健康文明的行为习惯和生活方式等
		健全人格	具有积极的心理品质，自信自爱，坚忍乐观；有自制力，能调节和管理自己的情绪，具有抗挫折能力等
		自我管理	能正确认识与评估自我；依据自身个性和潜质选择适合的发展方向；合理分配和使用时间与精力；具有达成目标的持续行动力等
社会参与	责任担当	社会责任	自尊自律，文明礼貌，诚信友善，宽和待人；孝亲敬长，有感恩之心；热心公益和志愿服务，敬业奉献，具有团队意识和互助精神；能主动作为，履职尽责，对自我和他人负责；能明辨是非，具有规则与法治意识，积极履行公民义务，理性行使公民权利；崇尚自由平等，能维护社会公平正义；热爱并尊重自然，具有绿色生活方式和可持续发展理念及行动等
		国家认同	具有国家意识，了解国情历史，认同国民身份，能自觉捍卫国家主权、尊严和利益；具有文化自信，尊重中华民族的优秀文明成果，能传播弘扬中华优秀传统文化和社会主义先进文化；了解中国共产党的历史和光荣传统，具有热爱党、拥护党的意识和行动；理解、接受并自觉践行社会主义核心价值观，具有中国特色社会主义共同理想，有为实现中华民族伟大复兴中国梦而不懈奋斗的信念和行动

续上表

三大方面	六大核心素养	基本要点	主要表现描述
社会参与	责任担当	国际理解	具有全球意识和开放的心态，了解人类文明进程和世界发展动态；能尊重世界多元文化的多样性和差异性，积极参与跨文化交流；关注人类面临的全球性挑战，理解人类命运共同体的内涵与价值等
	实践创新	劳动意识	尊重劳动，具有积极的劳动态度和良好的劳动习惯；具有动手操作能力，掌握一定的劳动技能；在主动参加的家务劳动、生产劳动、公益活动和社会实践中，具有改进和创新劳动方式、提高劳动效率的意识；具有通过诚实合法劳动创造成功生活的意识和行动等
		问题解决	善于发现问题和提出问题，有解决问题的兴趣和热情；能依据特定情境和具体条件，选择制定合理的解决方案；具有在复杂环境中行动的能力等
		技术运用	理解技术与人类文明的有机联系，具有学习掌握技术的兴趣和意愿；具有工程思维，能将创意和方案转化为有形物品或对已有物品进行改进与优化等

2.1.2 中国学生发展核心素养的政策定位

林崇德教授在《构建中国化的学生发展核心素养》一文中细述了中国学生发展核心素养课题组在研制过程中，坚持以马克思主义为指导，充分体现社会主义核心价值观，系统落实党的教育方针，充分吸收中华优秀传统文化的营养，洋为中用、批判性借鉴核心素养国际研究的构建方法与合理成分的政策定位。

1. 坚持以马克思主义为指导，明确人才培养的目标指向

坚持以马克思主义为指导，是中国学生发展核心素养区别于其他国际组织和国家核心素养研究成果的根本标志，必须旗帜鲜明地加以坚持。中国学生发展核心素养结构的中心是“全面发展”，而全面发展是由马克思和恩格斯提出来的。马克思和恩格斯在《共产党宣言》中指出：人的全面发展是共产主义者的理想目标和共产主义社会的基本原则。个性的发展取决于社会，全面发展与个性发展是相一致的，前者是后者的基础，后者是前者的条件，两者是相辅相成的。中国学生发展核心素养课题组始终以马克思主义培养全面发展的人为目标指向，构建了包括自主发展、社会参与和文化基础三大领域的核心素养总体框架，系统阐释党的教育方针，最终指向培养德智体美劳全面发展的社会主义建设者和接班人。

2. 充分体现社会主义核心价值观，系统落实党的教育方针，细化人才培养目标的具体要求

社会主义核心价值观和党的教育方针通过核心素养这一桥梁，转化为教育教学可运用的、教育工作者易于理解的具体要求，进而贯彻到各个学段，体现到各个学科，最终落实到学生身上，明确学生应该具备的必备品格和关键能力，从中观层面深入回答“立什么德、树什么人”的根本问题，用于指导人才培养具体实践。

社会主义核心价值观作为社会主义核心价值体系的内核，把国家、社会、公民三个层面的价值要求融为一体，直接明确了当代学生应该自觉践行的价值观念，中国学生发展核心素养体系在各要点中得到了充分体现。

富强、民主、文明、和谐是国家层面的价值目标，表达的是国家的意志，主要从国家角度提出了学生应该树立的理想与信念。核心素养在“国家认同”等要点中系统落实了这些要求，强调要培养学生“具有国家意识，了解国情历史，认同国民身份，能自觉捍卫国家主权、尊严和利益”“了解中国共产党的历史和光荣传统，具有热爱党、拥护党的意识和行动”“具有中国特色社会主义共同理想，有为实现中华民族伟大复兴中国梦而不懈奋斗的信念和行动”，力求把红色基因融入广大学生的血脉。自由、平等、公正、法治是社会层面的价值取向，主要从社会角度提出了学生应具有的信念和追求，集中体现在“社会责任”“人文情怀”等要点的描述中。爱国、敬业、诚信、友善是公民个人层面的价值准则，主要从个人角度对学生提出了道德要求，集中体现在“社会责任”等要点的描述中。

中国学生发展核心素养体系在充分体现社会主义核心价值观的基础上，对不同发展阶段的党的教育方针进行了深入分析和系统落实。党的教育方针的核心是培养德智体美劳全面发展的人，核心素养是党的教育目标的落实和具体化。从两个层面落实和具体化：第一，“德智体美劳”领域内素养的落实和具体化。“全面发展的人”需要在德智体美劳各领域得到充分发展，为此，贯彻和落实党的教育方针，首先应该把“德智体美劳”领域内的素养进行具体化。第二，跨领域素养的落实与具体化。通过跨领域素养的培养，更深入地体现“德智体美劳全面发展”的完整内涵。

中国学生发展核心素养体系的建构始终坚持社会主义人才的培养方向，充分体现培养德智体美劳全面发展的社会主义建设者和接班人这一根本目标。中国学生发展核心素养体系在体现德育为先、能力为重、全面发展的基础上，既关注学生应具有的知识、专业技能，又重视学生的品德、个性和社会生活技能的发展。

3. 传承中华优秀传统文化，凸显人才培养的民族底色

习近平总书记指出：“中华优秀传统文化是中华民族的精神命脉，是涵养社会主义核心价值观的重要源泉，也是我们在世界文化激荡中站稳脚跟的坚实根基。”中国学生发展核心素养把根扎在中华优秀传统文化的土壤中，同时充分吸收革命文化与社会主义先进文化的丰厚营养，力求引导广大学生坚定文化自信，在全球化、信息化时代为每个学生烙上深深的中华文化底色。

具有民族特色的学生发展核心素养应体现以爱国主义精神为核心的家国情怀、社会关爱、人格修养等内容。反映在核心素养体系总框架中主要表现为：国家认同、人文积淀、人文情怀等方面。这些国家、社会、公民个人层面的素养整合发挥作用，并通过其他素养的支撑，最终引导青少年学生做“有自信、懂自尊、能自强的中国人”，“高素养、讲文明、有爱心的中国人”，“知荣辱、守诚信、敢创新的中国人”。

我国传统文化和传统教育中包含的丰富思想和优良传统，为民族的、科学的、现代的学生核心素养指标体系的构建提供了重要借鉴。然而，传统文化与传统教育分析仅仅是构建现代学生核心素养体系时可参照的视角之一。除了借鉴和传承中华优秀传统文化与教育中具有启示意义和价值的内容之外，学生核心素养体系的构建还应对现代教育与学生发展理论、国际上教育与学生培养的经验等进行总结与思考，深入分析当今世界教育与人才培养趋势、我国社会历史时代背景与社会需求，并借助实证调查来广泛征询社会各群体的宝贵意见。在这些工作的基础上，通过深刻的理论思考、运用科学的方法，才能构建出系统而科学的中国化的学生核心素养体系。

4. 洋为中用，批判性吸收核心素养国际研究中的科学方法与合理成分

毛泽东同志指出：“中国应当建立自己的民族的、科学的、人民大众的新文化和新教育。对于外国文化，排除主义的方针是错误的，应当尽量吸收进步的外国文化，以为发展中国新文化的借镜，盲目搬用的方针也是错的，应当以中国人民的实际需要为基础，批判地吸收外国文化。”

1997 年，经济合作与发展组织（Definition and Selection of Competencies，简称 OECD）首先启动了“素养的界定与遴选”（简称 DeSeCo）项目。随后，欧盟、联合国教科文组织、美国、日本、新加坡等 15 个国际组织和国家纷纷建构了基于自身价值取向和服务目的的素养、核心素养、核心技能等框架与体系。课题组本着不能全面肯定，也不能全盘否定的原则，比较了各国际组织与国家建构与发展核心素养的研究背景、研究程序、内容体系与实施途径，重新探讨各国际组织与国家的学生发展核心素养的内容，加以分析，根据国情，批判地加以吸收。

课题组在遴选和提炼中国学生发展的核心素养指标的过程中，立足于我国国情，深入调查和分析我国不同社会群体对于学生发展核心素养的期望与意见，为建构符合我国现实需要的学生发展核心素养框架提供科学依据。课题组首先就各个领域人士对我国学生核心素养的期望与意见，对来自 12 个界别的 575 名专家学者和企业家等进行了焦点小组访谈或个别化访谈。课题组根据在国际比较研究 40 多万字文献的基础上整理出的当前各国际组织和国家的 32 项核心素养指标，在访谈结束后对专家学者和企业家进行问卷调查（有效问卷为 566 份），邀请他们对国际上这些素养指标进行评价，以批判摄取—选择—中国化的途径，从中选出他们认为对我国学生发展具有重要价值的核心素养指标。结果显示，专家学者和企业家所重视的学生发展核心素养有两个方面：一是高度重视和强调传统基本素养的指标包括语言能力、教学素养、学会学习、问题解决能力；二是高度重视和强调现代关键素养的指标包括沟通与交流、团队合作、

国际视野、信息素养、创新与创造力、社会参与与贡献、自我规划与管理。

课题组的研究也发现了目前国际上各国际组织和国家的学生素养或核心素养更多地强调能力或技能，普遍不重视品德与人格，即人的本质因素。因此，决不能照抄照搬，更不能“西化”，而应该有选择地吸收精华。

2.2　学生发展核心素养的国际研究

为了提高组织成员国的国家竞争力以应对全球化经济发展的需要，促进个体为适应全球化社会而获得自身完满发展，经济合作与发展组织（OECD）在 1997 年启动了“素养的界定与遴选”项目。在 OECD 启动核心素养研究之后，组织 12 个国家（奥地利、德国、美国、法国等）开展核心素养相关研究，并提交本国报告。随即带动国际各国和地区（日本、中国香港、中国台湾、新加坡等）有关“核心素养”的研究热潮，并推动本国或者本地区教育改革和测评的发展。

课题组通过分析比较经济合作与发展组织、联合国教科文组织、欧盟、美国、加拿大、英国、法国、芬兰、匈牙利、澳大利亚、新西兰、新加坡、日本、中国台湾、中国香港共 15 个国际组织、国家或地区的 40 余万字的文献，梳理出核心素养研究的四种不同价值取向框架：①成功生活取向：以经济合作与发展组织、中国台湾、日本等国家和地区为代表；②终身学习取向：以联合国教科文组织、欧盟等为代表；③个人发展取向：以新加坡等为代表；④以内容、目标与途径相结合的综合取向：以美国为代表。下面以一些有代表性的组织、国家、地区为例进行分析。

2.2.1　OECD 核心素养框架

1997 年末启动核心素养框架项目，即“素养的界定与遴选：理论与概念基础”计划。该项目的直接目的是为 OECD 内国家于同年启动的“国际学生评定计划”（即 PISA）提供理论基础和评价框架，同时服务于另一个针对成人素养的国际评价计划“成人素养与生活技能调查”，并于 2003 年发表最终研究报告《为了成功人生和健全社会的核心素养》。其中将含义界定为：“核心素养是人解决复杂问题和适应不可预测情境的高级能力和人性能力。”OECD 的核心素养框架研究起步早、站位高，理论基础雄厚，逻辑体系完整，为 PISA 提供了理论基础和评价框架。

主要内容如表 2－2 所示。

表 2－2　OECD 核心素养框架

一级指标	二级指标	具体内容
能互动地使用工具	1. 互动地使用语言、符号与文本的能力	有效运用口头和书面语言、计算及其他数学能力

续上表

一级指标	二级指标	具体内容
能互动地使用工具	2. 互动地使用知识与信息的能力	鉴别自身未知领域、识别信息的来源，并对其进行个人批评
	3. 互动地使用科技的能力	在平时生活与学习中注意使用技术手段，运用信息与通信技术获得信息
能在异质社会团体中互动	1. 与他人建立良好关系的能力	从他人角度思考问题，有效控制自己的情绪
	2. 合作的能力	善于表达自己的观念，倾听他人的观点。构建持续发展团体的能力，协调的能力，综合信息做出决定的能力
	3. 管理与解决冲突的能力	在危机中分析问题与利益，识别共识与分歧，重新认识问题，按照需求与目标对问题进行排序解决
能自主地行动	1. 在复杂大环境中行动的能力	分析形势，定位自己所处的情境，明确自身行为的可能后果，通过思考与集体的关联对自己行动做出选择
	2. 设计人生规划与个人计划的能力	制订计划，设立目标，鉴别已有及所需资源，平衡资源以满足不同目标，通过反思来预测未来，监控过程，时刻准备调整
	3. 维护权利、利益、限制与需求的能力	了解所有权益，清晰社会规则，为了认定的需求与权利建立个人论点，提出建议或替代方案

钟启泉教授认为，OECD 的“核心素养”可称“关键能力”，并指出其涵盖 3 个范畴：其一，运用社会的、文化的、技术的工具进行沟通互动的能力（个人与社会的相互关系）；其二，在多样化的社会集团中形成人际关系的能力（自己与他者的相互关系）；其三，自律地行动的能力（个人的自律性与主体性）。在上述关键能力中，个人的“反思性思维”很重要。因为“反思性思维，不仅能应对当下的状况，反复地展开特定的思维方式与方法；而且有应变的能力、从经验中学习的能力、立足于批判性立场展开思考与行动的能力”。

2.2.2 欧盟核心素养框架

2001 年 3 月，欧盟理事会批准成立“教育与培训 2010 工作项目”，意为到 2010

年要建立起适应知识社会所需要的欧洲教育和培训的新体系，其核心是形成欧洲核心素养框架。2006 年 12 月欧盟出台《为了终身学习的核心素养：欧洲参考框架》，这一文件成为此后欧盟及其成员国建立信息时代教育的纲领性文件。其中的素养，指的是适用于特定情境的知识、技能和态度的综合；核心素养，指的是所有个体达成自我实现和发展、成为主动的公民、融入社会和成功就业所需要的那些素养。

主要内容如表 2－3 所示。

表 2－3　欧盟核心素养框架

一级指标	内　　涵
母语交流	以口头和书面的方式表达和解释概念、想法、感受、事实和意见（听、说、读、写），以及在各种社会与文化场合以适当的、创造性的方式进行语言上的互动
外语交流	个人根据自己的愿望或需求，在工作、家庭、娱乐、教育与培训等社会背景下，通过口头和书面形式（听、说、读、写），运用母语之外的语言来理解、表达和解释概念、想法、感受、事实和意见。还要具有跨文化的理解力
数学素养和科技素养	数学素养强调发展与运用数学思维解决各种日常问题：包括过程、活动和知识。科学与技术素养指的是掌握、使用和运用有关自然界的知识与方法论，它包含对人类活动造成的变化的理解以及作为一个公民应担负的责任
数字化素养	个人能充满自信并采取批判性的态度去使用信息社会的各种技术，具备信息通信技术（ICT）方面的基本技能，例如，使用计算机查找、获得、存储、展现和交换信息，通过网络交流并参与团队合作
学会学习	个人根据自身需要以独立或小组合作的方式开展与组织自身学习的能力，具有学习的方法及机会意识
社交和公民素养	包括个人、人际和跨文化的素养，它涵盖了促使个人有效地和建设性地参与到社会和职业生活（尤其是日益多元化的社会中），同时能够在冲突出现时予以解决的所有行为。基于对社会政治的概念结构的了解以及对民主的参与承诺，公民素养使个体能够充分地参与到公民生活中
主动与创业意识	是将思想转化为行动的能力，包括创造性、创新和冒险精神，以及基于目标的项目计划与管理能力。每个人要意识到自己工作的背景，并能把握机会，要掌握社会与商业活动所需的一些具体的技能与知识，包括道德价值观和良好的治理意识
文化意识与表达	能够在各种媒介（音乐、表演艺术、文学和视觉艺术）中认识到创造性的思想、经验和情感表达的重要性

该框架既汲取了 OECD 核心素养的成就，又充分体现欧洲教育的特色和发展需要，其目的在于：开发欧洲知识社会所必需的核心素养，以作为未来教育目标；为欧盟成

员国实现核心素养目标提供支持。

欧盟的核心素养构筑了欧盟新教育的主轴，描绘了教育进步的共同愿景。可以说，核心素养使得欧盟各项教育与培训政策和计划有了统一的“顶层设计”，也使各成员国的教育政策的制定，特别是课程改革，有了可供参照的框架和方向，各成员国或地区可以在本国社会情境脉络下发展自己的教育并与世界发展同步。

在欧盟出台了《为了终身学习的核心素养：欧洲参考框架》之后，欧盟各国纷纷以此作为参考，制定了本国学生（民众）发展的“核心素养”，下面以欧盟核心成员国及教育强国德国、法国和英国为例做简要介绍。

1. 德国的“关键能力”

德国很注重“关键能力”的培养，所谓“关键能力”是指在现代社会中，对于每个人的个人发展和社会发展都至关重要的能力。为了便于实施和评估，德国教育界将“关键能力”划分为四个方面，即自我或个人能力、社会能力、方法能力和专业能力。

自我能力是指自我认识与发展的能力，具有较成熟的人生观、价值观以及制订个人发展计划并付诸实施的能力。具体而言，自我能力包括独立性、批判性、专注性、自信、可信赖性、责任感和业绩创造等能力的培养。

社会能力是指建立、发展社会关系的能力，合理、负责地对待他人并理解他人的能力。社会能力具体包括团队合作精神、解决冲突能力、宽容和团结精神、有集体感、乐于助人和沟通交流的能力。

方法能力是指了解处理事务或解决问题的程序及方式，具体包括思维方式、工作程序、独立运用专业和非专业知识，制定、修改并完善学习方案的能力。

专业能力是指具有相应的专业知识及素养，能够独立运用知识处理事务、解决问题，实现既定目标，并对结果进行客观评估的能力。

德国中小学“关键能力”培养的内涵很丰富，它以提高公民综合素质为宗旨，以培养全面发展的、合格的自然人和社会人为目标，同时强调独立精神、创新精神和实践能力，充分考虑个人和社会发展的基本需要。

2. 法国的“共同基础”

作为欧盟核心成员国之一，法国在欧盟“核心素养”框架下，于2006年颁布并实施了本国义务教育目标框架“共同基础”，又以此为基础，2015年出台了“新共同基础”条例。如果说“共同基础”标志着法国新千年教育变革的开端，“新共同基础”则是这场变革的继续前行。

2016年4月23日，法国国民教育、高等教育与科研部发布了《关于知识、能力和文化共同基础》的法令，该法令将取代2006年颁布的《关于知识与能力的共同基础》法令，重新规定6~16岁学生需掌握的知识、能力和文化的共同基础。新法令于2016年新学期开始生效。

“共同的知识、能力和文化基础”涵盖整个义务教育阶段（即6~16岁），指学生结束义务教育后应获得的必不可少的知识和能力，其特别意义是构建一种各学科和课程融会贯通的学校教育基础文化，它使学生在学校及以后的生活中能够面对复杂的实际情况，能够获得终身学习的能力，适应未来社会的变化。

新法令规定的“共同的知识、能力和文化基础”包括以下五个方面。

（1）用于思考和交流的语言，能够使用四种类型的语言来理解和表达。包括法语；现代外国语言或地区方言；数学、科学和信息语言；艺术和身体语言。

（2）用于学习的方法和工具。学习如何学习（自学或集体学习、课堂内或课堂外的学习）；获取信息和文献；数字工具；开展个人和集体项目；学习的组织安排。

（3）个人和公民的培养。传授核心价值观和宪法规定的原则；学会融入社会生活，进行集体活动，学做合格公民；道德和公民教育；尊重他人的选择、树立责任意识。

（4）自然体系和技术体系。向学生传授数学和科学技术的文化基础；地球和宇宙科技的研究方法；好奇心和观察能力；解决问题的能力。

（5）对世界和人类活动的认识。培养学生的时空观念，了解时空变换中的人类社会；对人类文化作品的解读；对当今世界的了解。

3. 英国的“核心技能”

英国从20世纪80年代开始就采用了“核心技能”的名称，以推进职业教育的发展。从1999年的国家课程改革开始，英国以所有儿童为对象，培育关键技能。在2010年之后对“核心技能”进行了新的解释。该技能旨在提高人们工作的效率及灵活性、适应性和机动性，是个人获得就业机会、事业发展和舒适生活的重要保障，同时拥有了一支训练有素而又掌握了核心技能的劳动大军，也增加了国家的竞争力。

英国的核心技能共分为以下六个模块。

（1）沟通技能。沟通技能包括听、说、读、写的技能。常用于下述场合：参与工作讨论、交谈时用图表解释说明，阅读项目相关资料，填写表格或撰写文章，分析或解释报告的复杂信息。

（2）数字的运用。数字运用技能包括解释与数字相关的信息、计算和呈现结果。该技能常用于测量，解释图表信息，计算总量和大小。运用图表解释计算结果，分析和解释复杂信息。

（3）信息技术。信息技术技能包括使用电脑寻找、搜索、编制和呈现文本、数字以及图像信息。该技能常用于为项目寻找信息，寻求办法解决问题、绘制图表、撰写信件或报告。

（4）与他人合作。与他人合作的技能包括准备计划和执行活动时在团队中与人合作的技能。可应用于参与小组活动，研讨课程或项目。协助他人执行工作任务，参与团队为当地社区组织活动

（5）提高学习能力与增进绩效。提高学习能力与绩效技能包括管理自我、学习与工作发展。可用于设定目标提高工作绩效和学习效率、寻求方法与策略、成功修读课程、审查进展。

（6）解决问题。解决问题技能包括辨识问题和采取措施解决问题。该技能可用于

寻求方法，解决工作、学习和生活中的问题，运用不同的方法寻求解决方案，确定方法的有效性。

英国核心技能的教学主要是通过两个不同的渠道进行，即高等和中等学校的教学和社会培训，分别采取不同的教学手段和方法开展教学。英国的“核心技能”体现了学术核心与职业技能相结合的教育理念，已经融入英国高校的教学计划，成为英国教育中学习渠道最多、受益人群最广泛的教育理念。

2.2.3 联合国教科文组织核心素养框架

该框架体系发展脉络源远流长。1996 年《教育——财富蕴藏其中》提出教育的五大支柱：学会认知、学会做事、学会共处、学会发展、学会创新。2012 年《全民教育全球监测报告》提出所有年轻人都要具备的 3 种技能：一是基本技能（识字和计算）；二是可转移技能；三是技术和职业能力。2013 年专门针对检查基础教育阶段学生的核心素养问题，发布了一份研究报告《向普及学习迈进——每个孩子应该学什么》，指出基础教育阶段必须重视以下 7 个领域：身体健康、社会情绪、文化与艺术、文字与沟通、学习方法与认知、数字与数学和科学与技术，如图 2－2 所示。并根据不同学段学生身心发展的不同特征，建构了一套（涵盖幼儿园、小学、中学）七大学习领域及其学习指标体系。2014 年联合国教科文组织发布的《全民教育全球监测报告》中再次重申：“教育质量不仅仅是帮助学生掌握基础知识，还需培养学生作为全球公民所必需的可迁移技能，如批判性思维、沟通能力、问题解决和冲突解决的能力等。”

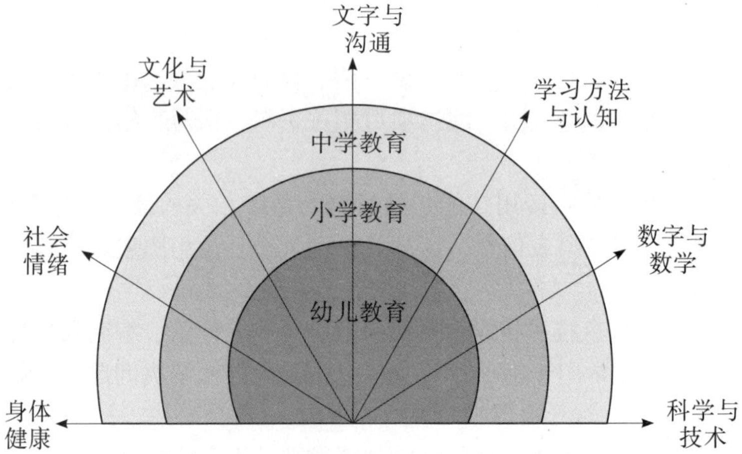

图 2－2 基础教育阶段必须重视 7 个领域

2.2.4 美国学生核心素养框架

2002 年，美国联邦教育部主持成立了“21 世纪技能合作组织” （以下简称“P21”），该组织将 21 世纪美国公民应具备的基本技能进行整合，制定了《21 世纪素养框架》，并以合作伙伴的形式将教育界、商业界、社区以及政府领导联合起来，把

21 世纪技能的培养融入中小学教育当中。P21 的成立标志着国家提高了对培养 21 世纪人才的重视。2007 年发布了该框架的更新版本，全面、清晰地将各种素养以及它们之间的相互关系呈现出来，如图 2－3 所示。

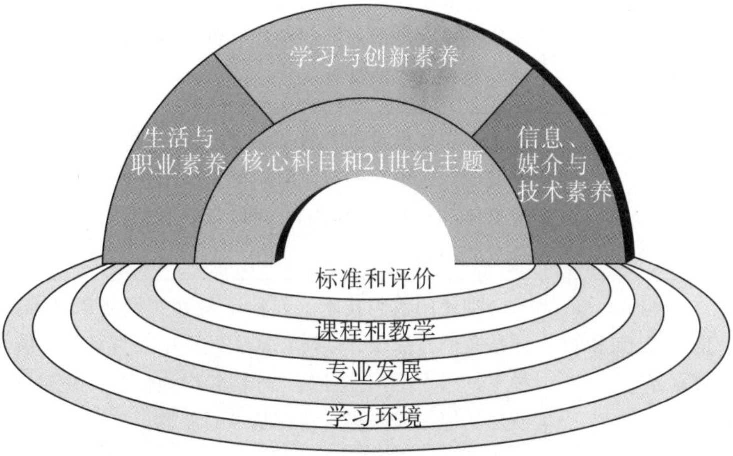

图 2－3　美国：21 世纪素养框架

美国“21 世纪素养”框架以核心学科为载体，确立了三项技能领域，每项技能领域下包含若干素养要求。

（1）学习与创新素养，包括批判性思维和问题解决能力、创造性和创新能力、交流与合作能力。

（2）信息、媒介与技术素养，包括信息素养、媒体素养、信息交流和科技素养。

（3）生活与职业素养，包括灵活性与适应性、主动性与自我指导、社会与跨文化素养、工作效率与胜任工作的能力、领导能力与责任能力。

美国“21 世纪素养”主要内容如表 2－4 所示。

表 2－4　美国“21 世纪素养”

核心素养	指标	内　　涵
学习与创新素养	创造性与创新能力	在工作中展现创造和发明才能；能提出和实施新的想法，并把新想法传播给他人；对新的、不同的观点持开放的心态并积极回应；能实施有创意的设想，为发生革新的领域做出具体的、有益的贡献
	批判性思维与问题解决能力	能运用正确的推理来理解事物；能做出复杂的选择和决定；能理解系统之间的相互联系；能提出并确定有意义的问题，以澄清各种观点，求得更好的解决办法；能界定、分析和综合信息，用以解决与回答问题
	交流与合作能力	能够用口头和书面的方式，清楚有效地表达设想和观点；能展现与不同团队有效合作共事的能力；有灵活性，为了达成共同的目标愿意做出必要的妥协；能协同工作，共同承担责任

续上表

核心素养	指标	内　涵
信息、媒介与技术素养	信息素养	能有效地获取有用信息，能批判地评估信息，能准确有创意地使用信息处理面对的问题或事件；对信息获取和使用的道德和法律问题有基本的理解
	媒体素养	了解媒体信息的构成、目的、特点和惯例，以及使用的工具；研究如何以不同的方式解读信息，用正确的价值观看待信息而不被媒体的其他因素影响；对信息获取和使用的道德或法律问题有基本的理解
	信息交流和科技素养	合理使用数码技术、通信工具和用网络来访问、管理、整合、评估及创建信息，以便在知识经济中发挥功能；能将技术作为一种工具用于研究、组织、评估和沟通信息，并对围绕信息获取和使用的道德或法律问题有基本的理解
生活与职业素养	灵活性与适应性	能适应不同的角色和职责；能在复杂和多变的环境中有效地工作
	主动性与自我导向	能监控自己的理解和学习需求；不满足于对基本技能和课程的掌握，探索和扩大自己的学习和机会以获得专业知识；展现想要提高技能以达到专业水平的主动性；在没有直接监督的情况下，能（独立自主地）界定任务、确定其优先顺序，并完成任务；能有效利用时间，合理安排学习；展现对于终身学习的信奉
	社会与跨文化素养	能与其他人和谐高效地工作；能适时地利用集体的智慧；能接受文化差异、使用不同的视角，提高创新性和工作质量
	工作效率与胜任工作的能力	能设定并努力达到高标准、高目标，按时完成高质量的工作；展现勤奋和积极的工作态度（例如：准时和信誉）
	领导能力与责任能力	通过人际交往和解决问题，影响和引导他人朝着目标努力；利用他人所长，实现共同的目标；表现出诚信和道德的行为；行动富有责任心，铭记社会的总体利益

2.2.5 亚洲学生核心素养框架

课题组基于研究背景相似、教育水平高的原则，在亚洲地区选取了新加坡、日本、中国台湾地区和中国香港特别行政区四个国家及地区有关学生核心素养的研究，下面做简要介绍。

（一）新加坡：21 世纪素养

2010 年 3 月，新加坡教育部颁布了新加坡学生的“21 世纪素养”框架如图 2－4 所示。

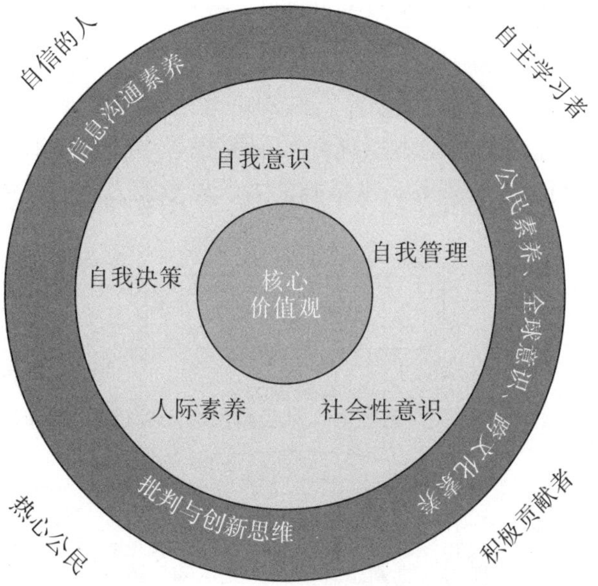

图 2－4　新加坡：21 世纪素养

新加坡核心素养框架由内到外共包含三部分内容组成，即核心价值、社交与情绪管理技能以及新 21 世纪技能。价值观决定一个人的品格，能够塑造一个人的信念、态度和行为。因此，价值观成为新加坡“21 世纪素养”框架的核心。包括尊重、诚信、关爱、抗逆、和谐、负责，它们源自新加坡共同价值观、新加坡家庭价值观等。以上核心价值观指引学生明辨是非，帮助他们做出负责任的决定，并认清自己在社会上所扮演的角色。这是素养框架中的核心与决定性因素，决定了培养什么样的社交及情商能力。社交与情绪管理技能包括自我意识、自我管理、社会性意识、人际素养、自我决策。

当今社会正在日趋国际化，新加坡政府希望学生要有更广阔的国际视野，能够和来自不同的文化背景、具有不同的观念和观点的人一道工作。因此，“21 世纪素养”的外环是“21 世纪技能”，它包括三项内容，一是信息沟通素养，即交流、合作与信息技能，二是公民素养、全球意识和跨文化素养，三是批判与创新思维。其中，信息沟通素养包括开放、信息管理、负责任地使用信息、有效地交流；公民素养、全球意识和跨文化素养包括活跃的社区生活、国际与文化认同、全球意识、跨文化的敏感性和意识；批判与创新思维包括合理的推理与决策、反思性思维、好奇心与创造力、处理好复杂性和模糊性问题。

新加坡政府希望学校所有的教学都能够通过这三部分的核心素养环环相扣，最终达到实现新加坡政府提出的 4 个理想的教育成果的目的，即培养自信的人、主动学习者、积极贡献者以及热心公民。

（二）日本：学生的“21 世纪型能力”

日本国立教育政策研究所教育课程研究中心从 2009 年开始，根据社会的变化、世界的教育动向和教育教学研究的成果等，于 2013 年 3 月在名为《培养适应社会变化的素质与能力的教育课程编制的基本原理》的研究报告中提出了日本的“21 世纪型能力”，即日本基础教育的核心素养，由基础能力、思考能力和实践能力三大部分组成，如图 2－5 所示。

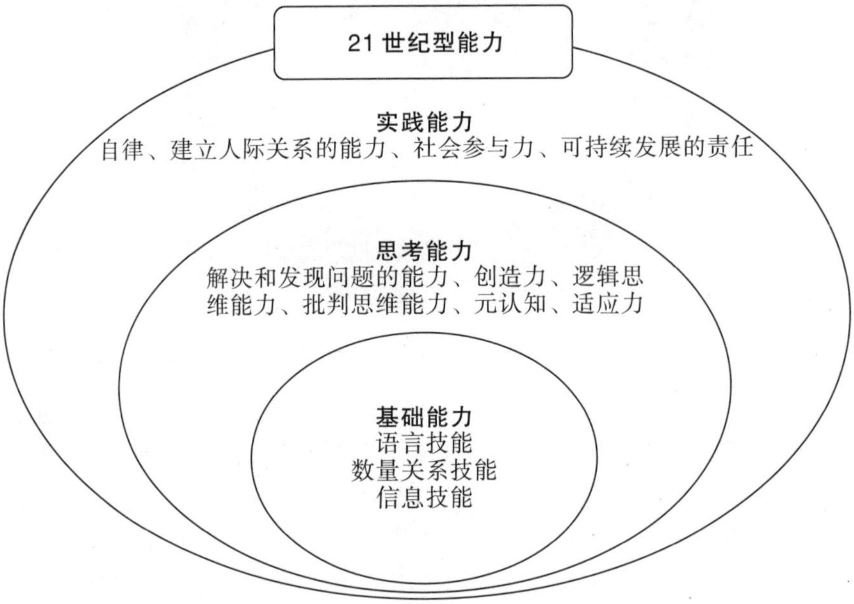

图 2－5　日本：学生的“21 世纪型能力”

基础能力，即“根据目的，把语言、数学、信息通信技术（ICT）当作工具来熟练运用的技能”。基础能力由听、说、读、写的语言技能，有效利用数字信息的数量关系技能，通过计算机有效运用信息的信息技能构成。

思考能力，在基础能力的基础上，培养思考能力是非常重要的。思考能力是指“每个人自己学习、判断、具有自己的想法，与他人商讨，对想法进行仔细比较斟酌、综合，创造出更好的解答和新的知识等，进而发现下一步的问题的能力”。包括解决问题和发现问题的能力、创造力、逻辑思维能力、批判思维能力、元认知和适应力。

实践能力，是指“在日常生活、社会和环境之中发现问题，对自己的知识进行总动员，能够找到对自己、社区和社会来说都有价值的解决办法的能力；并将解决办法通报社会，通过共同进行仔细斟酌，能够领会他人和社会的重要性的能力”。实践能力包括自律、建立人际关系的能力、社会参与力、可持续发展的责任等。

（三）中国台湾地区：十二年国民基本教育课程改革的核心素养

“国民核心素养”依据“K－12 中小学课程纲要的核心素养与各领域之连贯体系

研究”，包括“沟通互动力”“社会参与力”“自主行动力”三面向九主轴，强调以人为本，培养“终身学习者”，如图2－6所示。

图2－6　中国台湾地区：十二年国民基本教育课程改革的核心素养

自主行动——在社会情境脉络中，个体能负责自我生活管理以及能进行自主行动选择。个人为学习的主体，透过自主行动，选择适当学习途径，具备创造能力与积极行动力。

沟通互动——强调广泛地运用工具，有效地与人及环境互动。这些工具包括物质工具，如人造物、科技与信息等；以及社会文化工具，如语言文字及符号。工具不只是被动的媒介，同时也是人我与环境之间积极互动的管道。此外，美感素养的培养也不可或缺，国民在生活中应具备艺术涵养与生活美感素养。

社会参与——生活在彼此紧密结合的世界地球村，个人需要学习处理社会的多元性，与人建立适宜的合作方式与人际关系，个人亦需要发展如何与他人或群体互动的素养，提升人类整体生活素质，这既是一种社会素养也是公民责任。

“国民核心素养”依各教育阶段各有重点，以终身学习者为主体，依照身心发展，依序分为国小、国中及高级中等教育等三个教育阶段循序渐进，成为在自主行动、沟通互动与社会参与等三大面向均衡发展的健全民众。

（四）中国香港地区：九种“共通能力”

根据中国香港课程发展议会在2002年发表的《基础教育课程指引》，现时香港基础教育目的在于提高学生的反思优势，使他们能够发挥所长。因此，教育统筹局希望通过课程改革，从根本上改善学生的素质。教育统筹局制定的政策强调学生“学会学习”的能力。为达到使学生能够养成学会学习的能力，香港在前述的课程指引内提出了九种“共通能力”及四个“关键项目”两种概念。

九种共通能力：协作能力、沟通能力、创造力、批判性思考能力、运用信息科技能力、运算能力、解决问题能力、自我管理能力、研习能力。

四个关键项目：德育及公民教育、从阅读中学习、专题研习、运用资讯科技进行互动学习。

九种共通能力主要针对的是学校教育，在校所学的技能。而四个关键项目主要针对就业范围，是就业所要求达到的标准。

共通能力是帮助学生学会学习的基础。通过不同科目或学习领域的学习与教学，可以培养学生的共通能力，这些能力还可以在不同的学习情况下应用。

1. 协作能力

协作需要耐心聆听，欣赏他人，具备沟通、协商、调协、领导判断、影响和激励他人的能力。学习者掌握这些能力，可以有效地与人合作，共同筹备活动，解决困难和做出决策，最终能令学习者与别人建立相互促进的关系。例如：聆听、欣赏、小组协作、互相帮助和磋商等，学生不但能有效地进行小组工作，他们更能从协作关系的学习中得到裨益。

2. 沟通能力

沟通能力是指人与人在互动持续的过程中交往，以求达至既定目标或结果的能力。为了成为有效的沟通者，学习者应该学习有效的聆听、说话、阅读及书写；他们亦应学会怎样选用最恰当的方法，按照目标和情境的要求，传递讯息；他们应采用准确及合适的数据，为读者或听众有系统而适当地组织内容；评估自己能否与人有效地沟通，找出需要改善的地方，并且付诸行动。例如：演讲、响应问题、聆听和写作等，可协助学生与人沟通及有效地表达自己的意见。

3. 创造力

创造力是一个重要但令人困惑的概念。有关创造力的定义相当分歧。有研究者把创造力界定是一种产生出原创、新颖、独特意念或产品的能力，或是解决问题的能力；也有研究者将之界定为一种历程，或创造者所具有的人格特质。

4. 批判性思考能力

“批判性思考是指检出数据或主张中所包含的意义，对数据的准确性进行质疑和探究，判断什么可信，什么不可信，从而建立自己的观点或评论他人观点的正误。”例如：独立思考、辨别是非及反思等，能协助学生从所得的数据或报告中找出含意、立论和评估论据，以及自行做出判断。

5. 运用信息科技能力

运用信息科技能力，是以审慎批判的角度，明智使用信息科技去寻找、吸收、分析、处理和介绍各项数据的能力。信息科技能激发和帮助学习者按自己的进度学习，养成自学的习惯，令他们终身受惠。

6. 运算能力

运算能力包括能进行基本运算，在生活问题上运用基本数学概念做合理的估算，明白图表、图像及文字中的数量概念，管理数据，处理财富及记录物资存量等能力。

7. 解决问题能力

解决问题指运用思考技能去解决难题。学习者会在综合所有与问题有关的资料后，采取最合适的行动去解决问题。例如：处理问题、调解纷争、危机处理及做出抉择等，可协助学生运用思维能力解决困难，并决定采取最适当的行动。

8. 自我管理能力

自我管理能力对培养自尊自重的态度和达成目标是十分重要的。掌握自我管理能力的学习者有自知之明，并能保持情绪稳定；对工作较积极和主动，会定下适切的目标，厘定计划及采取相应的行动来达成目标；也能好好地管理时间、金钱和其他资源；他们能够面对压力和令人无所适从的环境。

9. 研习能力

研习能力是帮助提高学习效能、掌握基本研习技巧的能力。这种能力对培养学习者的学习习惯、学习能力及学习态度尤为重要，是一种终身自学的能力。

从全球范围来看，核心素养的选取都反映了社会经济与科技信息发展的最新要求，强调创新与创造力、信息素养、国际视野、沟通与交流、团队合作、社会参与与社会贡献、自我规划与管理等素养，内容虽不尽相同，但整体呈现与社会发展、国家发展相统一的趋势。

2.3 信息技术学科核心素养解读

核心素养的提出是为了满足21世纪快速变化的社会需要，是信息时代、知识社会和全球化时代下对基础教育育人目标的再思考。它关注个体解决真实的专业领域和现实生活问题时所需的关键能力或必备品格，强调个体学会学习的意识和能力，面对不良结构问题时创造性运用知识能力和批判性思维，以及解决问题过程中的交流、沟通与合作能力。它不是简单的学科知识与技能，而是学科或跨学科知识和技能、过程与方法、情感态度和价值观的整合。

学科核心素养是学科育人价值的集中体现，是学生通过学科学习而逐步形成的正确价值观念、必备品格和关键能力。教育部最新发布的《普通高中信息技术课程标准

(2017 年版)》指出，高中信息技术学科核心素养由信息意识、计算思维、数字化学习与创新、信息社会责任四个核心要素组成。它们是高中学生在接受信息技术教育过程中逐步形成的信息技术知识与技能、过程与方法、情感态度与价值观的综合表现。四个核心要素互相支持、互相渗透，共同促进学生信息素养的提升。在《普通高中信息技术课程标准（2017 年版)》中首次明确定义了信息技术学科核心素养的内涵及水平划分，这是在中国学生核心素养提出之后，各个学段信息技术学科的第一个也是目前唯一一个新修订的课程标准，因此，下面以高中信息技术学科核心素养为例进行深度解读。

2. 3. 1　高中信息技术学科核心素养内涵与表现形式

高中信息技术学科核心素养框架结构如图 2 – 7 所示，具体内涵表述如下。

图 2 – 7　高中信息技术学科核心素养框架

1. 信息意识

信息意识是指个体对信息的敏感度和对信息价值的判断力。具备信息意识的学生能够根据解决问题的需要，自觉、主动地寻求恰当的方式获取与处理信息；能够敏锐感觉到信息的变化，分析数据中所承载的信息，采用有效策略对信息来源的可靠性、内容的准确性、指向的目的性做出合理判断，对信息可能产生的影响进行预期分析，为解决问题提供参考；在合作解决问题的过程中，愿意与团队成员共享信息，实现信息的更大价值。

2. 计算思维

计算思维是指个体运用计算机科学领域的思想方法，在形成问题解决方案的过程中产生的一系列思维活动。具备计算思维的学生，在信息活动中能够采用计算机可以处理的方式界定问题、抽象特征、建立结构模型、合理组织数据；通过判断、分析与综合各种信息资源，运用合理的算法形成解决问题的方案；总结利用计算机解决问题的过程与方法，并迁移到与之相关的其他问题的解决。

3. 数字化学习与创新

数字化学习与创新是把个体通过评估并选用常见的数字化资源与工具，有效地管理学习过程与学习资源，创造性地解决问题，从而完成学习任务，形成创新作品的能力。具备数字化学习与创新的学生，能够认识数字化学习环境的优势和局限性，适应数字化学习环境，养成数字化学习与创新的习惯；掌握数字化学习系统、学习资源与学习工具的操作技能，用于开展自主学习、协同工作、知识分享与创新创造，助力终身学习能力的提高。

4. 信息社会责任

信息社会责任是指信息社会中的个体在文化修养、道德规范和行为自律等方面应尽的责任。具备信息社会责任的学生，具有一定的信息安全意识与能力，能够遵守信息法律法规，信守信息社会的道德与伦理准则，在现实空间和虚拟空间中遵守公共规范，既能有效维护信息活动中个人的合法权益，又能积极维护他人合法权益和公共信息安全；关注信息技术革命所带来的环境问题与人文问题；对于信息技术所产生的新观念和新事物，具有积极学习的态度、理性判断和负责行动的能力。

信息技术学科核心素养各要素的具体表现如表 2－5 所示。

表 2－5 信息技术学科核心素养

	要素	具体表现
信息技术学科核心素养	信息意识	对信息的敏感度 对信息价值的判断力
	计算思维	解决问题过程中的 形式化 模型化 自动化 系统化
	数字化学习与创新	数字化学习环境的创设 数字化学习资源的收集与管理 数字化学习资源的应用与创新
	信息社会责任	具有一定的信息安全意识与能力 能遵守信息法律法规 具有良好的信息道德与伦理

解月光等在《高中学生信息技术学科核心素养的描述与分级》一文中指出高中信息技术学科核心素养围绕“人与人，人与技术，人与社会”三对关系展开，在不同维度关注素养发展需求。“信息意识”与“计算思维”是学生个体文化素养方面的基本表现；“数字化学习与创新”关注人与技术的关系，体现技术对学生学习发展的促进作用，满足数字化环境下的学生发展需求；“信息社会责任”是超越学科界限的素养要素，是个体参与社会生活所应必备的社会性品质。四个素养要素相互依存，互为联系，构成学科核心素养体系系统，统一于素养发展过程的。“信息意识”是其他三个要素发展的前提，随其他要素的发展，由低级状态向高级状态转变，逐渐由“感性”阶段向“理性”阶段演变，其发展的理性阶段又是要素整体发展的体现；“计算思维”是核心素养系统的关键要素，影响其他三个要素发展的质和量，决定学科核心素养的优劣；“数字化学习与创新”基于信息意识、计算思维、信息社会责任而发展，是其他素养在学习、创新方面的直接行为表现，也是学生解决问题，进行创新创造的能力体现；“信息社会责任”是其他三个要素健康发展的保障，而对信息社会责任的认识能力及担当能力，又受其他三要素发展水平的影响。

2.3.2 高中信息技术学科大概念

学科大概念是反映学科本质的、特殊的、关键的知识，构成了学科框架的大概念，指向知识结构本身，确定了课程必修模块的内容。学科大概念有助于学习者抓住学科核心，把零散繁杂的知识有序组织，并不断在学习活动中持续性地理解。

高中信息技术课程旨在全面提升全体高中学生的信息素养。课程通过提供技术多样、资源丰富的数字化环境，帮助学生掌握数据、算法、信息系统、信息社会等学科大概念，了解信息系统的基本原理，认识信息系统在人类生产与生活中的重要价值，学会运用计算思维识别与分析问题，抽象、建模与设计系统性解决方案，理解信息社会特征，自觉遵循信息社会规范，在数字化学习与创新过程中形成对人与世界的多元理解力，负责、有效地参与到社会共同体中，成为数字化时代的合格中国公民。

信息技术学科大概念分别是数据、算法、信息系统、信息社会，如图2－8所示。

数据是描述事物的符号记录，是信息的载体，是计算工具识别、存储、加工的对象，如图像、声音、字符、数值等。算法是对特定问题求解步骤的一种描述，是一系列解决问题的清晰指令。精确的算法是计算工具有效计算的前提条件。信息系统是由用户、硬件/软件设施、数据构成的人机交互系统。合理设计和应用信息系统，可以更好地感知、传递、处理和应用信息。信息社会是通过创造、分配、使用、整合和处理信息进行社会经济、政治和文化活动的社会形态。其中的社会成员通过创新、高效使用信息技术，以此获得较高的个人或组织生存与发展优势。

2.3.3 高中信息技术学科核心素养水平划分与描述

学科核心素养水平分级是指对其发展水平的划分，这是建立学业质量标准的前提，

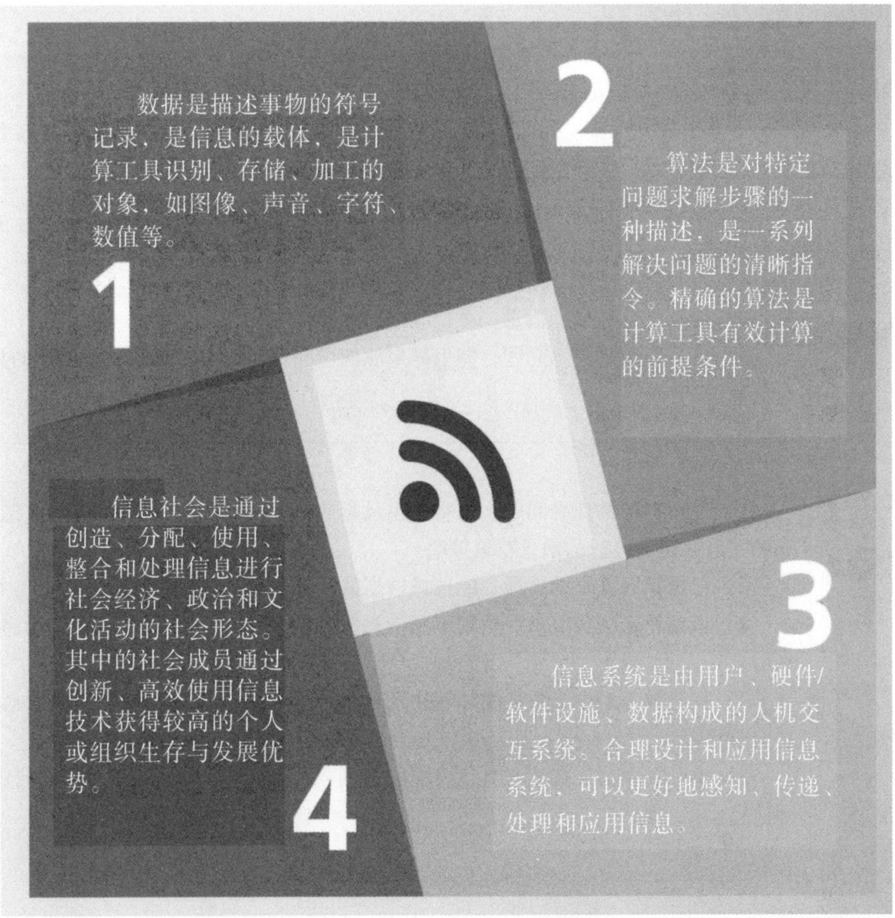

图 2-8 信息技术学科大概念

也是信息技术课程评价的依据。

高中信息技术学科核心素养的水平分级体系包括“预备级”“水平 1”“水平 2”“水平 3”四级水平。“预备级”意在协调高中与义务教育学段之间的衔接关系，表征高中学生的入学起点水平，也是学生经历初中信息技术课程学习之后所应达到的素养水平。“水平 3”表征高中阶段学科核心素养发展的最高水平。该水平的发展要求是以信息技术学科发展为主导，以学生的计算思维培养为核心，强调解决问题情境的复杂性。对于高中毕业生来说，“水平 3”是少数学生可以达到的发展水平，或者说是那些有兴趣爱好并有专业发展需要的学生所能达到的水平。在“预备级”与“水平 3”这两级水平确定的基础上，遵循发展性原则，按照思想与观念的内化程度、任务与情境的复杂度、知识与技能的深广度与难易度，进行“水平 1”“水平 2”两级水平的划分，最终建立学科核心素养的水平分级体系，并以学科核心素养为经、以水平划分为纬，对各要素的各级水平的具体表现进行描述，为内容标准的制定、教材的编写、学业评价的设计提供依据。

表2－6、表2－7、表2－8、表2－9分别是信息意识、计算思维、数字化学习与创新和信息社会责任这四个核心素养要素的水平分级与具体表现描述。

表2－6 信息意识核心素养要素

水平	素养1：信息意识
预备级	（1）在日常生活中，按照一定的需求主动获取信息 （2）能够区分载体和信息 （3）针对简单的信息问题，能根据来源的可靠性、内容的真伪性和表达的目的，对信息进行判断
水平1	（1）针对特定的信息问题，自觉、主动地比较不同的信息源，能描述数据与信息的关系，确定合适的信息获取策略 （2）根据不同受众的特征，能选择恰当的方式进行有效的交流 （3）依据特定任务需求，甄别不同信息获取方法的优劣，并能利用适当途径甄别信息 （4）在日常生活中，根据实际解决问题的需要，恰当选择数字化工具，具备信息安全意识 （5）主动关注信息技术工具发展中的新动向和新趋势，有意识地使用新技术处理信息
水平2	（1）针对较为复杂的信息问题，能综合分析获取的信息，评估信息的可靠性、真伪性和目的性 （2）在较为复杂的信息情境中，能认识到数据管理与分析对提高信息价值的重要性，利用多种途径甄别信息，判断其核心价值 （3）具备选用信息技术工具进行信息安全防范的意识 （4）能判断他人信息选择的合理状况并给予适当提示
水平3	（1）在较为复杂的信息情境中，确定信息的关键要素，找到内在关联，挖掘核心价值 （2）针对复杂的信息问题进行需求分析，综合判断信息，确定解决问题的路径 （3）具备服务信息社会，为信息社会积极做贡献的意识

表 2-7　计算思维核心素养要素

水平	素养 2：计算思维
预备级	（1）在日常生活中，认识数字化表示信息的优势 （2）针对给定的简单任务，能够识别主要特征，并用流程图画出完成任务的关键过程 （3）了解对信息进行加工处理的价值、过程和工具，并能够根据需求选择适当的工具
水平 1	（1）针对给定的任务进行需求分析，明确需要解决的关键问题 （2）能提取问题的基本特征，进行抽象处理，并用形式化的方法表述问题 （3）运用基本算法设计解决问题的方案，能使用编程语言或其他数字化工具实现这一方案 （4）按照问题解决方案，选用适当的数字化工具或方法获取、组织、分析数据，并能迁移到其他相关问题的解决过程中
水平 2	（1）针对较为复杂的任务，能运用形式化语言描述问题，并采用模块化和系统化方法设计解决问题的方案 （2）正确区分问题解决中涉及的各种数据，并采用适当的数据类型进行表示 （3）针对不同模块，设计或选择合适的算法，利用编程语言或其他数字化工具实现各模块功能 （4）利用适当的开发平台整合各模块功能，实现整体解决方案
水平 3	（1）对基于信息技术的问题解决方案，能够依据信息系统设计的普遍原则进行较全面的评估，并采用恰当的方法迭代优化解决方案 （2）能把利用信息技术解决问题的过程迁移到学习和生活的其他相关问题的解决过程中

表 2-8　数字化学习与创新核心素养要素

水平	素养 3：数字化学习与创新
预备级	（1）在利用信息技术支持学习的过程中，认识到网络和相关资源的教育优势 （2）依据学习任务进行学习资源的需求分析，利用网络获取学习资源 （3）能利用简单的数字化工具，完成作品的设计与创作
水平 1	（1）在学习过程中，能够评估常用的数字化工具与资源，根据需要进行合理选择 （2）针对特定的学习任务，运用一定的数字化学习策略管理学习过程与学习资源，完成任务，创作作品 （3）在网络学习空间中开展协同学习，建构知识

续上表

水平	素养3：数字化学习与创新
水平2	（1）在技术丰富的学习环境中，能有效评估多样化的数字化资源与工具对特定学习任务的价值 （2）针对较复杂的学习任务，使用网络工具快速搜索、获取和甄别学习资源，在有效管理的基础上，创造性地解决问题，形成个性化的作品 （3）根据不同学科的特征，有效运用相应的数字化学习资源与工具，提高学习质量
水平3	（1）根据学习任务的复杂程度和个体学习需求的特点，合理运用数字化学习环境，主动参与协作学习与协同创作 （2）能够独立或合作开发支持学科学习的个性化学习资源，实现知识创新 （3）能适应真实和虚拟混合环境中的学习，感悟信息技术对强化与提升个体认知能力、促进知识创新和学习自觉性的特殊价值

表2-9 信息社会责任核心素养要素

水平	素养4：信息社会责任
预备级	（1）认识信息技术发展对社会进步和人们生活带来的影响 （2）在信息技术应用过程中，认识信息技术可能引发的一些潜在问题 （3）在信息活动过程中，能采用简单的策略和方法保护个人信息，安全使用信息设备 （4）遵守基本的信息法律法规，按照社会公认的信息伦理道德规范开展信息活动
水平1	（1）在信息活动中，具有安全意识，尊重和保护个人或他人的在线隐私 （2）采用简单的技术手段，保护数据、信息以及信息设备的安全 （3）认识人类信息活动需要信息法律法规的管理与调节，能自觉遵守信息法律法规、信息伦理道德规范 （4）正确认识现实社会身份、虚拟社会身份之间的关系，合理使用虚拟社会身份开展信息活动 （5）在信息交流或合作中，尊重不同的信息文化，积极、主动融入信息社会中
水平2	（1）在信息技术应用过程中，能运用一定的技术性策略保障信息安全 （2）在信息活动中，认识到信息技术具有两面性，在带来积极作用的同时，也会带来一些负面影响 （3）自觉抵制违反信息法律法规和道德准则的行为，针对不良信息行为，知道运用法律方式解决问题
水平3	（1）能从发展的角度，理解信息法律法规、信息伦理道德规范的合理性 （2）在信息活动中，掌握保护个人权益和自觉维护健康信息环境的手段和方法

2.3.4　高中信息技术课程设置及学业质量水平

高中信息技术课程由必修、选择性必修（选修1）和选修2三类课程组成，课程结构如表2－10所示。

表2－10　高中信息技术课程结构

类别	模块设计	
必修	模块一：信息技术·数据与计算 模块二：信息技术·信息系统与社会	
选修1	模块一：数据数据结构 模块二：网络基础 模块三：数据管理与分析	模块四：移动应用设计（网络类） 模块五：三维设计与创意（媒体类） 模块六：开源硬件项目设计（工程类）
选修2	模块一：算法设计初步 模块二：智能系统初步	

三类课程的指导思想、功能指向、实施目的及评价方式如表2－11所示。

表2－11　高中信息技术课程实施方式

课程类型	必修	选修1	选修2
指导思想	面向学科核心素养的发展 紧扣学科核心知识与技能	针对学生的学科专业发展需要 促进学生个性发展	鼓励探索学科前沿发展 发现与培养学科特长人才
功能指向	提升高中学生信息素养的共同基础	升学考试类课程个性化发展类	满足学生兴趣爱好 学业发展 职业选择
实施目的	达到高中阶段信息素养的基本要求	面向高校专业兴趣选择	面向拔尖创新、职业选择
评价方式	学业水平考试	高考	高考（自主招生） 学科竞赛

学业质量是学生在完成本学科课程学习后的学业成就表现。学业质量标准是以本学科核心素养及其表现水平为主要维度，结合课程内容，对学生学业成就表现的总体刻画。依据不同水平学业成就表现的关键特征，学业质量标准明确将学业质量划分为不同水平，并描述了不同水平学习结果的具体表现。

高中信息技术学业质量水平是根据问题情境的复杂程度、相关知识和技能的结构化程度、思维方式、探究模式或价值观念的综合程度等进行划分的。高中信息技术学业质量水平共有4级，每级水平主要表现为学生整合信息技术学科核心素养，在不同复杂程度的情境中运用各种重要概念、思维、方法和观念解决问题的关键特征。不同水平之间具有由低到高逐渐递进的关系。

高中信息技术课程结构与学业质量水平之间的关系如图 2－9 所示。

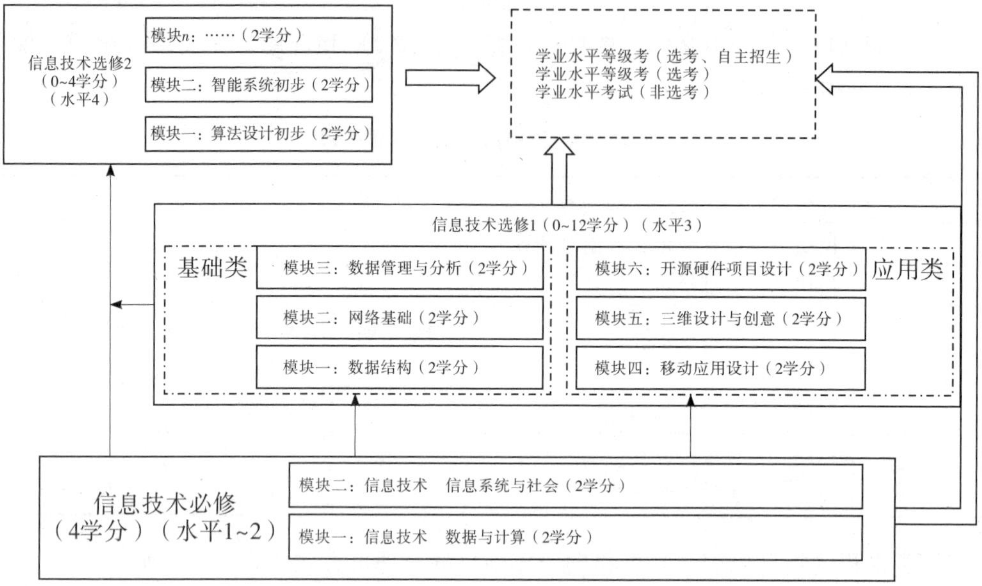

图 2－9　高中信息技术课程结构与学业质量水平关系

高中信息技术学业质量标准是阶段性评价、学业水平合格性考试和学业水平等级性考试命题的重要依据。学业质量水平 2 是高中毕业生在本学科应该达到的合格要求。学业质量水平 4 是学业水平等级性考试的命题依据。

2.4　信息技术师范生职业素养

中国学生发展核心素养课题组指出，核心素养是学生在相应学段应具有的最关键、最必要的素养，是知识、能力和态度等的综合表现，聚焦于个体的文化基础、自主发展、社会参与三大领域，整体上呈现出与社会发展、国家发展相统一的趋势，最终指向培养"全面发展的人"。应该说，核心素养反映了世界各国教育改革的基本趋势和愿景追求。中小学生核心素养的培育，需要教育教学的一线教师来具体执行，中小学教师成为核心素养培育质量的关键因素。师范生在大学阶段形成的必备品格和关键能力，就是准教师知识储备、能力素养和教育态度等的综合体现。朱桂琴在《核心素养视域下的师范生实践教学变革：方向、困境与路径》一文指出师范生扮演着当下"学生"和未来"教师"的双重角色，既是核心素养所描绘的目标主体，也是未来培育学生核心素养的主导者。作为教师职前培养阶段的师范生，其职业素养水平关系着中学教育教学的质量，关乎高师院校师范教育的质量和人才培养目标的实现。核心素养培育是基础教育改革的重要课题，师范生核心素养的养成及培养质量亦应该受到关注。

目前，国内外基于核心素养的师范生能力培养尚处起步阶段，对信息技术师范生职业素养的研究几近空白，通读文献后提炼了以下观点以供参考。

1. 师范生核心素养框架

王又新等在《论新建本科院校师范生核心素养框架——以贵州师范学院为例》一文中介绍了该校师范生核心素养框架结构，如表 2－12 所示。

表 2－12 师范生核心素养框架结构（王又新）

新建本科院校师范生核心素养框架	职业理念与道德	奉献	遵章守法	职业情怀	
			职业认同	职业道德	
		健康	懂得感恩	承受挫折	健康体魄
		爱心	尊重学生	关爱学生	信任学生
	通识性知识与能力	表达	口语表达	书写能力	教师礼仪
			应用写作	教育技术	
		学习	学习意识	学习方法	终身发展
		管理	教育管理	决策思维	
		特长与才艺			
		合作	国家认同	沟通协调	团队合作
			社会责任	跨文化理解	
		创新	创新创业	企业法规	劳动习惯
	专业性知识和能力	教育教学专业知识	专业行为		
			教育知识		
		学科知识			

2. 信息技术师范生职业素养

教师专业具有双专业性质，即学科专业性和教育专业性。信息技术师范生应当既具备计算机专业知识和技能，又有教育、教学的知识和技能。王素坤在《计算机专业师范生教育职业能力培养研究》一文中，根据我国“教育技术职业人员教育技术标准”中对中小学信息技术教师提出了基本要求：“掌握相关技术的知识和技能；运用技术支持教学资源和环境的建设；运用技术支持教学过程的优化；运用技术支持信息化管理；具有强烈的信息意识，自觉承担与技术相关的社会责任”，总结出信息技术师范生除了具备信息技术学科教学能力外，还要具有信息化建设和信息化管理等辅助教学的能力，并提出了信息技术师范生教育职业能力结构应该由教学基本能力、教学设计能力、教学实践能力、教学研究能力和教学辅助能力组成，如表 2－13 所示。

表 2-13　中小学信息技术教师教育职业能力结构（王素坤）

教育职业能力结构	能力要求
教学基本能力	理解和掌握教育、教学的基本理论知识和基本技能，领会信息技术教育教学的规律、原则、方法，对信息技术教育有一个总体认识和把握
教学设计能力	掌握教学设计的基本理论与方法，能从信息技术教学内容和学生水平出发，科学合理地确定教学目标，选择适合的课堂教学组织形式、教学策略和方法，形成具体的教学活动方案，并依据设计方案进行教学实践和评价
教学实践能力	以信息技术教育教学的理论与方法为指导开展教学活动，具备初步的信息技术教学技能和实验指导技能
教学研究能力	掌握教学研究的理论和方法，善于发现、分析和解决信息技术教学中遇到的问题，能够运用教学理论与方法促进教学改革
教学辅助能力	能够建设和维护学校信息化教学环境，帮助学科教师制作教学课件和开发教学资源，促进信息技术与学科课程的整合

信息技术师范生能力培养的主要途径是实施全面的信息技术师范教育，拓展和完善现有信息技术教学论课程，建设与学生能力结构相匹配的课程体系，构建“高校—地方政府—中小学—社会教育组织（UGSO）”四位一体的协同培养模式。

第三章　信息技术师范生核心素养培养路径

卓越教师培养是全面推进教育现代化的时代新要求。计算机科学与技术（师范）专业在新的培养理念、教育信息化和发展要求挑战下，如何充分利用“高校—地方政府—中小学（UGS）”培养模式优势，切实落实核心素养要求，培养信息技术学科卓越教师，是关乎专业生存和发展的核心主题。本章从新时代信息技术学科教师职业规格要求出发，介绍主流的协同育人模式，并系统阐述计算机师范专业围绕核心素养、协同培养信息技术学科教师的策略和经验做法。

3.1　职业规格要求

3.1.1　卓越教师培养理念

（一）卓越教师协同培养思想

协同培养卓越教师的思想由美国在20世纪70年代最早提出，强调“教师培养应如同医学专业的临床一样，中小学紧密结合”，并实施专业发展学校模式和国家高级教师资格证书制度。我国也采用师范技能训练、教育实习学校、教师资格证等类似方法。

从2014年开始，国家陆续推出落实协同培养卓越教师的政策文件，提出基于UGS和教师教育创新实验区的中国特色教师教育体系新理念。“高校与地方政府、中小学（UGS）三位一体协同培养新机制”首先在《关于实施卓越教师培养计划的意见》中提出；随后《教师教育振兴行动计划（2018—2022年）》提出了“教师教育基地”的理念：以国家教师教育基地为引领、师范院校为主体、高水平综合大学参与、教师发展机构为纽带、优质中小学为实践基地的开放、协同、联动的现代教师教育体系；在2018年全国教育大会召开后，《教育部关于实施卓越教师培养计划2.0的意见》进一步提出了“教师教育改革实验区”理念：建设一批省级政府统筹，高等学校与中小学协同开展培养培训、职前与职后相互衔接的教师教育改革实验区，着力推进全流程协同育人；2019年《中国教育现代化2035》明确了“中国特色教师教育体系”的理念，提出健全以师范院校为主体、高水平非师范院校参与、优质中小学（幼儿园）为实践基地的开放、协同、联动的中国特色教师教育体系。从与国外类似的UGS模式到中国特色教师教育体系理念的发展，体现了党的十九大提到的“发展与质量”的主题，体现了“能力为主、应用为先”的卓越教师培养原则。

上述理念和原则通过师范专业认证工作和教师资格考证制度得到落实。面对卓越教师协同培养的新理念和措施要求，高校师范专业如何深化改革教师教育培养体系，达到国家师范专业认证标准，是决定专业生存的根本问题。

（二）师范专业认证标准

2017 年 10 月，教育部印发《普通高等学校师范类专业认证实施办法（暂行）》，启动了师范类专业国家认证工作。师范类专业认证主要是从育人源头解决教师教育综合改革面临的新情况和新问题，如开放化背景下的教师教育质量保障制度亟待建立、综合化背景下的教师教育特色亟待强化、教师教育内涵式发展亟待引导等。师范类专业实行三级监测认证，覆盖中学教育、小学教育、学前教育三类专业。第一级定位于师范类专业办学基本要求监测，包括 15 个专业办学核心数据监测指标，旨在促进各地各校加强师范类专业基本建设。第二级定位于师范类专业教学质量合格标准认证，以定性指标为主，旨在引导各地各校加强专业内涵建设，保证专业教学质量达到合格标准。第三级则定位于师范类专业教学质量卓越标准认证，旨在以评促强、追求卓越，打造一流质量标杆。

在认证对象方面：第一级认证针对经教育部正式备案的普通高等学校师范类本科专业和经教育部审批的普通高等学校国控教育类专科专业。第二、三级认证实行自愿申请。有三届以上毕业生的普通高等学校师范类专业申请参加第二级认证；有六届以上毕业生并通过第二级认证的普通高等学校师范类专业，申请参加第三级认证。通过第二级认证专业的师范毕业生，可由高校自行组织中小学教师资格考试面试工作。通过第三级认证专业的师范毕业生，可由高校自行组织中小学教师资格考试笔试和面试工作。

《普通高等学校师范类专业认证实施办法（暂行）》的指标构成明确了如何落实 UGS 模式、专业学科教学法教师到中小学顶岗的比例、大学聘请中小学兼职教师的比例、教育实践基地的数量等协同培养特征，强调了卓越教师人才培养质量的保障。而指标“学生发展”突出了教师资格证考取比例和专业对口率的质量和效益要求。

（三）教师资格证制度

世界上许多国家对教师的资格标准都有严格的规定，不少国家建立了教师许可证制度或教师资格证书制度。我国教育部在 2001 年 8 月发布了《教师资格证书管理规定》，明确指出：教师资格证书是持证人具有国家认定的教师资格的法定凭证。在各级各类学校和其他教育机构中从事教师工作的人员，必须依法取得教师资格，并持有相应的教师资格证书。

2012 年 9 月 10 日，上海市教委表示，上海中小学教师资格在首次注册后将不再是终身制。此外，北京教师资格也将不再享有“终身制”，取而代之的或是 5 年时限。2015 年 12 月 7 日发布的《国家中长期教育改革和发展规划纲要（2010—2020 年）》指出：2011 年开始试行的资格考试改革和定期注册制度改革提高了教师准入门槛，破除了教师资格终身制，提升了教师队伍的质量和水平，已有 22 个省份推进试点改革，2016 年这项制度将全面推行，但底线清晰：师德上有偏差的老师一律一票否决，工作量必须保证，5 年内应该参加的专业素质培训必须参加。

对于在校大学生，则从 2016 级大学生开始，大学任何专业不能直接获取教师资格证，需要参加国家级统一考试，经过笔试和面试双重考核。

3.1.2　教育现代化与信息化

近年来，国家对教育信息化建设的力度逐步增大。2018 年《教育信息化 2.0 行动计划》要求高校和基础教育要把教育信息化作为教育系统性变革的内生变量，支撑引领教育现代化发展，推动教育理念更新、模式变革、体系重构，以信息化引领构建以学习者为中心的全新教育生态。《中国教育现代化 2035》和《加快推进教育现代化实施方案（2018—2022 年）》提出大力推进教育信息化，着力构建基于信息技术的新型教育教学模式、教育服务供给方式以及教育治理新模式。这是新时代广大信息技术学科教师新的历史使命，也必然对高校计算机师范专业培养卓越教师以及中小学教师终身教育机制提出了挑战。

3.1.3　信息技术教师发展要求

我国的信息技术学科从 20 世纪 60 年代建立，是以“什么知识最有用”的简单实用主义作为依据，缺少对中小学生心智特征的研究和信息技术知识体系的系统研究。在信息社会，信息素养已成为人发展的必要要素。2016 年《中国学生发展核心素养》提出信息素养、人文素养和科学素养在现代社会具有同等地位。因此信息素养成为信息技术学科的发展理念，也给中小学和高校等育人主体带来新的要求。

一是学习目标的变革。在《普通高中信息技术课程标准（2017 年版）》中，信息素养指计算思维、数字化学习与创新、信息意识和信息社会责任。内容上有数据计算、网络、算法等学科基础，也新增了三维设计、物联网、数据分析、人工智能等学科前沿，此外要培养学生价值体认、责任担当、问题解决、创意物化等方面的意识和能力。这是对学科培养信息素养的要求。

二是教师能力的提升。《新一代人工智能发展规划》指出中小学设置人工智能相关课程、逐步推广编程教育、建设人工智能学科。教育部《2019 年教育信息化和网络安全工作要点》明确将启动中小学生信息素养测评，推动在中小学阶段设置人工智能相关课程，逐步推广编程教育；同时推动大数据、虚拟现实、人工智能等新技术在教育教学中深入应用。这将推动卓越教师职前和职后教育体系改革，这是对学科师资力量的要求。

三是实验资源的补充。无论是中小学还是高校，都缺乏编程算法、三维设计、大数据、物联网和人工智能等教与学软硬件新资源。这是对学科教育信息化技术服务支持的要求。

因此合格的信息技术学科教师不仅要能承担信息技术课程的教学和研究、学校实验室设备、校园网络的管理，还必须指导信息技术与其他学科融合、推进校园教育信息化建设等任务。

3.2 信息技术师范生培养策略

上述卓越教师协同培养新理念、信息化新目标、学科新要求等挑战是高校计算机师范专业和中小学信息技术学科面临的共性问题，本质上则是在新时代职业要求下教师教育培养条件建设的问题。

3.2.1 UGS 三位一体协同模式

东北师范大学是国内最早践行 UGS 模式的高校，自 2007 年国家师范生公费教育实施以来，提出并实施了“师范大学—地方政府—中小学校”合作（以下简称“UGS”）教师教育模式。该模式以“教师教育创新东北实验区”为实践承载，在师范生培养、中小学教师培训、基础教育课题研究和教师专业发展等方面，都取得显著成果。在此基础上，教育部在卓越教师培养文件中开始推行 UGS 模式。该模式本质是真正实现教师教育一体化，即对教师职前、入职和在职教育进行全程的规划设计，把基础教育师资的培养和在职教师的培训渠道打通、融合，建立起教师教育各阶段相互衔接，既各有侧重又有内在联系的教师教育体系。

该模式具有 3 个方面显著特点，即“开放”“合作”“实践”。“开放”：师范院校、地方政府和中小学各自打开封闭的围墙，在彼此开放的状态中真正融为一体，促进彼此的发展。“合作”：建立教师教育共同体——教师专业发展学校，促进师范院校、地方政府和中小学不同组织之间的文化互动、融合，实现参与各方优势互补、共同发展。“实践”：作为教师教育的核心价值取向，突出反映在高师院校师生参与社会实践和走进中小学教育现场，在职中小学教师走进参观、学习、培训的现场，通过实践不断促进自身能力、水平的提高，促进教育和社会的发展。

3.2.2 UGSO 四位一体协同模式

在信息技术学科的专业特点下，传统的 UGS 模式无法满足师资培养、教育信息化技术服务支持体系、企业实践环境等条件需求，直接影响协同培养的效果。例如，中学要实施人工智能课程，教师要培训，教材教案需要更新，机器人等软硬件需要购置，教学理念和方法需要更新，UGS 模式并不能达到良好效果。高校计算机师范专业需要培养能从事人工智能教育的卓越教师，不仅要掌握中学的需求，也要了解社会相关技术的现状与趋势，在师资、教学资源和实验室建设上也需要第三方的支持。

因此，秉承协同培养的理念，借鉴产教融合的思路，提出“高校—地方政府—中小学—社会教育组织（UGSO）四位一体卓越教师协同培养模式”，其中社会教育组织泛指学科专业相关或跨学科的产业、企业、机构单个主体或联合体。与信息技术学科相关的，有计算机行业的教育培训机构、科研机构、软硬件生产企业、应用重点企业，以及行业协会等，也可包括心理学、教育学、电子、机械等关联专业。

“UGSO 模式”如图 3－1 所示，其中：UGS 主体是卓越教师教育培养的主导方，O 主体是培养条件支持方。高等学校以省级中小学教师发展中心等形式与政府、中小学共建教师教育改革实验区，协同开展卓越教师培养工作。O 主体则通过产教融合方式嵌入高校和中小学工作过程中，形式可包括产学研合作育人项目、产业学院、课程共建、竞赛、课外实践活动、师资培训等。地方政府或教育行政部门可通过 O 主体掌握管理决策所需的调研资料。

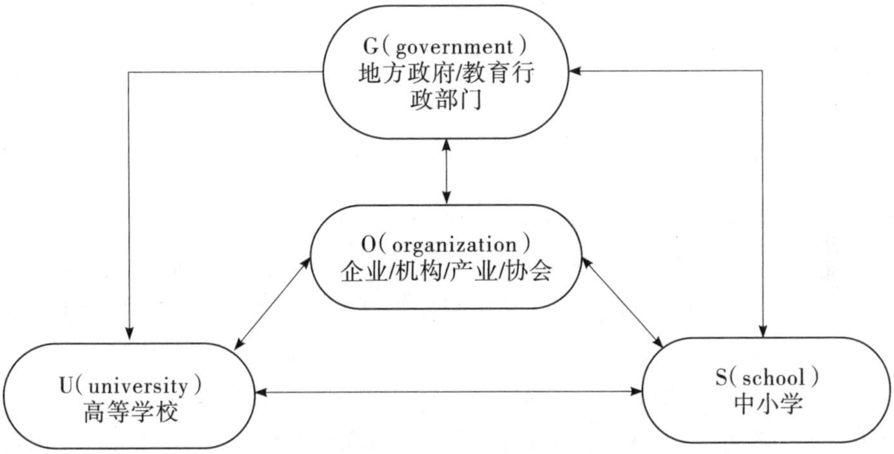

图 3－1　UGSO 四位一体卓越教师协同培养模式

“UGSO 模式”能有效解决卓越教师培养过程的资源条件要素，丰富了各教师培养主体合作理念和内涵，为实现共同发展提供了重要方案和途径。首先，“UGSO 模式”是一个发展共同体。有限理论表明多元主体通过沟通，可突破单个主体的理性局限，从分化散乱的群体改变发展到有组织性的规划群体。“UGSO 模式”可以让各发展主体体现优势、互补短板，提供发展新动力，是社会发展趋势的必然结果。其次，“UGSO 模式”是一个知识分享体。资源依赖理论表明任何独立的组织体都有一些其他组织所难以复制的关键资源，组织和个体发展必须通过多种途径获取所需的各种资源。O 主体提供代表先进水平的成熟教育产品，也获取到教育领域的新知识和新需求，而 U 和 S 在 O 主体的协助下能高效达成培养目标。更重要的是，模式中的成果完善后升级为知识库，就可以规模化分享产生更大的教育效益。例如慕课、教学资源包、教学模式、教学套件等。

最后，“UGSO 模式”是产教融合的践行体。当前新技术、新产业、新业态、新模式的发展需求，促使高等学校要深化产教融合、推进应用型大学转型、改革专业人才培养模式和提高办学质量，2017 年国务院印发了《关于深化产教融合的若干意见》，要求切实把“产教融合，校企合作，协同育人”落到实处，促进教育链、人才链与产业链、创新链有机衔接。《教育信息化 2.0 行动计划》也提到要充分利用相关企业专业化服务的优势，探索和建立便捷高效的教育信息化技术服务支撑机制。《教师教育振兴行动计划（2018—2022 年）》强调高等学校与大中型企业共建共享师资，推进高校与中小学教师、企业人员双向交流。高校与中小学、高校与企业采取双向挂职、兼职等方式，建立教师教育师资共同体。《教育部关于实施卓越教师培养计划 2.0 的意见》则明确要遴选建设一批优质教育实践和企业实践基地，在师范生教育实践和专业实践、教师教育师资兼职任教等方面建立合作共赢长效机制，高校与行业企业、中等职业学校要联合培养中职教师。因此“UGSO 模式”是产教融合理念在卓越教师教育培养领域的有益探索。

3.3 信息技术师范生培养实践

3.3.1 构建 UGSO 四位一体卓越教师协同培养平台

（一）创建国家教师教育创新实验区

笔者所在的学校 2015 年在粤东区域启动师范专业卓越教师协同培养工作，学校党委把创建国家教师教育创新实验区作为新时期教师教育改革发展的一项重要标志性工作，成立党委书记和校长担任组长的工作小组，由教育发展研究院依托省级中小学教师发展中心推进 UGSO 四位一体卓越教师协同培养平台建设。平台以落实立德树人为根本任务，充分利用学校百年师范教育的传统与优势，坚持“协同创新”的建设理念，以“新师范”建设为引领，以问题为导向，逐步构建注重协同育人、创新能力和实践能力的教师教育新模式，在提升学校教师教育办学水平和引领、服务地方基础教育改革发展方面取得较好成效。

（二）卓越教师协同培养组织

在 UGSO 平台中，根据层次和职能设立四个协同培养组织：教师发展校地协作组、教师专业发展学校、基础教育学科群、产业学院。

（1）教师发展校地协作组：负责规划、统筹、组织、指导区域教师专业发展活动，由高校和教育行政部门的负责人构成，是 UGSO 平台管理和决策组织。

（2）教师专业发展学校：是具备基础教育学科优势的中小学集群，高校师范专业与教师专业发展学校呈现多对多的关系，通过项目合作、课程开发、师资互聘、交流培训、见习实习、文化建设、成果出版等方式，联合开展师范生职前培养和职后继续教育，是 UGSO 平台的基础组织。

（3）基础教育学科群：涵盖 UGSO 四个主体，是以基础教育学科卓越教师培养为目标，以地方各市省级名师工作室、市级教师工作室、班主任工作室等为依托，通过学术会议、同课异构、教学观摩、考察研讨、课题合作、成果共建等形式，为中小学教师、师范院校课程教学论教师、师范生提供交流、学习和提升条件，学科群聘请教育局教研员为顾问，珠三角、粤东和知名教师组成首席专家团队负责学科群日常工作，教师专业发展学校优秀教师遴选为骨干教师团队，学科教师、师范生和企业作为成员，是 UGSO 平台学科活动的载体。

（4）产业学院：面向学科卓越教师培养需求，采取高校相关专业与企业共建、教师专业发展学校参与的形式，鼓励跨学科、跨专业、多机构，在专业、学科、课程、师资、教学资源、实验室、竞赛、创新创业等方面引入机构优势资源，是 UGSO 平台发展条件保障。

目前，已联合地方教育局建立 3 个教师发展校地协作组、93 个教师专业发展学校、10 个基础教育学科群、3 个产业学院，联合 47 个省市名师工作室，外聘 65 名基础教育教师，邀请基础教育名师进校园讲座 38 场，面向粤东基础教育立项教研课题 107 个，卓越教师协同培养组织基本完善，起到较好的培养支撑作用。

为更好推进“新师范”建设和教育部师范专业认证工作，按照省教育厅部署，在 UGSO 平台中遴选有较好协同培养工作条件和基础的教师专业发展学校为省级示范性教师教育实践基地。2018 年已在粤东建立 8 个省级基地，对应校内 8 个师范专业，在教育实践、教师培训、教育教学研究、基地学校发展等方面基本起到以点带面的效果。

信息技术学科对应的省级基地是某市区一所初中，该学校的优势是：领导重视，信息技术学科教学体系完整，包括机器人、创客、信息技术课程、信息学竞赛，实验室等硬件完善，每年组队参加国内外各级信息学、机器人和创客竞赛，信息技术课程在所有年级开设；积极参加 UGSO 平台学科群工作，包括公开课和教师研讨活动；能支持计算机专业师范生完成人才培养方案要求的实践环节，包括班主任、教学观摩、教育实习、教学研讨、指导竞赛和课外实践活动课程，能实施高校和基地学校“双导师制”，学生师德体验、管理和专业教学教研实践能力得到深入锻炼。

学校多个专业到基地实施师范生职前培养，还聘请基地一线教师到学校讲授教师教育课程、参与专业人才培养方案论证、担任实践指导教师、毕业论文指导教师等。学科教学论教师和基地学校也互相到对方单位开展教学观摩、研讨、研究工作，共建单位教师的专业素养都得到了有效提高，特别是基层教学单位的教师能够通过交流、合作，接受继续教育，补充最新的教育信息和理念，促进了基础教育、中等教育和高等教育的有效衔接。基地的建设推动了高校和基础教育的专业研究氛围，提供了孵化成果的环境。

（三）协同培养管理制度

协同培养各方都有各自的管理规范和工作特点，为保障卓越教师协同培养工作的顺利推进，笔者所在的学校逐步制定《高校协同粤东三市教育局创建国家教师教育创新实验区建设方案》《教师专业发展学校建设及管理制度》《粤东基础教育学科群建设及管理制度》《产业学院管理办法》等多个相关制度。

3.3.2 改革计算机师范专业人才培养体系

（一）课程体系改革

面对培养信息技术学科卓越教师的挑战和质量要求，计算机师范专业课程体系通过以下措施进行优化。

首先，根据师范专业认证标准进行总体框架设计。以《普通高校本科专业类教学质量国家标准》和《教师教育课程标准》为要求，围绕落实“一专多能”专业特色，建立体现通识教育、学科专业教育与教师教育课程有机结合的、理论课程与实践课程、必修课与选修课设置合理、各类课程学分比例适当的、以能力为导向的课程体系，如表 3－1 所示。其中教师教育课程和职业技能实践课程学分比例为 23%，应用性较强的教学手段等课程学分比例为 15%，落实了“能力为主、应用为先”的卓越教师培养原则。

表 3－1　计算机科学与技术（师范）专业课程体系

<table>
<tr><th>毕业要求</th><th>课程类别</th><th>主干课程</th></tr>
<tr><td>坚定的政治立场、正确的人生观、世界观，身心健康，掌握外语，职业道德，专业伦理、人文素养，社会责任</td><td>通识课程</td><td>思想政治课程、公共体育、大学英语、音乐/美术鉴赏、生命教育概论、社会实践与调查、心理健康教育、大学语文、职业生涯规划与就业指导</td></tr>
<tr><td rowspan="3">教师素养，教学理念、教学方法和教学工具，教学和班主任能力</td><td rowspan="3">教师教育课程</td><td>教师口语、学科教学论、微格教学及教学技能</td></tr>
<tr><td>心理学、教育学、教育心理学、班级管理学</td></tr>
<tr><td>钢笔、毛笔、粉笔、现代教育技术</td></tr>
<tr><td>教学能力，运用专业知识解决问题能力</td><td>职业技能实践课</td><td>教育调查、教育观摩见习、教育服务、教育实习、毕业论文</td></tr>
<tr><td>数学基础</td><td rowspan="4">专业课程</td><td>高等数学、离散数学、概率论与数理统计、线性代数</td></tr>
<tr><td>程序设计能力，遵循规范、协调沟通、团队合作能力</td><td>C 语言程序设计、C 语言课程设计、面向对象程序设计（Java）、Web 前端设计、UML 面向对象分析与设计、Java Web 开发、Android 应用开发、程序类专业任意选修课 2 门</td></tr>
<tr><td>计算机科学基础</td><td>计算机科学概论、数据结构、数据库系统原理、计算机网络、软件工程、操作系统、计算机组成原理、数电、模电</td></tr>
<tr><td>教学手段和工具，教研方法、法律法规、创新思维</td><td>数字图像制作、Flash 课件制作、微课设计与制作、中小学信息技术实践活动设计、教育评价与测量、教育政策与法规、教育信息化类任意选修课 2 门</td></tr>
</table>

其次，结合教育信息化和学科发展趋势设置特色课程。根据教师资格证考试要求，

开足“学科教学论”“心理学”“现代教育技术”等教师教育课程。在专业课程类别中，开设与教师岗位职业能力密切相关的教学手段和工具，教研方法课程，以及法律法规和创新思维课程，除了传统的多媒体技术外，开设新出现的微课、慕课与翻转课堂、数据挖掘、人工智能等课程。根据基础教育信息技术和科学课程教师要求，结合教育部《中小学综合实践活动课程指导纲要》精神，在设计制作活动（信息技术）推荐主题的基础上，开设“中小学信息技术实践活动设计”课程。课程采取 STEAM 创客理念开展教与学，内容涵盖多媒体、三维造物、物联网、人工智能/机器人、数据分析、3D 打印等前沿信息技术，锻炼学生创新思维和教学应用能力。

最后，校企合作推进课程建设。依托 UGSO 平台中的产业学院，在“中小学信息技术实践活动设计”“慕课与翻转课堂”“数据挖掘”等课程开展专题讲座、实验指导、教学资源建设、教材编写、师资培训、实验室建设等校企共建项目。

（二）实践体系改革

实践是检验教学的重要手段，是验证教学效果的方式，是师范教育的重要组成部分。设置合理的实践体系，有助于学生循序渐进地熟悉自己的专业，逐步完成理论与实际的能力结合。培养符合教育部制定的《中小学教师教育技术能力标准（试行）》提出的具体要求的师范生。

大学阶段是一个身份转变的中间过程，在这一阶段中，他们由纯粹的学生身份向社会人士逐步转变，由原来的被动性、规范性学习向自主性、扩散性学习转变。而实践就是他们通向社会转变的一个途径，实践体系就是为了让他们能在引导中逐步了解、熟悉、掌握未来工作的方法，适应工作需要，培养提升他们自主学习、适应学习的能力。

按大学阶段的学习时间渐进，实践体系分为四个部分：教育调查、教育观摩、教育见习、教育实习。在每个阶段，都让学生能带着目的性进行实践，最后完成总结。

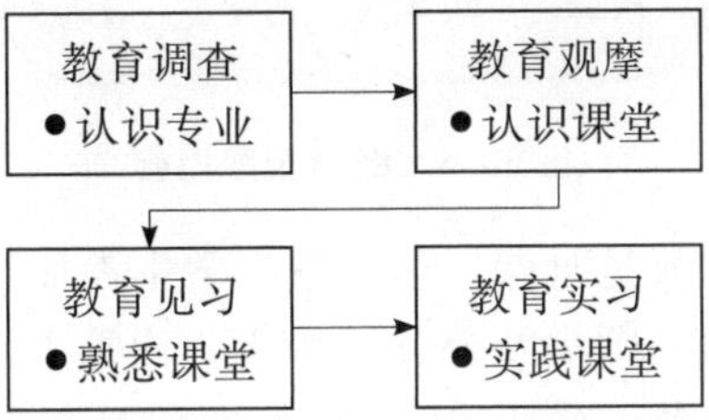

图 3-2　教育实践体系结构

1．教育调查

新生入学，从高中阶段进入更加自由的大学阶段，从一直以来的固定学习几门主要课程的学习情境进入按一个专业规划的学习模式。此时大多数人对于专业往往只存在一个“专业名称”的概念。对于这个专业主要面向什么，将要学习什么，以后需要用到什么，很多人都是很模糊的。此时有需要让学生了解，自己的专业是什么，面对的行业是什么。而对于师范生来说，这个了解则显得更为简单。他们只需要了解自己的专业对应于相应的中小学课程是哪些，有哪些需求，以及中小学的教学环境如何，有哪些教学要求，等等。

调查研究一向是我们了解事物，寻找方法的一个重要途径。调查方法一般包括实地观察法、问卷调查法、访谈调查法、最佳答案实验调查法、文献调查法5种。根据学校实际情况及学生个人情况，可以结合使用各种方法。基本的调查安排如下：

（1）确定调查主题：调查的目的是让学生了解自己的专业及行业信息要求，由学生自己选择相关的调查方向，自主地选定调查主题。学校也可以根据最新的教学标准要求，给出现阶段最新的热点方向。

（2）人员组成：可选择分组完成一个调查主题或个人完成一个调查主题。

（3）调查方法：为更大范围、更全面了解，主要采用问卷调查和文献调查相结合的方式，有条件也可以进行实地观察和访谈调查。

（4）完成调查报告：经过自身的调查了解，完成相关主题的书面报告。

2. 教育观摩

经过教育调查后，已经对自己的专业、相应的行业信息有一定了解。此时需要进一步实际接触未来自己行业的工作环境，掌握相应的技术能力。对于师范生而言，工作环境就是学校、课堂，所以教育观摩就是让学生开始接触课堂、认识课堂。

课堂内容十分丰富，学生在观摩前需先了解观摩的内容，做到有目的地观摩。一堂课，文化知识是基本；教学技能是工具；把握课堂节奏能充分调动学生的学习积极性，缓解学习疲劳；随时观察学生情况则能把握好学生的学习进度、接受能力，以便随时调整授课进度。

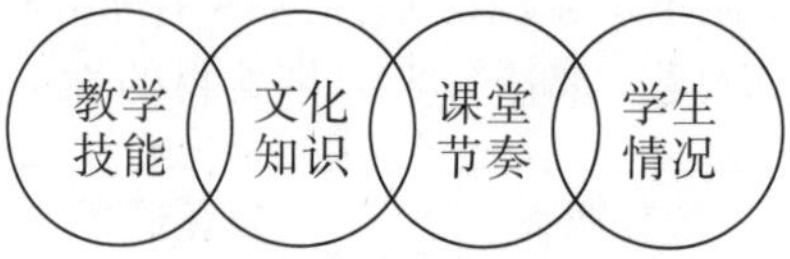

图3-3 教育观摩内容

教育观摩最直接的方式就是听课。学校组织学生参加教学观摩课，到中小学的课堂听实际的授课课堂，参加名师观摩公开课等等。让学生认识课堂，了解课堂。学生按观摩内容，有目的地观摩各位名师的处理方法，学习在课堂上的各种情况处理方法，教学技能的使用，时机的把握，节奏的掌控。

3. 教育见习

在认识了实际的课堂后，就进入学生实际的参与实践。教育见习的实践活动主要是体验式的课堂听课和评课方式相结合，根据实际情况适当参与课堂。主要在于让学生有目的性地观察课堂教师的教学方法，学生的学习方式，课堂的教学效果等方面。教育见习主要采用集中和分散两种方式。

集中见习由学校组织，带队老师带队到相关的实习基地学校或关联学校进行见习。

见习期一般为一周内，根据实际情况可进行相应调整。具体安排如下：

（1）联系见习学校。

（2）制订见习计划。

（3）安排带队老师，组织学生。

（4）到达见习学校后，按见习计划安排，组织参观校园、观摩课堂、参与班会、上课等教学活动。

（5）学生完成相应的见习报告。

分散见习由学生自主完成。根据学生个人实际情况，自主联系见习学校，要求完成听课评课、参与班会、上课等教学活动，完成相应的见习报告。

4. 教育实习

教育实习是师范教育的重要组成部分，是师范院校教学中的一门综合实践课程，是师范教育实践的一个重要环节。通过教育实习，使学生能将在学校学到的知识与实际应用相结合，获得实用的教学能力，适应实际的教学环境，缩短从教适应期，为以后的工作打下良好基础。

教育实习分为集中支教、集中实习和分散顶岗三类。

（1）集中支教实习由学校组织安排，一般与地方教育局协调，将各地区各学校需求的教师类别和人数报给学校，由学校通知各二级学院进行挑选合适人员，安排各学院相应专业的带队老师，带队将实习学生分配到各个中小学担任科任老师。相关实习学校会安排学生在各年级班级正式任教，完成各项教学任务。这类实习能充分锻炼实习生的课堂能力，有充足的课堂教学机会，承担着实习学校的教学任务。

（2）集中实习也由学校组织安排，一般是到各二级学院联系的实习基地学校实习，由带队老师带队负责实习生的实习工作。到达实习学校后，由实习学校安排实习任务，根据各学校情况不同，实习生负责的工作各有不同，但均有一定量的课堂教学。这类实习保证实习生基本的课堂教学节数，同时也让实习生接触到学校的其他岗位，更加了解学校的运行，培养实习生的适应能力。

（3）分散顶岗实习是由学生个人申请，自主找到实习学校。实习生为就业做准备，提前进入岗位实习。由学生本人提出申请，聘用学校出具聘用证明，学生本人提交责任说明书（免责说明），经二级学院审核批准后，同意实习生到实习学校任教。这类实习完全是按就业形式进行，按照聘用学校的工作需要安排工作，对于实际就业的能力锻炼有很好的效果。

按学校规定，教育实习必须完成一定量的教学节数，参与班主任工作，完成至少5～6个教案，认真备课，批改学生作业，完成教学总结和实习心得。原则上要求全部实习生都要按要求完成学校规定的实习内容。

实践体系由学生入学贯彻到学生毕业，逐步让学生了解和熟悉身份、环境的转变，掌握专业知识，熟练教学技能，适应实际教学情况，为今后走上教学岗位打下良好基础。

第四章　核心素养导向下的教学改革实践

2014 年教育部印发《关于全面深化课程改革落实立德树人根本任务的意见》，首次提出“核心素养体系”，由此启动了新一轮课程改革。此后，核心素养作为课程与评价的概念，成为深化课程改革、落实立德树人的标志，成为修订课程标准、改革教学评价标准及制定培养方案的重要依据。在核心素养视域下的教育改革中，教师教学能力是关键因素，是促进学生核心素养发展的有效保障。这不仅对教师教学能力提出了挑战，也对师范生培养提出了新的要求。2018 年 1 月，《中共中央　国务院关于全面深化新时代教师队伍建设的意见》提出，大力振兴教师教育，提升教师专业素质能力。接着，教育部等五部门颁布的《教师教育振兴计划（2018—2022 年）》提出，深入实施“卓越教师培养计划”，创新教师教育模式，更新课程内容，全面提高师范生的综合素养和能力水平，注重协同育人，注重教学基本功训练和实践教学，注重课程内容不断更新。2018 年 9 月，教育部《关于实施卓越教师培养计划 2.0 的意见》，强调要加快形成高水平师范培养体系。师范生作为教师的后备力量，其教学能力直接影响了教育改革的落实。探索核心素养下师范生教学能力的提升，培养适应课程改革、担负培养学生核心素养重任的新型教师，既是卓越教师专业化发展的需要，也是基础教育改革的迫切需求。

从高等师范院校师范生培养的现状看，目前课堂教学上仍存在不少问题，未能实现与基础教育改革的无缝衔接。针对当前师范生专业课堂教学存在的弊端，要真正使师范生在今后走向教师岗位的时候有能力推行和落实学生核心素养，李艺梅等提出了促进中小学生核心素养发展的师范类专业课堂教学转型路径。

首先要从课堂中的几大主要方面进行把握，如教学目标如何改变、课堂教学内容如何抉择、课堂教学方法如何创新和课堂教学评价如何丰富四个方面寻找应对策略，为中小学推行学生发展核心素养的教育目标输送高质量的师资。

1．教学目标以核心素养培养为导向

学生核心素养的提出，就是对现在的教师和准教师提出了新要求。如何实践核心素养，学者在教学目标把握上分成三层结构：一是“双基”；二是“问题解决”；三是“学科思维”，从基础到高级的纵向与横向相结合。学生核心素养注重的是适应社会发展的必备品质和关键能力的培养，师范生要适应这一需求，不仅理论知识学习要抓好，更要注重能力培养。师范生在课堂教学中理解和体验学生发展核心素养，有助于学生核心素养在中小学的发展和推行。

2. 课堂教学内容增强实践深化理论

课堂教学内容是课堂教学的生命体所在，高师课堂教学内容要与学生核心素养的要求相一致，避免中小学课堂与高师课堂之间脱节。首先，学校及时更新相关教学理论内容，为高师院校教师的具体教学提供合理科学的教材文本。其次，为学生构建一个多层次、多形式的实践教学体系，围绕培养和提高师生教学实践能力选择实践内容。最后，教师应该在课堂教学中，对教学内容进行丰富和理解，结合基础教育经验解读教学内容，鼓励师范生以教师身份自觉要求自己，主动实现自我发展。

3. 课堂教学方法多元化

高师教育的最终目标是向基础教育输送高质量的合格教学人才，帮助学生提高核心素养。教师要主动探索教学方法多元化，从注重“教师教”转向倡导学生主动学，引导学生的自主探究、互动和合作学习。教师在高师课堂教学中由基本的理论知识的讲授结合案例解说，引导师生相互对话，使学生主动参与课堂，建立融洽的师生关系，达到较好的教学效果。信息时代的教学方式具有更多的创新的可能，基于学生发展核心素养，教师与学生一起实践和创新学习方式。师范生懂得适应学生核心素养的要求，将更好地提高学生的素养。

4. 课堂教学评价标准多元化

基于学生核心素养的课程改革必然会出现新的评价机制，顺应时代发展的要求，高师课堂教学应从简单的分数导向评价转向核心素养导向评价。学生核心素养注重全面发展，学科素养的培养是较高层次的素养要求，对于学科的界限将会走向跨领域的趋势。基于学生核心素养框架下的学业质量标准体系，是以核心素养为依据的多元化评价系统，一方面能够用来指导教师教学实践，另一方面可操作性强，促进学生的发展。此外可做基于教师的核心素养的评价模式探究，时代对学生发展提出要求，同时对教师也提出了新要求，师范生既是学生，又将是老师，对于评价的学习和使用，将来会运用于实际教学实践当中，对核心素养的理解要更深刻，才能指导有效的教学实践活动。师范生专业课堂教学评价，以核心素养为导向符合信息时代发展需要，更适应学生核心素养落实的需要。

在师范生成为一名正式的中小学教师之前，要求高等师范院校对师范生进行系统的、有目的、有计划的教师职业技能训练，目的是引导学生将专业知识和教育学、心理学的理论与方法转化为具体从师任教的职业行为方式，并使之趋于规范化，这对于形成学生教育和教学能力，对于学生毕业后胜任教师工作都具有重要的作用。

早在 1994 年，国家教委师范司就颁发了《高等师范学校学生的教师职业技能训练大纲（试行）》文件，其中明确指出“本大纲适用于高等师范学校，是对学生进行教师职业基本技能训练的依据”。

大纲对高等师范学校学生的教师职业技能训练内容进行了界定，包括讲普通话和口语表达、书写规范汉字和书面表达、教学工作、班主任工作技能等四部分。“它是高等师范学校各专业的学生都应具备的，是学生必修的内容。”对高等师范学校在校学生有目的、有计划地进行系统的教师职业技能训练，大纲强调要对学生进行教师职业技能训练，应在理论的指导下加强实践环节，指导教师要重点指导学生进行系统的实践，使学生在实践中不断改善、不断趋于整体协调和完善，以获得稳定的教师职业技能。大纲提出了训练中的讲授与实践的学时比例为1：2。

1. 讲普通话和口语表达技能

普通话是教师的职业语言，用普通话进行教育教学工作是合格教师的必备条件，教师的教育和教学工作都要求很强的口语表达能力，因此对高等师范学校学生进行专门的口语训练并且提出较高的要求，是十分必要的。

讲普通话的技能是口语表达技能的基础，讲普通话没有达到一定的水平，无法进行口语表达技能的训练。在口语表达技能训练中，能够进一步提高讲普通话的水平。讲普通话达到要求的，可重点进行口语表达技能的训练。

这两项技能的训练一般通过“教师口语”等相关课程来加以实施。

2. 书写规范汉字和书面表达技能

是否能写一笔规范的好字（或比较好的字），直接关系到教育教学效果和教师的威信，因此对高等师范学校学生应进行书写规范汉字的训练，提高书写规范汉字的水平。为了胜任教师工作，还应当教育高等师范学校学生注意书面语言的表达，进行有关训练，使他们养成良好的写作习惯，提高写作水平。

在高等师范学校教师教育课程体系中，规范汉字、书写技能和书面表达这三项技能的训练往往通过开设“三笔字”“公文写作”等相关课程来加以实施。

3. 教学工作技能

教学工作技能训练指教师备课、上课、批改作业和评定成绩等教学环节所必备的技能训练。教学工作技能是教师运用专业知识和教学理论进行教学设计、使用教学媒体、编制教学软件、组织课内外教学活动和进行教学研究等所采取的一系列教学行为方式，是高等师范学校学生教师职业技能的重要组成部分，是师范生提高从师任教素质的必修内容。

教学工作技能训练是在教育学、心理学和学科教育理论的指导下，以专业知识为基础进行的教学基本技能训练，是理论联系实际的实践活动。其主要内容包括进行教学设计的技能，使用教学媒体和编制教学软件的技能，课堂教学的技能，设计和批改作业的技能，组织和指导学科课外活动的技能及教学研究的技能。进行教学工作技能训练是师范教育改革的重要方面。

大纲将教学工作技能分为5个子技能，分别阐述了训练目的和内容。

（1）教学设计技能的训练。

要求理解教学设计的概念，了解教学设计的方法，通过训练掌握制定教学目标、分析和处理教材、了解学生、制定教学策略、制订教学计划和编写教案的方法。能结合学科特点设计和批改学生作业，课后能评价自己和别人的教学。

该项技能的训练一般会通过开设“学科教学论”等相关课程来加以实施。

（2）使用教学媒体技能的训练。

使学生了解教学媒体的种类和功能，掌握现代教学媒体的使用方法及常用软件编制的方法。能根据教学内容和学生的特点选择、使用教学媒体，设计制作教学所需的教学软件及简易教具。

以前，高等师范学校往往会开设“多媒体软件制作”课程来训练该项技能，随着如翻转课堂等新型教学模式进入课堂，移动设备的普及和各种媒体制作软件的出现，师范生教学媒体及教学软件技能的训练内容也随之改变，“微课设计与制作”等课程更好地补充了该项技能的训练内容。

（3）课堂教学技能的训练。

使学生了解课堂教学中基本教学技能的类型，理解各项基本教学技能的概念。掌握各项教学技能的执行程序和要求，通过训练能根据教学任务和中学生的特点把教学技能应用于教学实践。

课堂教学技能的训练一般通过开设“微格教学”课程来实施。

（4）组织和指导学科课外活动技能的训练。

使学生了解学科课外活动的特点、方法、组织形式及活动方案的设计，能组织和指导与本学科教学有关的课外活动。

高等师范院校通常通过开设“中小学信息技术综合实践指导”的形式来加以训练该项技能。

（5）教学研究技能的训练。

使学生了解教学研究的方法、能初步运用本专业知识的教育学、心理学原理进行教学研究，探索教学改革，提高教学质量。

高等师范院校可通过开设“信息技术教育研究方法”等课程来加以训练该项技能。

本章将以四个小节的篇幅来探讨核心素养导向下“学科教学论”“微格教学”“微课设计与制作”和“中小学课外实践课”这四门课程的教学改革实践。

4. 班主任工作技能训练

班主任工作技能训练是高等师范学校学生的教师职业技能训练的重要组成部分，掌握班主任工作技能是师范生成为合格的中学教师的必备条件之一。因此，加强师范生班主任工作技能训练，是高等师范学校教育教学工作不可缺少的内容。

班主任工作技能训练指“中学班级管理，对学生进行思想品德教育和组织指导学生进行课外活动等方面的技能训练”。它是以教育学、心理学等学科基本理论为指导、理论与实践相结合的教学实践活动。

一般来说，高等师范院校通过开设“班级管理”等课程加以训练该项技能。

4.1 “学科教学论”课程实践探索

4.1.1 核心素养新需求下“学科教学论”课程教学现状剖析

在国家教委师范司1994年颁布的《高等师范学校学生的教师职业技能训练大纲(试行)》中，第三部分的技能是教学工作技能，其主要内容包括进行教学设计的技能、使用教学媒体和编制教学软件的技能、课堂教学的技能、设计和批改作业的技能、组织和指导学科课外活动的技能及教学研究的技能。

其中对教学设计技能的具体要求如下。

1. 训练目的

理解教学设计的概念，了解教学设计的方法，通过训练掌握制定教学目标、分析和处理教材、了解学生、制定教学策略、制订教学计划和编写教案的方法。能结合学科特点设计和批改学生作业，课后能评价自己和别人的教学。

2. 训练内容

（1）概念：教师在备课过程中，用系统的方法把各种教学资源有机地组织起来，对教学过程中相互联系的各个部分的安排做出整体计划，建立一个分析和研究的方法，制定解决问题的步骤，对预期的结果进行分析。

（2）制定教学目标：了解教学目标的类别，掌握制定教学目标的方法和要求，重点掌握制定课堂教学目标的方法。

（3）分析和处理教材：通过训练初步学会分析教材的方法，能围绕教学目标组织和处理教材。

（4）了解学生：了解学生学习的特点，掌握分析学生学习的方法。

（5）制定教学策略：能根据教学目标、教学内容和学生实际选择教学媒体，其中包括教学内容与媒体选择；学生特点与媒体选择；媒体的教学特性与选择，媒体的价值与选择。将各种媒体有机地结合，设计课堂教学活动。

（6）制订教学计划和编写教案：了解教学计划和教案的结构和要求，掌握制订教学计划和编写教案的方法，通过训练能写出合乎要求的教学计划和教案。

（7）作业的类型和设计：了解本学科学生作业的类型及设计的方法，能根据教学的需要选择和设计作业的内容。

（8）学习评价：了解学习评价的依据和标准，通过训练掌握学习评价的方法。

3. 训练建议

（1）如果在教材教法等课程中已有此内容，可结合教材教法课进行训练。（2）（3）（5）（7）的内容可作为训练的重点。

（2）可选择中学教材的某节教学内容训练学生制定教学目标、分析处理教材和编写教案，并分组讨论相互交流。

（3）设计和批改作业的训练，可选择中学教材的某节内容让学生设计练习题，也可组织学生分析教材中的习题，搜集其他练习题，通过讨论和研究建立小题库。

在高等师范院校，一般在“学科教学论”等课程中涵盖以上训练内容。“学科教学论”是面向大三师范生所开设的专业基础课，属必修课程，共计54学时，3学分，是一门非常重要的教师教育课程。本课程主要向学生系统传授课程与教学的历史发展、课程与教学的目标、课程开发的基本模式、课程内容与教学方法的选择、教学设计的策略、教育管理的基本知识等；学生具备必要的教育学通论和教育心理学知识，通过本课程的学习，学生具有独立从事现代教育教学的能力。该课程在师范教育中处于举足轻重的地位。

林璇等在《基于微课的师范生教学技能训练研究与实现——以计算机师范专业为例》一文中剖析了现有课程教学中存在的一些问题。

其一，专业课程与师范特色无法兼顾。在当前师范教育中，师范生从事教育教学工作的职业技能需要结合教育理论知识和学科专业知识，并加以实践整合才能成为一个完整的培养体系。目前，师范生培养的课程体系和课程设置却并不合理，过分偏重于文化知识，忽视教育教学实践技能。以计算机师范专业为例，人才培养目标一般是“培养良好的教师素养，具有研究和开发计算机应用系统、网络管理与维护的能力，毕业后可在普通中小学、中职学校、技工学校及各级各类培训机构从事班主任、专业课教学及课外活动竞赛指导工作，从事实验室建设与管理、网站设计与开发、信息系统安全与维护等工作，也可在政府机关部门、企事业单位从事计算机相关工作”。由于需要顾及师范毕业生的就业面问题，在各类课程学时数的占比看，教师教育课程还达不到12%的比例。

从开设的课程看，大学一年级设置的课程多数是通识必修课、思想政治课和专业基础课，教学设计技能训练课程课时不足。传统的教育学、心理学、教育心理学、教师口语、班级管理学等课程在大二、大三才开设，且这些课程理论性太强，抽象概括程度太高，难以解释实际教育中存在的问题。另外，专业必修课程主要集中在大二、大三阶段，课程科目过多，难度过大，学生压力较大，顾此失彼，难以将精力集中在教学技能的训练上。大四的时间主要用在实习、毕业设计及就业上，更无法投入强化教师专业技能的训练。这样的课程设置体系无法兼顾专业特色和师范教育的培养，导致师范生职业技能训练不足，脱离教育实践。

其二，教学实训力度不够。教学设计技能训练一般包括课堂教学设计、教案编写、课堂授课、批改作业并评价等环节，通过对师范生多次的教学实训，可积累实战经验，能真正提高、考核学生的教师教学技能，在师范教育中处于最主要和最重要的地位，应当受到重视。可是，由于学生人数多，实训教室有限，实训平台建设跟不上，师资缺乏，导致教师应顾不暇，师范生的教学技能实训往往流于形式，达不到实训教学的目的。这也直接导致了师范生在走上教师岗位后，还需要从头训练教学技能，这也是用人单位所面临的困境。

其三，教学模式雷同，教学方法落后。由于课时和场地的限制，大部分课程是在普通多媒体教室授课，师范技能类课程教学方法单一，难以保证学习质量。传统教学方法缺乏直观案例展示，基本是从书本获取知识；而课堂实录分析法要求教师有丰富经验，备课压力大；真实课堂观摩法限于教学时数难以多次开展。教师教学模式雷同，教学方法落后，对于新型的教学模式，部分教师缺乏了解和培训，不能及时更新自身知识体系，致使学生的知识技能落后于市场要求。

4.1.2 “学科教学论”课程教学改革实践探究

林璇等在《基于微课的师范生教学技能训练研究与实现——以计算机师范专业为例》及《翻转课堂在高师教学技能课程教学中的应用研究》等文章中对“学科教学论”课程教学改革做了一些思考和探索。

（一）基于微课的“学科教学论”课程教学改革

1. 基于微课的“学科教学论”课程改革设计理念

微课的雏形最早是美国北爱荷华大学的化学教授于1993年提出的“60秒有机化学课程”。美国新墨西哥州圣胡安学院的高级教学设计师、学院在线服务经理戴维·彭罗斯在2008年正式提出“微课”这一概念，他认为微课是以关键概念或重点知识为内容的在线学习的简短视频。可汗学院、TED－Ed是国外影响力较大的微课资源平台，其微课资源丰富，囊括多种学科，内容呈现的形式多样，且其微课具有相对应完整的配套资源，如知识向导、评价反馈、课外拓展知识等，也有在线测试、反馈的功能。而在我国，对于“微课”这一概念的界定是广东省佛山市教育局研究员胡铁生于2010年提出，他认为“微课是以微型教学视频为主要载体，针对某个学科知识点或教学环节的一种情景化、支持多种学习方式的新型网络课程资源”。之后，微课概念的研讨和实践迅速升温，众多教育技术学界的专家学者逐渐给出了对微课的各方定义。随着“微课热潮”的来临，国内也加大了对微课的重视力度，近几年，我国的微课资源也发展得相当迅速，如中国微课网、VKO微课、微课堂等，微课内容涉及多种学科。

通过问卷调查，了解到相当一部分学生能接受利用碎片时间进行微学习的方式，而通过网络搜索，发现关于教育教学技能训练方面的微视频非常缺乏，基于微课的教学改革探讨是可行的。

（1）设计思想。

①从微课内容进行设计：课前导入，直接开门见山，说明学习的目标，并进入主题学习。学习过程，借助一些典型的案例，结合内容进行分析，使学习者更好地掌握知识。最后，对所学的知识进行系统的归纳总结，并告诉学习者应该如何应用所学知识的技巧。

②从微课传播进行设计：每一个微课都应该是相对独立又有所联系的，这样既能促使学习者充分利用业余时间学习，也能有效提高微学习的效率；对微课的学习要求可以在不同设备之间无缝切换，并能对学习者的需求给予迅速而准确的反馈，以求最大化减少资源消耗，最终实现学习资源的跨平台共享。

（2）微课设计的要求。

微课的形式多样化，其质量也是参差不齐。一个好的微课必定是设计者花了心思和精力的。一般地，设计者在微课的设计过程中，应该遵循下面的几个要求。

①一个中心。“一个中心”即是牢牢记住要以学生为中心，站在学生的角度上来思考微课的设计。微课服务的对象是学生，设计者应把情感与知识融合在一起，精心设计，从创设情境—提出问题—讲授新知—回顾小结，为学生营造一种良好的学习体验，这也是信息化教学设计的首要任务。

②两个基本点。“两个基本点”就是简单有趣、可信可用。在课程的内容选择中，通常选择一个核心的知识点展开，要能在10分钟内讲清该知识，教学内容清晰、主线明确，内容容易理解和记忆，方便学生随时进入学习。视频画面清晰，也可以适当加入符合学生审美的漫画人物，使微课视频更吸引眼球；语言要清晰动听、幽默生动。之后，所借用的数据、典故要具有说服力和真实可靠，对学生的学习有帮助。内容资源要贴近生活，符合问题情境，便于学生的理解。

③三个关键。“三个关键”是指恰当的选题，合理的教学策略，独特的表现手法。课题的选择是非常重要的，一般要围绕教学中较为典型、有代表性的知识点，如教学重点、难点、疑点、热点、易错点等，而对个人亲身体验、结果不确定的话题是不可以做成微课的。在教学策略的设计中要有针对性地根据教学对象，不同的教学目标可采取不同的教学方法，这样才能获得较好的效果。独特的表现手法则要展示设计者突出重点、冲破难点的方式，围绕学习者的思维逻辑展开。

④四个步骤。“四个步骤”指的是开发微课的步骤，即选题、教案的设计、课件制作和录制。选题是关键的一步，在确定课题之后，就可以对教案进行设计，包括微习题、微反思等配套资源。课件的制作，要生动有趣，清晰易看，选取的素材要根据学生的心理特征，视频要具备兼容性，能在各种媒体上共享使用，容量小，容易传播。

2. 基于微课的“学科教学论”课程改革设计案例

（1）微课资源库构建过程如图4－1所示。

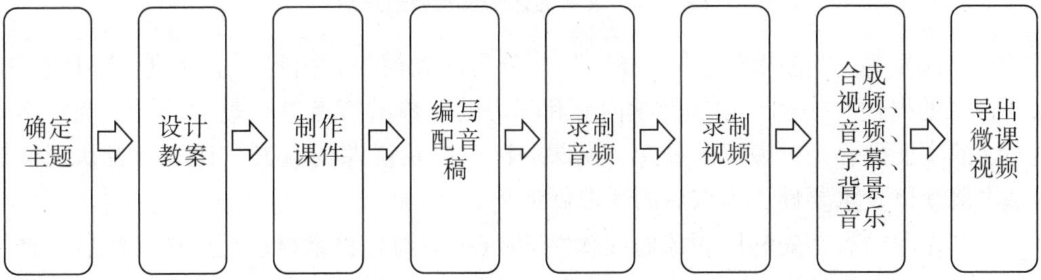

图4－1 微课资源库构建过程

①确定主题。首先确定微课主题，要选取适合的知识点来制作微课。“说课”是一种常规的教学研究和师资培训活动，它是教师在教育教学理论的指导下，围绕某一具体课题，向教学同行以口头语言阐述自己的教学设计、理论依据的过程。在大力推

进课改的今天，无论是在职教师，还是在读师范生，对于自身教育教学水平的提高，说课都具有非常重要的作用。它能促进教师教学规范；促进教师交流与合作、智慧互补；检验教学把握程度；促进教学改革及课堂教学效率的提高；促进教学研究，提高教师理论水平。说课是教学设计与授课的桥梁，是师范生教学技能训练中不可缺少的一环，也是教师资格证考试的必考项目之一，在教师招聘中，用人单位往往要求应聘者进行说课。所以，练好说课基本功，对师范生的师范能力培养和就业都有极大的帮助。本案例中，我们以教学技能中非常重要的一个模块——说课为例进行介绍。

通过对说课相关内容的分析，根据微课制作原则及课堂教学需要，将本模块命名为“说课的艺术及技巧”，并划分成8个小知识点，如图4－2所示。

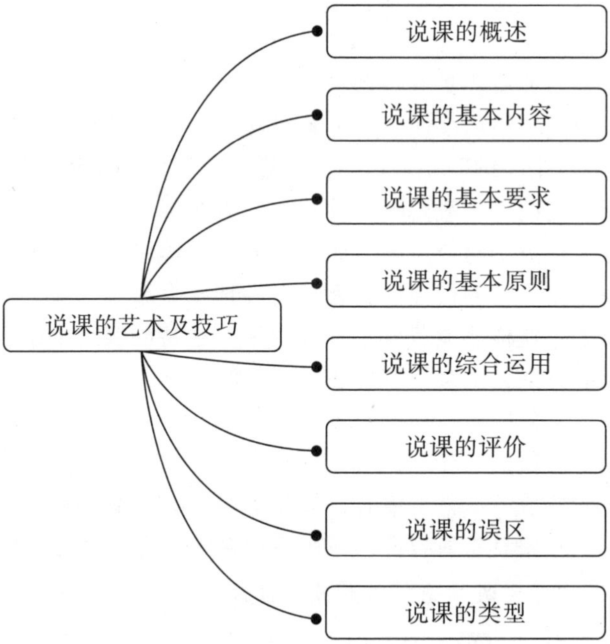

图4－2　说课的艺术及技巧知识点

②设计教案。“说课的艺术及技巧”共分为八大模块，内容层层递进，环环相扣。以“说课的概述”为例，根据教学内容和学习的对象的特点进行教学设计，确定本专题微课的主要内容是：说课的概念、说课的特点以及说课的意义。让学习者认识说课的基本概念以及重要性，为以后的学习做铺垫。

③制作课件。首先利用图像处理软件Photoshop对各种素材进行处理。然后根据主要知识点，结合各种素材、设置演示文稿的切换，动画效果。

④录制音频。根据演示文稿展示的内容，编写讲解稿子，反复进行核对直至无误。在熟读之后，进行录音，根据演示文稿以及内容的切换速度，合理调节读的语气和速度，并用酷狗的格式转换工具对音频进行剪辑和格式转换。

⑤录制视频。在Camtasia Studio中，调节背景音乐和讲解声音的音量，并进行屏

幕录制。

⑥视频的渲染及生成。在调节好音频、视频的进度，确定无误之后，进行渲染，为了方便微课的共享与传播，把视频格式设置为 MP4 格式。

（2）教学实施策略。

①课前预习。根据调查可知，一般的本科师范生的教学技能课程理论 + 实践的课时不超过 100 个，所以用在实践的时间非常短，学生无法多次重复练习。利用微课视频，学生可以在课前先进行观看，了解说课的相关理论知识点和技能点，这样可为教师的课堂授课节约时间，也有利于翻转课堂等新型教学形式的实施。

②课中讨论。在课堂教学中，教师在开展小组讨论，案例探究等活动时，可借助微课视频代替传统纸质资料。微课视频图文并茂、声像俱全，有重复播放、暂停、前进、后退等功能，既生动形象又直观明了，起到很好的课堂效果。

③课后模仿。学生在进行正式微格录像前，需要多次的练习调试，这时，他们可通过播放微课视频，进行自主学习和模仿，提升自己的教学技能水平。

④课余学习。微课视频具有短小精悍的特点，利用移动设备，学生可利用碎片化时间进行学习巩固，提高学习效率。

教学设计技能是师范生教师技能培养的重要组成部分，由于时间、资源、训练场地等的限制，在实际教学中并没有得到充足的训练和强化。另外，对于一些非师范生想要从事教育行业，由于没有开设相关教学教育的课程，缺乏对基本的教学技能的认识与学习。所以，利用微课视频，可以满足他们的需要。中共中央、国务院在 2018 年 1 月印发的《关于全面深化新时代教师队伍建设改革的意见》中明确指出："根据基础教育改革发展需要，以实践为导向优化教师教育课程体系，强化教学基本功和教学技能训练。"利用微课视频等手段，多形式强化教学基本功和教学技能训练，是很有必要的。

（二）翻转课堂在"学科教学论"课程教学中的改革探讨

1. 翻转课堂

翻转课堂颠覆了传统的教学结构，利用多种教学技术工具，在传统面授课堂的基础上，重组教学流程和教学组织结构。翻转课堂倡导杜威所提出的探究式教学法和"以学生为中心"的 PBL 教学方法。在教学实践中，学校和教师从关注课堂教学内容转向关注学生学习活动的全过程，在具体实施过程中，结合自身特点探索和创新，呈现出不同的形态。

布鲁姆的掌握学习理论是翻转课堂教学法最基本的理论基础，它认为只要有足够的学习时间，大部分学生都能掌握知识。首先，教师根据教学目标，将教学内容分解为一系列较小的学习单元，学生分小组学习并进行形成性评价；其次，未达标的学生将在学习新课前再次获得矫正学习的机会，这样，组内学习进度较慢的学生通过获得更多的学习时间以期望赶上进度；最后，再次进行形成性评估，以测试学生的掌握情况。

胡小勇认为，对于混合学习，不只是在线和面授的混合，也可以是多种先进技术的混合、高低技术的混合；它可以是各种教学资源，是传统“实体”资源和网络“数字”资源的混合；也可以是自主学习和协作学习的混合，正式学习和非正式学习的混合，甚至可以扩展到理论和实践学习以及多维教学目标的混合。翻转课堂是混合学习形态发展到“互联网+”时代的一种模式，是混合学习的典范。

建构主义学习理论认为，学习者知识的获取不仅取决于自己主动获取知识，还取决于教师和同伴的帮助找到必要的信息，并获得与外部对象交互的知识。翻转课堂教学模式契合了建构主义学习理论的知识观、学习观和课程观。

2. 翻转课堂模式探究

同样以“说课”为例，我们来探究翻转课堂模式在本案例的教学模式。

（1）一级教学模式。

通过对一些翻转课堂模式的分析，结合高师院校师范技能类课程课时紧张、实验条件不足等实际存在的问题，提出了“双边三段十环节”的翻转课堂教学模式。该模式围绕教师和学生的双边活动，按照时间顺序将翻转课堂的教学过程分为课前、课中和课后三个阶段，并分别呈现出教学活动的十个环节，如图4－3所示。

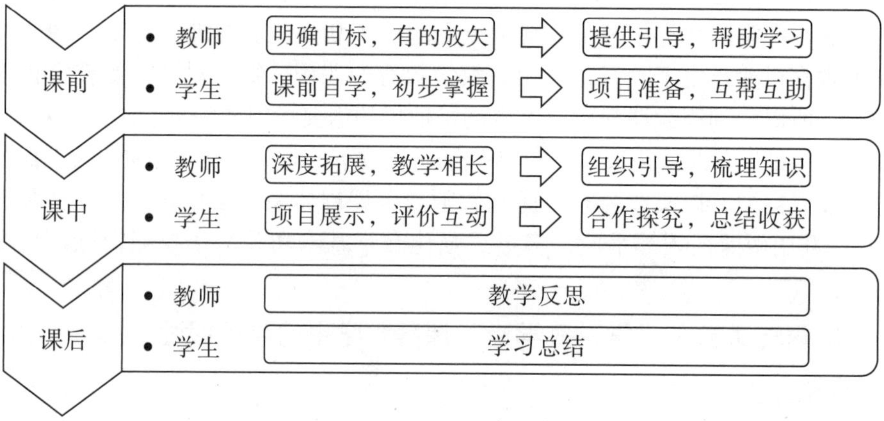

图4－3 教学活动的十个环节

此教学模式具有一定的创新性：第一，整个教学流程被分为课前、课中和课后三个阶段，每个阶段需要完成的任务清晰可控；为了让学生了解说课在师范技能类课程知识架构中的地位，专门用“知识地图”进行描绘，建立了清晰的导航体系，从而让学生带着明确的学习目标进行自主学习。增设了“知识拓展”模块，包括如教育政策法规、国内外教育研究热点等，提供给有志于从事教育事业的学生学习，实现分层次教学。第二，重构和谐师生关系，三个阶段的每个环节都体现了教师主导型和学生主体型教学理念，教师可以通过线上、线下相结合的方式，进行个别辅导、参与小组讨论等，共同学习、共同成长。第三，教学流程清晰、易操作。本模型将教师活动和学生活动明确分离，师生能清晰知道每个阶段每个环节具体要做的内容，特别是打破了传统教学中学生被动学习的模式，使学生能更好地参与到整个流程的学习中来。

（2）课前阶段。

课前，教师根据教学内容，绘制体现说课在师范技能类课程知识架构中的关系的知识地图，这样能让学生了解说课的地位及重要性，带着清晰的目标学习。然后，教师再根据现有资源、学生特点、教学环境等进行课堂设计。随后根据教学设计编写课件、录制微课及制作课前自主学习任务单等教学资源。最后，将所有资源上传至学习平台上。

学生利用课前时间，在宿舍或实验室登录学习平台，先读懂知识地图，再以教师提供的思维导图作为导航，开展自主学习。另外，根据说课的教学特点，教师事先和学生进行沟通，以自愿为原则，让一位学生提前准备课中的说课展示。学生如果在学习过程中遇到问题，可以采取多种方法与教师和同学沟通，如在学习平台的论坛发帖讨论、利用搜索引擎寻找答案、到图书馆查阅资料、通过在线聊天工具实时互动等。教师收集整理学生提交的疑问，个别问题个别辅导，共性问题课上讨论，具体过程如图4－4所示。

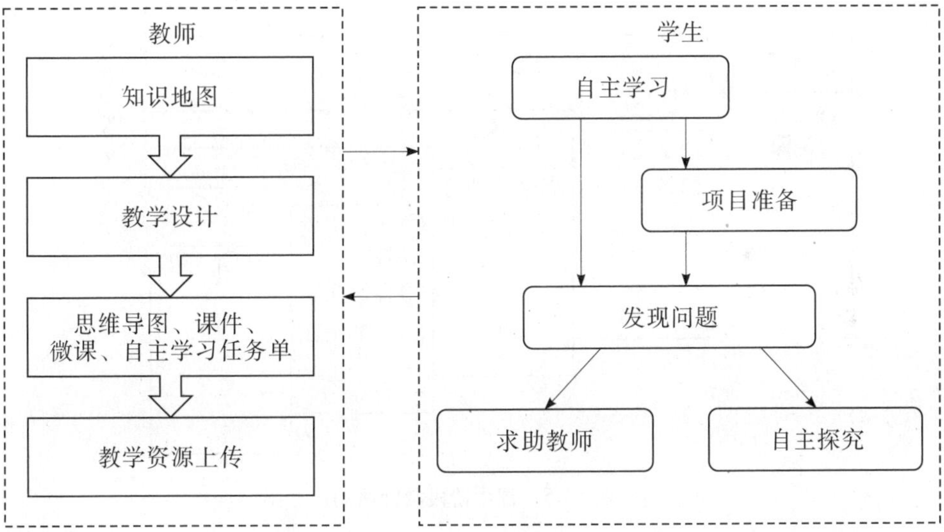

图4－4　课前阶段教师活动

一般来说，往往会出现教师提供了大量的资源，学生却无能为力的情况，因此非常有必要为学生提供清晰的知识地图。这里是将师范技能课程的技能模块罗列出来，重点突出说课与其他模块之间的联系，学生拥有这样的知识地图，就不会在资源中迷失方向。而说课作为一个大的知识模块，可分为若干个小的知识点，提供一个思维导图，可让学生知道本模块的学习重点。

自主学习任务单与微课资源配套使用，有详细的学习目标和学习方法描述，根据学习重难点，在学习任务中设置了多个问题导学，帮助学生在自学中解决疑难问题，提供配套的针对性练习，以帮助学生链接新旧知识，完成知识的过渡。结合说课的主题和特点，在课堂中设置了学生说课展示环节，因此，在课前，有一位学生需要预先做好准备，这样的课堂设计也适用于其他的师范实践类课程，例如课件制作、教案编写、模拟授课、片段教学、评课等。

（3）课中阶段。

在课堂上分为五个环节，即项目展示、评价互动、问题探究、点播赏析、知识总结，如图4－5所示。高校本科生一般是连堂上课，一次课90分钟，有利于开展更加多样化的活动。在课堂伊始，由一位学生代表先进行10分钟的说课展示，这位学生仅通过课前的自主学习和与教师的少量互动获取说课的知识，有很大的可能性并不能很正确地进行展示，这是正常的现象，也是教师所期望的。因为他所暴露出来的问题，可能也是其他学生的共性问题。展示结束后，教师并不急于点评，而是引导其他的学生来点评，并在互动中提取一些关键词，始终围绕说课主题开展互动。接下来是快问快答环节，教师根据说课的重难点及易错点，抛出以下问题：①什么是说课？②说课的作用。③说课的内容。④说课稿的体例。⑤说课的误区。⑥好的说课应该具有哪些重要特征？在学生回答之后，再由教师进行归纳总结，整理出说课的知识点。

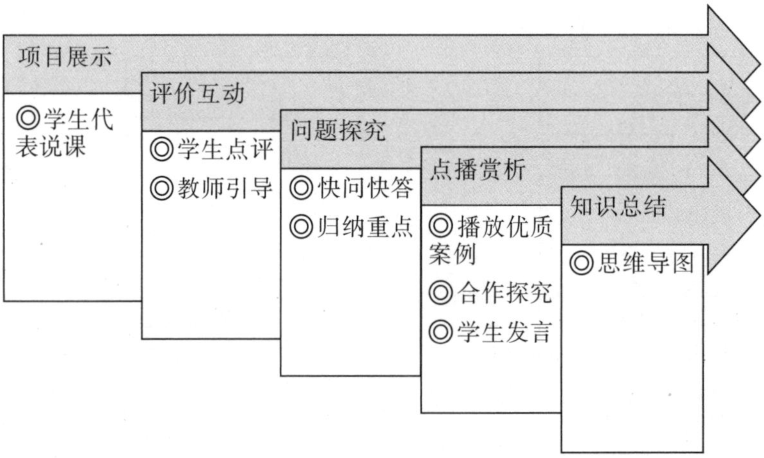

图4－5 课中阶段教师活动

由于翻转课堂特有的知识组织方式和教学流程，实施翻转课堂容易导致知识碎片化，欠缺系统化的情况，因此，教师要有意识地在课堂上梳理知识，并建立完整的知识体系。在对学生进行说课理论学习之后，教师播放一个或多个获奖的优质说课视频，引发学习者面对面的集体讨论，再让学生发言点评。发言的学生分成两批，首先是课堂伊始进行说课展示的学生，通过与优质说课视频的对比，找出自己的不足；然后，再由各个小组代表发言，通过“展示—问题探究—观看优质案例—合作探究”的环节，学生们已对“什么是说课？如何正确说课？如何评价说课？”有了较为明确和系统的认识，通过小组讨论各抒己见，提炼出知识脉络，并和教师一起用思维导图对知识进行总结归纳。

（4）课后阶段。

课后，教师提供如教育政策法规、国内外教育研究热点等相关的知识拓展给学有余力并有志于从事教育事业的学生学习，实现知识的分层次教学。根据布鲁姆的学习金字塔，通过讨论、实践练习和将所学知识教授给他人这样的方式，两周后的知识平均保持率能达到90%，这也是我们所提倡的主动学习的要义。因此，在课后，教师布置了小组活动，要求每位学生都必须完成说课展示，并在小组进行汇报。通过这样的线下小组活动，能延续课中的学习状态，维持学习热情，学生们通过观摩学习，有利于他们的自我反思，思考自身存在的问题和解决的办法，同时，组长需记录小组活动并形成书面报告上传。学生将自己的说课展示录制成微视频上传到学习平台，实现新型的成果交流微翻转。教师通过查阅学生提交的材料和学习平台的后台数据，能直观真实地对学生的任务完成情况、成果展示效果、小组协助，甚至是学习态度、自主学习能力等方面做出科学的评价和点评。教师根据学生的学习情况调整教学计划，修改教学方法，形成教学反思。课后阶段教学模式如图4－6所示。

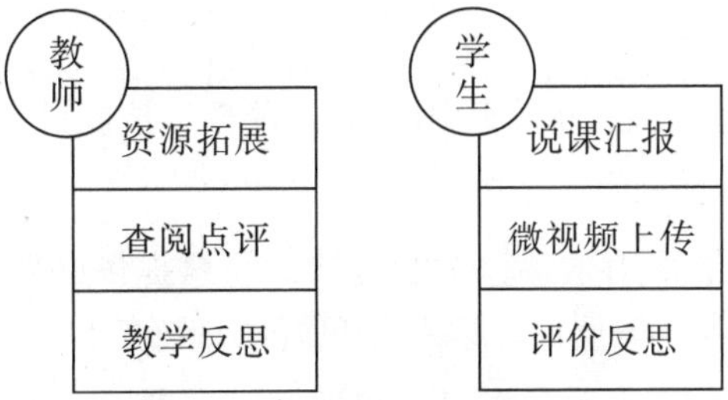

图4－6　课后阶段教师活动

课后活动，既是此次教学内容的结束，也是下一个教学流程的开始。

除了说课，在大学师范技能类课程中，还包括如三笔一话、课件制作、教学设计、模拟授课、评课、教学片段设计、教育活动设计、教具设计等模块，大学师范技能类课程重在实践，重在训练，说课翻转课堂教学模式可以有效地迁移到其他学习模块中，并能形成一个完整的课程体系模式。

4.2　“微格教学”课程实践探索

4.2.1　核心素养新需求下“微格教学”课程教学现状剖析

在国家教委师范司于1994年颁布的《高等师范学校学生的教师职业技能训练大纲（试行）》中，第三部分的技能是教学工作技能，其主要内容包括进行教学设计的技能、使用教学媒体和编制教学软件的技能、课堂教学的技能、设计和批改作业的技能、组织和指导学科课外活动的技能及教学研究的技能。

其中对课堂教学技能的具体要求如下。

1. 训练目的

使学生了解课堂教学中基本教学技能的类型，理解各项基本教学技能的概念。掌握各项教学技能的执行程序和要求，通过训练能根据教学任务和中学生的特点把教学技能应用于教学实践。

2. 训练内容

（1）导入技能。

（2）板书板画技能。

（3）演示技能。

（4）讲解技能。

（5）提问技能。

（6）反馈和强化技能。

（7）结束技能。

（8）组织教学技能。

（9）变化技能。

（10）教学技能综合训练；综合运用以上几种教学技能进行训练。

3. 训练建议

（1）训练的方法主要采用微型教学的方法。注意提供必要的示范，有条件的学校要应用现代教学手段提供声像反馈，以获得更好的训练效果。

（2）根据学生情况，训练要有重点，技能的分别训练与综合实践相结合。

在高等师范院校，一般在“微格教学”等课程中涵盖以上训练内容。

微格教学（microteaching）通常也被叫作“微型教学”，是指在有限的时间和空间内，通过“讲课—观摩—分析—评价”的方法，在实验室利用现代的录音、录像等设备，对需要掌握的知识、技能进行选择性的模拟，使师范生的各种教学行为的训练，变得可被观察、分析和评价，是教师教育中必不可少的训练手段。微格教学的主要目的是受训者通过学习教育教学及教学技能的理论知识，针对某一教学技能或综合技能不断练习和修正不足，进而在实践中熟练运用。其核心是通过理论学习后，分解教学技能，制作教案，针对单一或综合技能实践演练，在微格教室进行10分钟左右的录制，教师进行评价，反复观看录制结果，根据不足调整教学方式方法，再次进行教学技能训练，达到提高知识理论水平和教学能力的目的。微格教学的训练过程一般包括学习和研究教学理论、确定培训技能和提供范例、编写教案、微格教学实践、反馈和评价、修改再实践等六个环节。

“微格教学”是师范专业必修课程，着眼于教育教学理论与实际教学相结合，是师范生的职业基本技能训练课程，重点在于培养学生的实际教学技能，使他们掌握“站稳”讲台的能力。通过对学生进行有目的、有计划的教学技能微格训练，引导学生将教育教学理论，教学技能转化为教学行为，促进师范生教育教学能力的形成，为学生毕业后顺利适应教师工作奠定基础。通过本门课程的学习，希望师范生在毕业之前就能受到专门的训练，使教师的职前教育既有专业知识学习，又有教学技能训练。

微格教学具有以下特点。

（1）理论与训练相结合。师范生在前期有了教学理论知识的铺垫之后，通过微格教学的方法进行对应的教学技能训练，这样来回反复地进行微格教学训练过程的六大步骤，从而提升自我的教学技能。

（2）教学目标鲜明、清晰。微格教学重视对师范生教学技能的培养训练，把每一个教学技能的学习分为理论、训练、评价、再训练等环节，为师范生规划系统科学合理的训练过程。通过对教学过程进行分析细化，让师范生们能够熟练掌握每一个教学技能。

（3）教学训练过程具体、明确。当师范生进行了微格教学的理论学习之后，需要实践加以巩固和了解自己教学技能的掌握情况。这时，他们可以针对一个或几个教学技能来编写教案，开展小规模的试讲，重点进行对应技能的训练。这样能够帮助师范生专注进行具体的教学技能训练，更好地提升教学技能。

（4）教学评价反馈时效性高。师范生通过微格教室录制试讲视频，通过网上提交和现场评讲相结合的方式，可以及时获得指导教师和同学的即时点评，另外，师范生也可反复观看自己的试讲视频来进行自我观察与评价，发现自己的优势与不足，进行有针对性的调整，有利于教学技能的提升。

（5）微格教室设备的运用。微格教学利用现代的录音、摄像等来记录师范生们的试教过程。真实地记录师范生在课堂上的教态、用语及课堂设计环节，使师范生在课后能够反复回看、自我剖析、研究自己的教学行为、进行修改和再次实践，随时得到最直观的反馈，达到合格标准。

目前，高师院校微格教学课程仍存在不少问题。

（1）重理论轻实践，实效性低。目前的微格教学主要是先进行系统的理论知识学习，然后再进行单一技能训练，或按一节课的自然顺序整合某几项技能展开训练，形式较为单一，理论知识的学习占据大部分课堂时间，实践的时间较少，要训练的技能较多，无法检验学习者理论知识的内化情况，最终导致微格教学训练结果不理想。

（2）认识不到位，训练目的不清晰。虽然高师院校都有开设微格教学这门课程，但一般只有 36 学时，课时数偏少，部分师范生对微格教学这门课程存在偏见，对微格教学理论知识认识不足，认为师范生只需掌握过硬的专业知识，没有必要花费时间在教学技能上，训练目的不清晰，微格录像时马虎应对，达不到训练的效果。

（3）缺乏优质资源和平台。进行微格训练，离不开教学设计，适合备课用的教材是关键，但是，目前市面上各省市、各年份出版的教材非常多，带有最新教学理念的教材往往很难找到；另外，由于涉及版权、隐私及分享路径等问题，一些优质的教学视频更成为稀缺资源，不利于学生的模仿和创作。虽然教师会在课堂上分享解读一些优质资源，但由于课时及播放平台的限制，学生课后获取比较困难。

（4）评价匮乏，反馈不畅。由于课时、场地、教师缺乏等方面的原因，微格教学的评价一般是在学生录制完成后，教师成批量观看并打分，学生无法在直接获得教师具体的改进意见后重新修改并录制，评价反馈环节往往流于形式。由于微格教室一般都比较小，学生之间也无法很好地进行观摩学习，丧失互评互促的机会。

4.2.2 “微格教学”课程教学改革实践探究

（一）基于慕课平台的混合学习教学改革

林璇等在《基于慕课平台的微格教学课程建设与实践》一文中对“微格教学”课程教学改革做了一些思考和探索。

1. 基于慕课平台的混合学习教学设计

慕课（MOOC），全称是 Massive Open Online Course，即大规模在线开放课程，资源丰富，许多知名高校参与录制，学习者能够根据自己的时间观看视频学习，不受限制，使优质的课程得到共享，满足人们学习需求，教育资源的覆盖面随之扩大，也使得人们可以无界限地获得优质教育。正因为慕课有诸多好处，2011 年慕课一经提出和应用，很快获得众多人的追捧，许多专家称慕课是“印刷术发明以来教育最大的革新”，给以后的教育带来新的希望。近年来，我国教育部门积极推进慕课建设，2018 年 11 月，教育部高教司司长吴岩在“中国大学教学论坛”发言中提到我国上线慕课数量达到 8 000 余门，高校学生和社会学习者选学人数突破 1.4 亿人次，大学生获得慕课学分超过 4 300 万余人次。预计到 2020 年，我国将以国家名义推出 3 000 门“国家精品在线开放课程”，带动 10 000 门慕课在线运行。

开展微格教学的目的在于培养新教师，提高教学技能。因此，学习者无疑是微格教学的主体，而教师则扮演着引导者的角色，应该花大力气帮助学生训练和掌握教学技能，让学习者保持学习的主动性和积极性，引导学生充分交流，内化知识理论。因此，微格教学应该重理论、重实践也重评价，将更多的时间留给学生训练，发挥评价的最大作用，不只是简单地进行一次模拟教学。

慕课倡导“以学生为中心”的理念符合了当前对微格教学的期待，而微格教学由理论与实践组合实施而成以及其所具备的“微型教学”的特点是适合通过慕课来实现的。因此，利于慕课平台实施微格教学课程建设的尝试应该是可行的。首先，根据慕课课程建设的要求，对微格教学的相关教学内容进行重构、录制视频等，然后将资源上传到慕课平台让学生自行学习，这不仅可以节省教师反复教授同一知识点的精力，还可以把课堂时间用于学生实践，教师也有了更多时间用来指导评价学生。学生在学习了慕课平台上的资源后，教师线上答疑或收集学习者疑问，再根据这些问题备课，在课堂上给予指导与解答。这样充分利用课堂时间，学生获得更多的技能训练的机会，和教师与同学进行交流的机会，也更便于教师的集中指导。

2. 基于慕课平台的混合学习教学设计应用案例研究

（1）课程内容重构。

通过前期分析，根据慕课制作要求和规范，结合网络教学的特点和便于学生学习的需求，对教学内容进行重构，实现由教材体系向内容体系的转向，根据教学过程，将微格教学课程分成微格教学概述、基本技能、综合技能三大模块，其中基本技能分为5个专题，综合技能分为6个专题，每个专题均包括对应的技能介绍、应用原则、评价及案例示范，如图4－7所示。

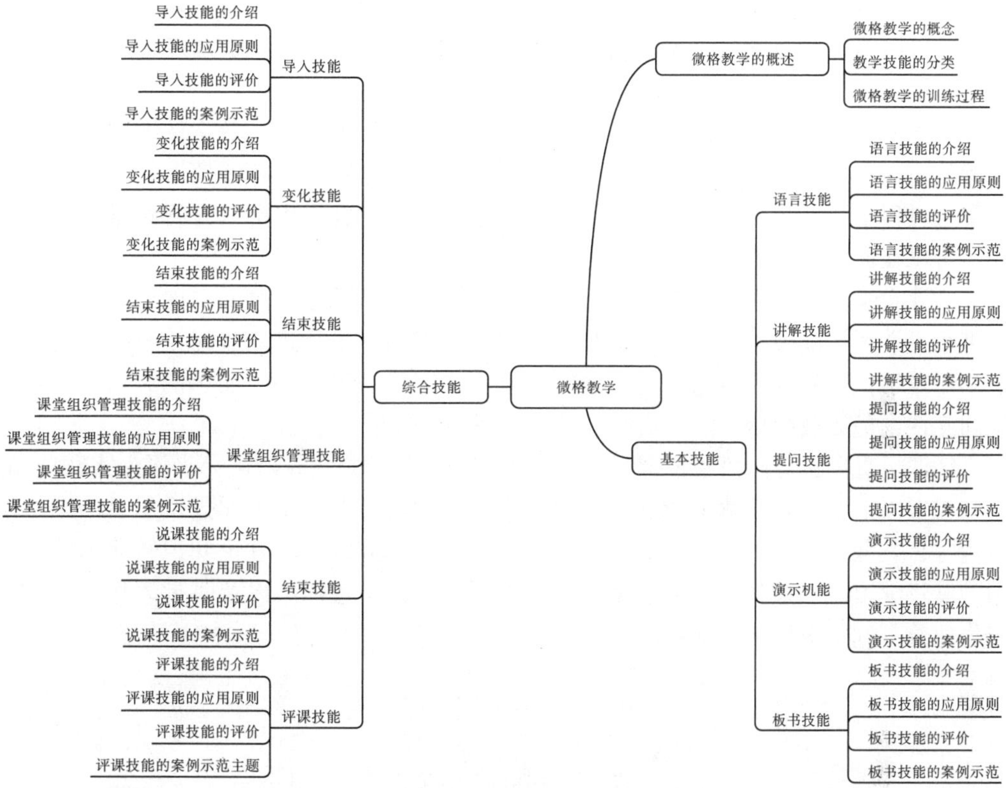

图4－7 微格教学课程结构

（2）课程资源制作。

在进行课程资源建设时，要保证课程体系基本完整，理论性和实践性具备，通过本课程的学习，学生既能掌握教育教学知识，又能锻炼教学技能；考虑到不同学习者的学习习惯，课程提供了PPT、讲稿、微课视频三种形式的学习，满足不同学习者的需求；在课程内容的设计上，考虑到本课程实践性强的特点，在教学中穿插了许多实例，并通过真人示范的形式，展示不同教学技能的应用原则，并及时进行点评；在建设时兼顾专业性和通用性，对标基础教育课程设置，在微格教案的制作上，设计了小学、初中、高中三个学段的信息技术微格教案；而在教学技能的案例讲解中，选用了语文、数学、英语、地理、生物、化学、物理、政治、科学、历史等多个学科的内容，适用不同专业师范生的学习，因此，本课程不仅适用于计算机师范专业学生学习，也可以提供给其他专业的师范生作为课外学习资源的补充。

（3）教学流程设计。

基于微格教学课程的特点，借助慕课平台，可实施线上线下混合教学。前期分析要从教师和学生、教学目标与教学内容等方面综合考虑教学的各要素。在进行教学设计时，要综合考虑教师与学生的相互作用、学习资源的利用以及教学环境的选择要相互统一等因素。根据教学目标、学习内容来分解教学任务，可分为三个环节，如图4－8所示。

①线上学习：此阶段在慕课平台开展。教师将教学的视频、教学的课件、优秀资源等发布在慕课平台上，学生先通过观看视频学习理论知识和拓展资源，同时，学生在学习过程中要参与讨论交流，教师远程为学生答疑，学生也可以先将疑难问题记下来，可以在面对面的课堂学习中提出，教师给予解答。

②课堂学习：学生通过线上学习后，初步掌握了知识，通过面对面课堂学习，教师将线上学习情况做出点评，并针对教学的重难点内容进行进一步讨论解决，解答线上学习时学生的问题或讨论较为激烈的问题。接着可通过分小组演练的方式，先让学生间互评，最后教师给予点拨指导，提高最终学习效果。

③课后巩固：此阶段在慕课平台及线下实施，目的是对技能进一步深入实践应用。教师根据以上两个阶段学生的反馈，进一步发布学习资源，学生通过反思总结课堂学习内容，查漏补缺。最后，学生通过线下的再次实践演练，将理论知识转化为实践应用，并将学习成果录制上传至慕课平台的作业区，这样教师可以及时批改作业，将优质作业分享到班级群，实现共同进步。

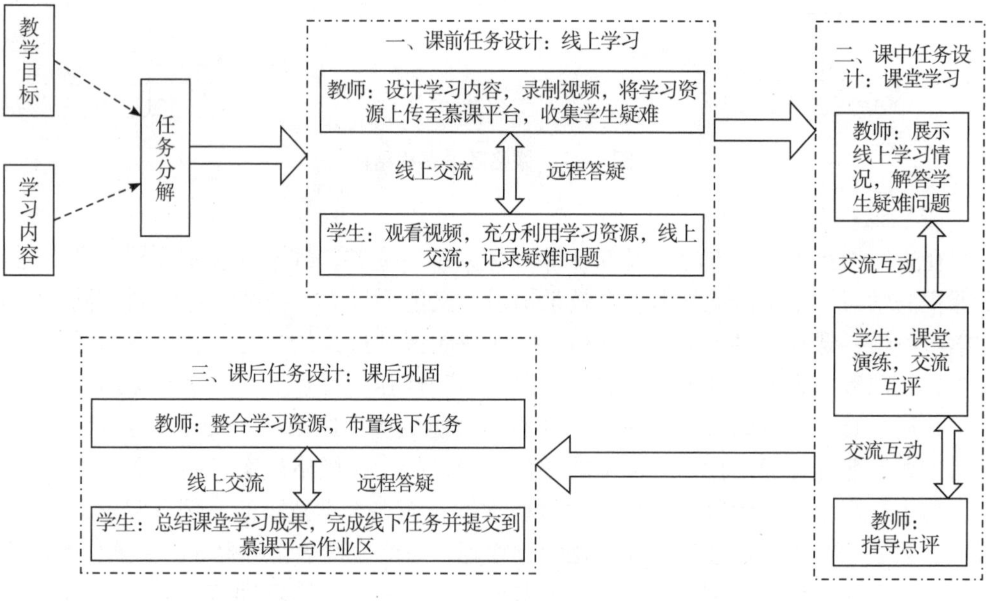

图4－8 教学流程设计

建设一门基于慕课平台的课程，不能一蹴而就，而是需要多轮的修改和迭代，课程上线后要收集多方用户的反馈意见，及时更新。教师在基于慕课平台实施课程教学时，要安排好线上线下教学流程，更好地发挥传统课堂教学与网络教学相结合的优势，激发学生学习的主动性，需要注意以下几点：①在课前任务的设计上，教师应充分了解学生的学习需求，分析掌握学生学习目标，根据教学目标，确定教学内容，形成独立的小任务，学生参与小任务学习活动积极性才能被充分激发。②在课中任务设计上，教师要“以学生为主体、教师为主导”作为指导理念，注重教学评价。教师充分了解学生线上学习的完成情况，才能更好地利用分层教学对个别基础较差的学生进行指导，实现高效的面对面交流。以小组为单位开展演练后，教师要规划学生间的互评方式方法，明确评价的要素，才能提高互评的效果，最终达到培养师范生技能的结果。③课后任务设计上，不能放松对学生学习情况的跟踪。通过进一步整合教学资源，学生自我反思，重复微视频的学习、讨论交流，线下开展演练来巩固提升所学理论知识，更好指导实践。

（二）基于 SPOC 的课程教学改革

冯健文等在《SPOC 混合教学模式下的课程重构——以“微格教学”课程为例》一文中对“微格教学”课程教学改革做了一些思考和探索。

1. SPOC 教学模式

SPOC 是 Small Private Online Course 的缩写，中文意思是小规模限制性在线课程。规模小就是参加学习的人数不多，通常控制在 100 人以内，便于教师管理学生；限制性是设定申请条件，只有符合条件的学生才可以参加学习课程，享受课程的全部资源，或者可以选择旁听，不过一般对旁听者选择开放部分学习资源。MOOC 的在线学习资源被 SPOC 运用到规模较小的在校学生群体，与课堂教学相结合，推进了高等院校教学改革，带动了教学模式的创新并且提高了教学的质量。

SPOC 具有以下优势：

（1）限制学生人数规模，便于教师管理。SPOC 教学模式对学生人数进行限制，教师通过课前考核、限定学习班级等方式筛选符合条件的学生，有效控制学生规模。由于学生人数少，方便教师管理学生学习进度以及课程推进程度，使教师能够有效地监控学生的学习动机、学习习惯、学情掌握以及课后练习完成情况等，更好地因材施教，依据学生具体情况进行课程教学的适时变通，使教学更加符合学生的认知掌握情况，更好地达到教学目标。

（2）教学资源开放化、社会化。基于 SPOC 的教学资源包括来自 MOOC 平台上的课程资源、高校自制的校本学习资源、网络共享的在线视频等，在确保版权无纠纷的情况下，优质的资源都可以作为教学辅助学习资源。这样，SPOC 的教学资源得到不断优化和提升，开放性和社会性更强。

（3）创新教育模式，提升教学质量。SPOC 教学是混合学习模式下的线上线下相结合的教学模式，线上丰富的教学资源，需要教师先学习了解之后进行整合归纳，并根据学生的具体需求情况来制定整合线上的学习资源；而在线下课开始之前，学生充分利用课后时间，共享优质的课程资源，通过学习线上视频，拓宽知识面，教师同时通过在线讨论等方式事先了解学生的知识掌握情况。接着，线下课开展，教师依据线上学生学习反馈情况以及学生课堂表现，来组织开展师生学习互动，比如研讨交流、创设问题情境、实验操作等。教师通过课堂的讲授辅导与讨论交流和学生一起解决难题，帮助学生深刻理解知识点；而对于已经观看完成线上课的学生，他们可以带着问题，有目的性地进行课堂听课、师生探讨、生生交流等，这样能够使学生自己有效率地掌握知识内容。因此，SPOC 教学模式充分结合了线上教学与线下学习的优点，一方面对教师的教学有推进作用，另一方面对学生学习有促进作用，大大提高了教学质量。

（4）学习平台成熟、多样化。随着互联网的高速发展，基于互联网的教学平台上丰富多样的教学资源实现共建共享，这些都能满足不同学习者的学习需求，同时具备考核、评价机制也能满足教师的教学需要。

SPOC 混合教学模式把传统课堂教学和信息化教学结合起来，基于 SPOC 平台，充分发挥教师主导、学生主体的作用，是信息技术与教育深度融合的有效手段。经过多年的教学实践，发现在教学环境、教学资源、教学环节固定的情况下，只改良教学内容并不能解决存在的问题，而借助互联网教学平台，采用线上线下混合教学模式的教学改革是可行的。通过前期分析、确定教学设计原则，利用 SPOC 平台，录制好教学视频及其他教学资源并提前放到网上，学生在课前自主进行知识点的学习并完成课前任务。这样，在课堂上，教师可根据学情灵活调整教学进度，有的放矢地开展课堂活动，更多地实现师生互动交流，把传统教学中微格技能训练这一课后完成的任务提前放到课堂上来实施，这样学生能获得教师面对面的指导和帮助，避免了传统教学中理论和实践割裂的情况。在课后，教师可通过 SPOC 平台，分享拓展的教学资源，拓宽学生知识面，实时跟踪学生学习情况，利用讨论区等方式与学生互动，实现课前、课中、课后一体化。

2. 基于 SPOC 的课程教学改革案例研究

“微格教学”课程传统的教学模式是“多媒体教室面对面讲授 + 微格录播”，通过上面的分析，决定进行教学改革，尝试基于 SPOC 进行混合教学，因此，需要对课程进行重构，使之适应线上线下小规模限制性混合教学需求。

（1）前期分析。

①教学目标分析。首先，教师必须明确课程教学目标。微格教学课程开设的目标是使学习者能够掌握并实践各种教学技能，达到逐渐熟练运用的目的，更深层次的目的是激发学习者的内在驱动力，促进主动学习和思考，达到从教学工作者到教育工作者的转变。因此，基于 SPOC 的混合教学模式下本课程的教学目标定位为：帮助学习者掌握教学技能；学习者教学技能的掌握情况能够在课堂上得到检验和体现；促进师生互动交流，达到共同进步的目的。

②教学对象分析。接着，教师必须对被授课群体进行分析。SPOC 教学模式对于人数有一定限制，并且设定了申请学习课程的条件。本门课程的学习对象主要是高校大三的师范生，他们已完成教育学、心理学、教育心理学、学科教学论等师范类课程的

学习，班级人数一般在 50 人以内。任课教师可以在开课前，对师范生进行学习者特征分析，包括学生对于这门课程的认识程度摸底调查，分析学习者已具备的知识水平、认知结构以及信息素养等。教师根据结论分析得出目前学习对象的学习状况，从而制定更加合理的教学方案，来确保学习者有结合 SPOC 线上与线下学习该课程的意愿与能力。

③教学内容分析。任课教师首先要充分了解该门课程的教学大纲和知识内容，结合课程教学目标来确定教学内容，然后基于 SPOC 模式来重构课程教学框架，划分知识点，设计学习单元，明确单元目标，根据教学对象特征组织教学内容难易程度，设定学习活动。

④教学资源分析。基于 SPOC 的混合教学模式下，教学资源来源主要有两个：一是网络上开放的各种优质学习资源、精品课程资源、教学示范案例等，在确保无版权纠纷的情况下，教师可选择适合的资源引入课程教学；二是教师根据本校及学生实际情况，自制教学资源，并在课程开展过程中，根据 SPOC 平台来跟踪学生的学习情况，得到有效反馈，并实时调整教学内容和进度。教学过程和教学资源的收集、再造、自制、分享等过程需要不断根据教学情况来创建和完善，是一个循环迭代的过程。

⑤教学评价分析。教学评价包括教师对学生的学习评价和学生对教师的教学评价，教学评价对于促进教与学是必不可少的，评价包括过程性评价和总结性评价，跟随整个课程的流程展开。教师主要通过整理收集教学过程中的相关学习数据，包括学习者的学习行为、协作学习能力等多个方面来分析评价，从而更好地完成教学目标。一个好的教学评价能够帮助教师及时地完善教学，调整教学进程，使教学活动开展更适合学生学习需求。因此教师必须设计客观公正的教学评价机制，为以后的教学提供参考与反馈。

（2）教学设计原则。

①教学对象中心化原则。任课教师在设计基于 SPOC 的混合教学时，一切教学活动必须以教学对象为中心来展开，关注师范生课前、课中、课后的状况，根据学习者的需求变化来及时调整教学设计。要求教师作为主体引导者激发学生学习的积极性，与学生多沟通交流讨论，在师生互动中完成教学任务。

②教学资源丰富化原则。丰富多样的教学资源必定能吸引更多学生的学习兴趣，满足不同层次学生的学习需求。比如有些学生喜欢观看视频学习，而有些学生则喜欢通过做学习任务来满足学习快感。微格教学的教学示范视频、教案、课件及学术文章等是比较丰富的，教师通过整合各种资源，在 SPOC 平台上发布，供师范生学习、模仿、讨论。

③教学过程系统化原则。本课程采用基于 SPOC 的线上线下混合教学模式，要围绕该模式的特点来进行教学过程的设计，线上线下的教学资源、教学活动、教学环节、教学过程系统完整、前后呼应、活动息息相关、环环相扣，课前、课中、课后教与学的内容及活动关联性高，教师可依据学习理论，给学生比较详细的教学指导，从而达到较好的教学效果。

④教学评价多样化原则。客观公正的教学评价能够完善课程的教学，更好实现课

程教学目标。课程需要设计多样的评价机制来对学生的学习掌握情况做出更加客观合理的评断。形成性评价主要依据学生的学习态度、学习完成进度、学习出勤率、参与讨论度等各个方面了解学生的学习情况；而总结性评价，通过阶段性测验以及最终考试成绩来评断学生的掌握情况。依据多样的评价手段，从而真实可靠地反映学生的学习状况，达到良好的教学效果。

（3）重构教学内容。

根据前期分析和教学设计原则，结合校本情况、学生摸底情况及学校支持力度，以自制教学资源为主来进行课程改革，需要对教学内容进行重构，实现由教材体系到教学内容体系的转向，根据教学过程，重构的“微格教学”课程内容如图 4 –9 所示。

首先，划分了 12 个子主题，接着对每个子主题制作知识点讲稿及课件，录制微课视频和真人示范案例，最后设计各微格技能对应的教案及评价量表。

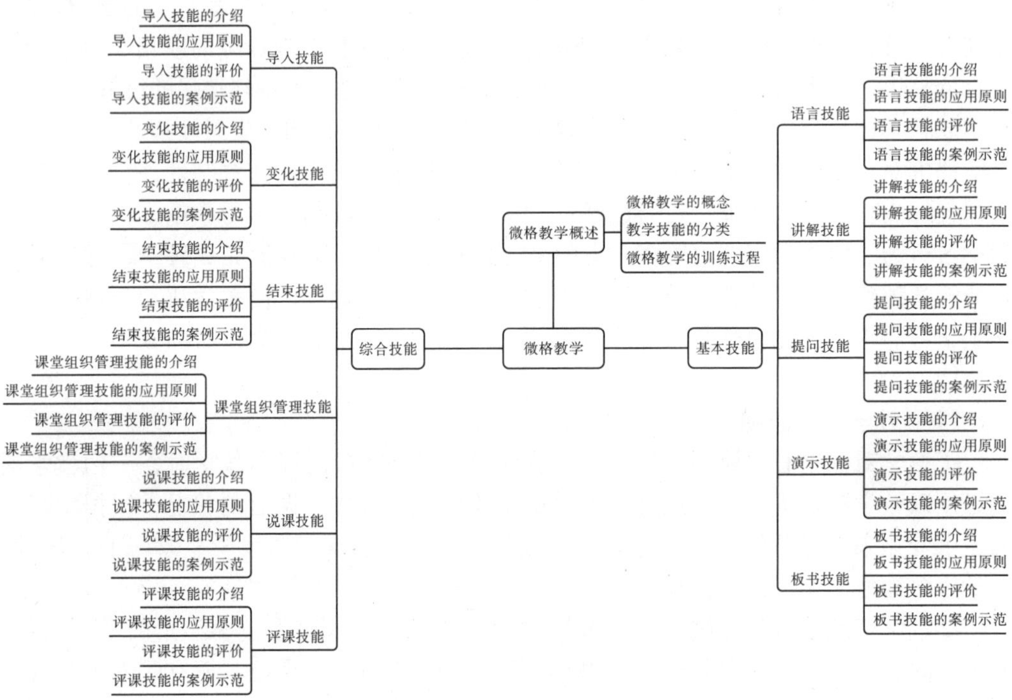

图 4 –9　重构教学内容

以板书技能为例来探讨 SPOC 混合教学模式如何落地实施。板书是教师在教学中，为辅助课堂口语的表达，强化教学效果而写在黑板上或演示文稿的文字和其他符号。板书设计不仅是一种教学手段，更是一门教学艺术，好的板书设计能直观地显现课堂教学的脉络，突出教学重点，有利于学生对知识的整体感知，加深理解和记忆，有助于培养学生思维的连贯性和提升概括能力。板书技能是微格教学十大技能之一，属于基本教学技能。

传统教学中，板书技能的教学一般分为两个环节，教师课堂讲授、示范 + 学生实践，而基于 SPOC 的混合教学则分为课前、课中、课后三个环节，如图 4－10 所示。

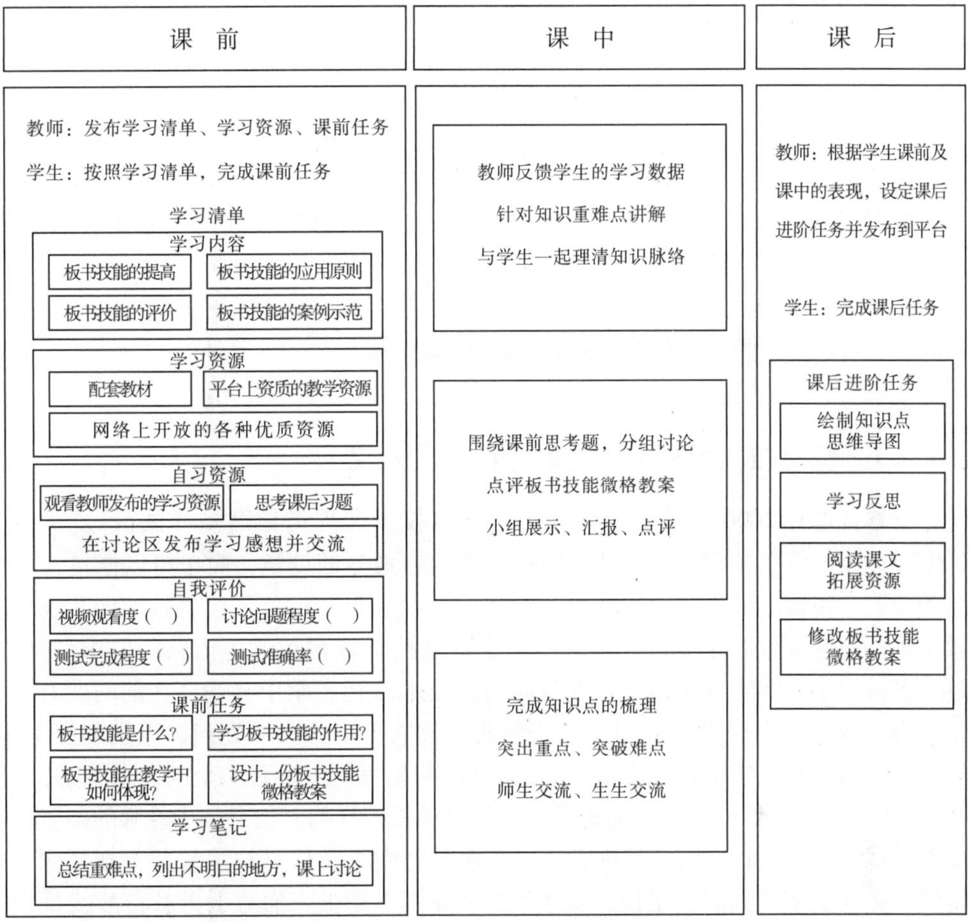

图 4－10　基于 SPOC 的混合教学模式

课前，教师根据教学目标分析、教学对象分析、教学内容分析等设置学生课前学习清单并发布到 SPOC 教学平台上。

学生根据学习清单上的任务，课前自由安排时间完成线上学习，课前任务的安排既可以帮助教师了解学生的自主学习情况，根据学生情况更好制定教学实施，又可以帮助学生自主发现问题，及时与教师讨论互动，有利于学生对知识的理解和教师把握学生学习情况，更好地因材施教。

课中，教师根据课前学生的学习情况来具体设计课堂上的教学内容及活动内容。

在组织课堂活动时，可让学生分小组，各自展示自己的板书技能微格教案，组内讨论、修改完善并推选出小组代表作参与课堂公开演示，在这个过程中，锻炼学生在协作探讨中积极思考，激发思维，学会欣赏他人，共同成长。师生互动交流、评价等环节可通过线上或线下完成。

课后，教师根据学生课前与课堂的学习情况与表现，来设定课后进阶任务并发布到 SPOC 平台上。包括要求学生绘制知识点思维导图以便梳理知识脉络、发布课外拓展资源让学有余力的学生自主学习、修改各人的微格教案并提交、根据自身学习表现撰写学习反思等。教师在课后要保持与学生的线上互动讨论，为学生答疑解惑，同时随时查看学生线上完成进度及给出评价结果等。

基于 SPOC 的混合教学模式在微格教学课程上的应用，结合了线上线下两者的优点，突破传统教学的局限，促进了学生自主学习和深度学习的主动性和积极性，效果良好。可以预见，未来在大学课堂上，实施 SPOC 混合教学模式的探索会逐渐增多，或许未来将由 SPOC 延伸出更多新形式的学习模式。

4.3　中小学信息技术实践活动课程改革

4.3.1　信息技术课程的师范教学改革的意义

根据教育部在2000年颁布的《中小学信息技术课程指导纲要（试行）》（教基〔2000〕35号）的精神和内容，针对中小学生信息素养的教学，简单可以概括为"对信息的获取、传输、处理和应用能力"的教学。纲要重新定位了信息技术课程在中小学教学体系中的位置和重要性，也对中小学信息技术课程教学提出新的要求和挑战。经过对多所中小学的实地走访，发现目前信息技术课程教学中普遍存在的问题有：课时少；内容贫乏；实验设备陈旧；师资薄弱；教法单一；考核失当；重视程度不足；等等。据走访中一位中学校长表示，"当前这门课程我们主要对3个问题求答案，'教什么''怎么教''谁来教'"。调研走访中多所学校领导均对信息技术教师的师资培养提出不同意见。认为在新的课程理念下，必须要对中小学信息技术教师重新画像、重新定位，必须要从"内容、手段、人才"3个方面下功夫。面对下游教育战线反馈来的需求信息，对上游信息技术师范教育提出了新的挑战。在师范院校中，对中小学的信息技术课程师范教学进行改革已经迫在眉睫。

为发挥信息技术在新课改中的重要作用，促进学生"信息意识""计算思维""数字化学习与创新""信息社会责任"4个素养的养成。在本节中结合纲要的精神和创新的理念，对信息技术课程的师范教学做出大胆的探索，构建适应课改新要求的知识体系，运用 STEAM 教学理念，根据内容的不同特色，综合多种教学方法与手段，对中小学信息技术课程教学的多个环节进行改革和创新。

4.3.2　新课标下的师范教学改革内容

本节主要讲述课程改革的内容概述，包括课程目标、教师团队、助教团队、课堂角色定位、教学内容、教学阶段、教学场所、教学实验环境构建等8个环节。

1. 课程目标

参阅《中小学信息技术课程指导纲要（试行）》，文件的突出特点是提出了培养学生良好的信息素养和“负责任地使用信息技术”的要求。据此，培养学生的信息素养已成为信息时代学生教育的重要内容。围绕这个要求对课程目标进行调整。

（1）培养信息技术师范专业的大学生，在今后的任教过程中，能适应国家新形势需要和课改提出的新要求，胜任中小学信息技术教学中的需求。

（2）提高学生对信息技术课程的认识，改变以往的以知识传导为中心，转向以学生素养培养为中心。

（3）通过课外实践课程的实施，使教学对象（中小学学生）具备一定的理工开发能力和工程思维。

（4）用创新思维作为贯穿本课程的核心，鼓励并推动师范专业学生，大胆自主地参与实践创新，能对课程本身提出自己的改进意见或质疑。

（5）通过课程的实施，在专业学生上岗前，提供一次完整的教学演示，如怎样分配一个班级的学生，怎样激发学生的学习热情，怎样推动学生加强他们之间的协作，如何跟踪团队的工作过程，如何让团队具备自我修正的能力，如何让团队对结果进行总结归纳提升，等等。

2．教师团队

由于课程涉及新课标中的多项内容，所以也改变了以往的做法，由多名教师组成课程的教师团队，一起完成一整学期的教学任务。根据教学内容，对计算机学院的教师进行筛选，挑选出相应的教师人选，并在学期开始之前，进行多次的协商和讨论。

3．助教团队

在学生中，挑选 4 ~ 5 名优秀学生代表，组成助教队伍，协助教师团队开展教学工作。

4．课堂角色定位

课程的内容和教学目标设定，摒弃传统的师生角色配置。为了使师范的本科生能提前适应未来的岗位要求，模拟中小学的教学环境，课程采取类似“反转课堂”的教学方法，以学生为主，教师为辅。

5．教学内容

根据国家新课标的内容要求，以能力素养和教学内容为划分标准，以模块的方式，划分出不同章节及相对应的任课教师。教学内容共划分为 9 个模块，并逐一设计教学案例。

6．教学阶段

将教学划分为 4 个阶段：课前—课中—课后—学期总结。

（1）课前：任务布置和学生的自我学习。

（2）课中：用于学生展示，教师点评总结。

（3）课后：用于完善展示内容。

（4）学期总结：用于对全学期的学习内容做一次完整的分类展示，使学生对整门课程的框架有更深入的理解。

7. 教学场所

可根据实际需要，选择智慧教室 + 任务场景室。

（1）智慧教室：用于课中学生讨论和展示、教师点评总结的主要场所。

（2）任务场景室：用于具体模块的实践场地，譬如物联网实践、机器人实践等。

8. 教学实验环境构建

本教材选用的 9 模块划分方法，课程中涉及的教学实验设备主要有 3 个，选取不同的模块，对应不同的设备，对实验室环境要求也有所不同（见表 4－1）。

表 4－1 教学实验环境

编号	设备名称	实验室要求
1	激光切割机	放置在室内、通风、利于排气的环境下
2	物联网套件	需要有大圆桌、电源、物联网相关实验平台的环境
3	能力风暴机器人	需要宽敞、能布置轨道的环境，有能供学生讨论修改的圆桌

4.3.3 改革的实施案例

根据国家教委师范司 1992 年 9 月颁布的高等师范院校学生的教师职业技能训练基本要求，在课程改革的实施案例中，在沿用原有标准的基础上，结合新形势和新要求，对实施过程进行全面的调整。

（一）教学内容

近年，信息技术的课程在中小学教学体系中一直处于边缘化的尴尬位置，任课教师普遍“沦落”为学校的电脑修理员。造成这种情况的原因之一，就是信息技术课程的内容多年未更新。所以，在课程改革中提出了新的教学内容，本案例由 9 大模块组成，见表 4－2。

表 4－2 教学内容

模块编号	模块内容
1	第一章　组装我的计算机
2	第二章　组建家庭局域网
3	第三章　数据的分析与处理
4	第四章　我是平面设计师
5	第五章　制作我的动画片

续上表

模块编号	模块内容
6	第六章　二维三维的任意变换
7	第七章　走进程序世界
8	第八章　体验物联网
9	第九章　开源机器人

每一模块，都在“信息意识”“计算思维”“数字化学习与创新”“信息社会责任”等4个维度上给予不同的启发。每一个模块，看似独立，其实不然。在实际安排中，合理将模块串在一起，相互交叉，循序渐进。第九章则相当于上述所有内容的一个全方位结合。

（二）教师团队

在计算机学院的众多教师中，或许没有一个教师，是精通上述所有内容的，因此在教师安排上考虑了团队教学的可能性。即由若干个领域的教师组成一个教师团队，彼此之间负责不同的模块，在整个学期的教学中，不断进行协调、推进、互补、促进（见表4－3）。

表4－3　教师团队

优点	各展所长；课堂精品化；保持新鲜感；磨合团队；相互交流促进
缺点	统一性较弱；标准不一致；考核内容过于分散

（三）助教团队

为弥补教师团队在教学推进中带来的上述缺点，增加了一个由若干优秀学生组成的助教团队。助教团队在课程中的职责主要如下，见表4－4。

表4－4　助教团队

职　责	负责人
在课程分组中，起到主导作用，各人分在不同的组里，最好能成为该组的负责人	
课前通知：教师团有需要学生提前进行准备的环节，可以通过助教团协助通知	
课前准备：包括拿钥匙、开电源、布场、安排好实验设备、课后将实验设备清点归还仓库	
考勤登记：辅助教师进行现场清点、考勤登记等相关事务	
课中协调：一般来讲，传统课堂中教师是主导，全场均由教师实施控制，但在这门课中，我们尝试让学生辅助实施。教师可以预先将内容告知助教团指定成员，由该成员在课中协助完成实施	

续上表

职　责	负责人
课后作业收集：本课程采用超星学习通作为辅助工具，因此作业收集均在平台上进行。助教团主要完成督促缴交的任务。助教团有权限看到作业提交情况，所以每次在作业提交期限前，助教团应主动检查、主动督促，而非由教师团发现遗漏之后再督促	
课后作业批改：本课程尝试由助教团进行作业批改或检查。由相关教师将参考答案发布给助教团，并由助教团对全班作业进行批改/打分，之后由教师进行复核生效	
课后资源归档：课程资源包括课件、教案、设备清单、实验流程、现场照片/视频、课后小组反馈等。助教团负责将不同的项目内容归档至指定位置，涉及编辑的应提前编辑好再归档	
课后沟通：及时将学生的意见、建议等反馈给相关教师	
课外拓展：涉及课程所需的“走出课堂”环节，由助教团主导进行联系，确定时间、地点、内容等。当然事先应征得相关教师的同意	

在课程改革案例中，助教团队在实际应用中效果相当好。助教团队很好地解决了教师团队在统一性上的弱点。让教师团队成员有更多的精力投入到教学设计中，不必为细节问题分心。

（四）师生角色置换

这一环节在课程改革中带来了极大的变化。一般认为这不就是“反转课堂”的做法吗？事实上区别还是很大的。

表 4－5　师生角色置换任务

教师任务	教学设计 设计好课堂框架 点出难点 给出目标 听取学生设计并点评
学生任务	自学模块内容 在框架内设计课堂内容 在课堂上展示小组设计 实施目标

从表 4－5 可以看出，在课程改革中，“放权”做到了极致。即使是最重要的“教学内容”，都放手让学生去设计和实施。教师只告诉学生“准备做什么，需要学习什么”，但不具体教授学生所学的内容。然而这么做，是否有风险呢？

课程改革的教师团队经过多次讨论研究及评估。最终认为，上述做法完全可行。理由如下：

（1）上述9个模块的内容，对于大三的计算机师范专业学生，当然并非能够轻松掌握，但不要忽略他们在兴趣引导下的动力，以及自学能力。

（2）学生需要设计的课堂内容，目标对象是中小学的学生，并非专业精深内容，仅仅是入门级别的简单内容，不需要在该模块领域有非常深的造诣。

（3）学生并非单打独斗，而是组成一个小组去解决问题。

（4）学生小组的背后，始终站着一位专业教师，随时解决实施环节中的技术问题。

作为一个课程改革项目，走这一步险棋是必要的，是完全值得去尝试的。而最终的结果证明，教师团队一开始的担心是多余的，学生们完成得非常不错，结果可以用“意外”来形容。某些地方和环节，甚至比教师预先的设计还精彩，创意十足。

（五）教学方式

将教学划分为4个阶段：课前—课中—课后—学期总结。

（1）课前。

教师：完成本模块的教学设计和框架，指出难点，布置目标任务。

学生：自我学习，小组讨论，设计初稿，准备课堂展示。

（2）课中。

教师：听取学生的小组展示，点评，总结。

学生：小组代表上台展示小组设计，听取教师的点评。

（3）课后。

教师：对各小组设计的修改进行“一对一”的跟进，监督完成。

学生：修改教学设计，完善实验内容，制作作品或成果。

（4）学期总结。

教师：整理所负责模块的全部文档、资源及成果；引导学生对9个模块进行回顾和思考。

学生：对全学期的学习内容做一次完整的分类展示，理解本学期所学对今后工作的启发。

如图4-11所示，在学期结束的时候，举办了一场汇报会，将课程改革的成果以模块化的方式完整地呈现出来，通过与会代表提出的建议，对课程改革有了更进一步的深化。

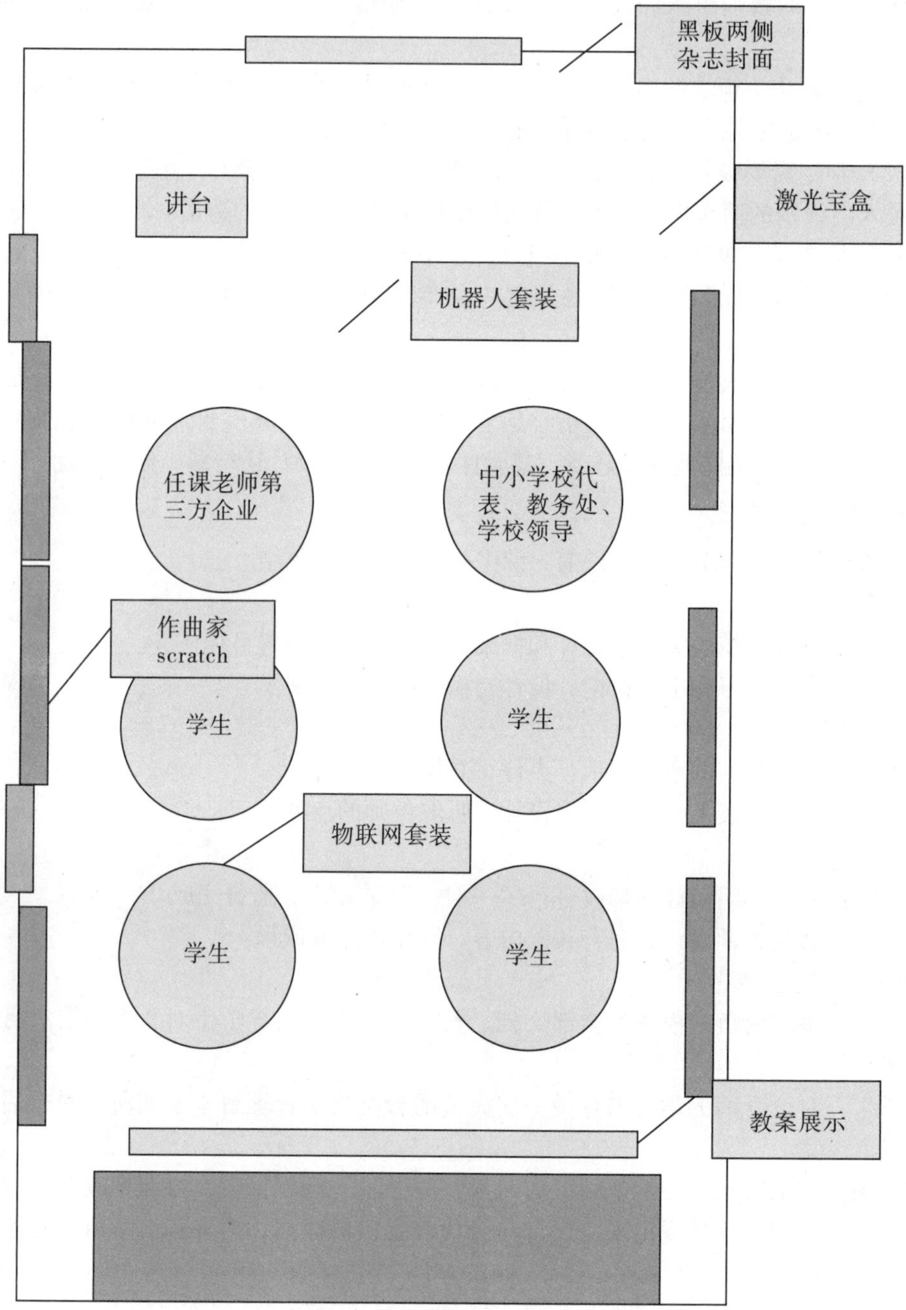

图 4－11　汇报会布置结构

（六）改革的成果

中小学信息技术实践活动课程改革活动的成果，主要体现在以下 6 个方面：

（1）一套面向大学生的教学内容。

课程从无到有，走访了多个高校/中学，了解到第一手的实际情况。摸索出适合大学生的教学内容，并划分出 9 个模块，分别对应不同层次的中小学对象，从易到难，结合不同素养的培养要求分别融合进课程模块中去。自成一个体系。

（2）一套面向中小学的信息技术课程教学内容。

针对一些中小学，解决了开设信息技术课程时选用什么教材的难题；改革另一成果是提供了一整套的课程教学内容，包括大纲、课堂设计、实验目录、实验器材等。

（3）一个对中小学信息技术课程对应实验室建立的有效指引。

对中小学学校而言，除了教材之外，麻烦还包括如何在有限的经费支撑下筹建实验室。经过改革的推进，通过反复的实践修正，摸索出如何以最经济的方式筹建一个可容纳 50 人的实验室。

（4）一组学生的系列作品。

改革的另一成果，是通过课程，发现了学生的创造力和丰富的想象力。通过收集学生团队完成的作品，可以发现课程中尚不完善的地方并继续改进。

（5）提升了学生的学习兴趣。

通过课程改革，大大提升了学生的学习兴趣和主动性。对知识和技能的掌握起到相当大的作用。

（6）促进了教师团队的磨合和成长。

通过课程改革，促进了教师团队的成长和团队协作能力，改变了以往教师做科研、做研究时单打独斗的局面。

（七）对未来毕业生的课程支持

它不仅是一次课程改革的探索，它完全可以演变成一个对计算机师范专业学生毕业之后的动力源泉，并由此形成一个良性的互动。

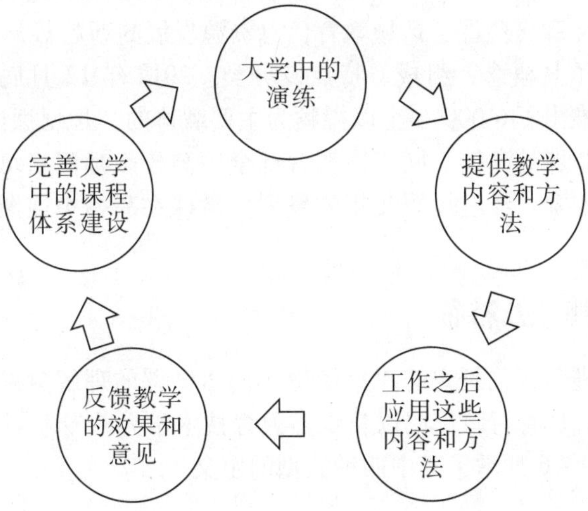

图 4－12　课程作用

如图 4－12 所示，这是一个闭环的探索，师范生毕业离校之后，仍然与高校的教研团队保持密切的工作关联，互为反馈，相互促进、提升。

4.4 核心素养视角下的课程改革与实践——以《微课设计与制作》为例

随着信息化浪潮的推动，国内越来越多的高等院校参与到信息技术环境下的教学改革中。教育部在 2012 年 3 月印发的《教育信息化十年发展规划（2011—2020 年）》中明确提出要以教育信息化带动教育现代化，着力培养学生信息化环境的学习能力、利用信息技术学习的良好习惯，提高学生在网络环境下提出问题、分析问题和解决问题的能力，进而促进教育创新变革。

在这样的大环境下，微课以一种新型的信息化教学资源成为当前教育信息化建设的研究热点，在一定程度上满足了教师的因材施教和学生的个性化发展，并且对重理论轻实践、授课形式单一的传统教学模式起到了补充、促进的作用，解决了教育需求多样性、灵活性、便捷性等问题。

4.4.1 微课起源

在 2008 年，美国新墨西哥州法明顿市的圣胡安学院高级教学设计师戴维·彭罗斯首次提出了时长 1 分钟的微讲座（micro lecture）的概念，并得到了良好的反馈效果。其核心理念是将课程中的教学内容与教学目标紧密地联系起来，将原本几十分钟的课堂提炼要点制作成几分钟的微型视频课堂，以产生一种“更加聚焦的学习体验”。从此，微课正式进入大家的视野。

在国内，中文“微课”一词最早由广东省佛山市教育局胡铁生提出。2011 年，胡铁生老师在发表的文章《微课：区域教育信息资源发展的新趋势》中提出了“微课”，并在文中详细论述了其概念、组成、特点及分类。2012 年 12 月底，华南师范大学和凤凰卫视集团联合推出了 6 000 多个以视频为主要载体的“凤凰微课”，成为国内第一所对社会免费开放微课的高校。同年，教育部全国高校教师网络培训中心也开始举办全国高校微课教学比赛。经过短短几年的发展，微课在高校中逐渐受到了广大师生的关注与重视。

4.4.2 微课概念及特征

微课实践的推进和相关研究的深化使得人们对微课的理解愈发深刻，其概念也在不断地发展和完善。教育行政部门以及众多教育技术学界的专家对“微课”一词均有着不同的解读，表 4－6 列举了其中四种典型的定义。

表 4－6　微课定义

研究者	定义	特点
教育部教育信息管理中心（2012）	微课，全称“微型视频课程”，它是以教学视频为主要呈现方式，围绕学科知识点、例题习题、疑难问题、实验操作等进行的教学过程及相关资源之有机结合体	强调微课的资源构成及教学过程
胡铁生（2013）	微课，是指以微型教学视频为主要载体，教师针对某个学科知识点（如重点、难点、疑点、考点等）或教学环节（如学习活动、主题、实验、任务等）而设计开发的一种情景化、支持多种学习方式的在线视频网络课程	深化微课的概念，强调微课的主要载体和应用情景
焦建利（2013）	微课是以阐释某一知识点为目标，以短小精悍的在线视频为表现形式，以学习或教学应用为目的的在线教学视频	强调微课的表现形式和教学目的
黎加厚（2013）	微课是指时间在 10 分钟以内，有明确的教学目标，内容短小，集中说明一个问题的小课程	强调微课的关键因素

从上述的定义可得，微课不是一个孤立的教学环节，而是以微型教学视频为主要表现形式，记录教师围绕某个主题或教学环节开展的简短、完整的教学活动，适合碎片化学习、移动学习和翻转课堂等多种应用场合的一种数字化教学资源。

按照微课的表达内容和应用目的，可以将其特征划分为以下四个方面：

（1）微课教学时间短。与传统的 45 分钟课堂相比，制作一个微课视频的时长一般不超过 10 分钟，因为在 5～8 分钟内教师基本能够讲透一个知识点，同时这个时长也更符合视觉驻留规律和认知学习特点，不会导致学习者疲劳和注意力分散。

（2）微课设计精致、紧凑。传统的课堂教学，教师有较多的时间来导入学习内容，也有相对充裕的时间来组织学习活动。微课视频时间长度较短，因此在内容的设计上必须精致、紧凑，不能拖泥带水，否则无法在规定的时间内完成教学任务。另外，教学内容必须经过精心筛选，该知识点是供学习者自主学习时，必须要教师讲述才能理解的内容。如果学习者能够自己通过阅读教材理解的内容，不需要教师制作微课。

（3）微课视频容量小。传统视频课时间长、容量大，精彩教学环节也不易搜索，主要用于教师备课和观摩交流学习。微课视频时间短、内容少，所以容量相对较小，一般只有几十兆甚至几兆，适应当下互联网播放视频的带宽和速度，给微课的管理和分享提供了物理保障。

（4）微课学习时间、地点灵活。相比于传统定时定点的课堂教学，微课的学习不受时间和空间的限制。学习者可以通过移动终端，随时随地选择自己感兴趣的内容来学习。对于难点问题，学习者还可以控制播放进度，重复播放视频进行思考、理解，直至完全掌握。

4.4.3 核心素养背景下师范生微课设计能力培养存在的问题

为适应教育信息化，高等师范院校应在保持原有传统师范技能的培养基础上，加强对师范生信息化教学技能的培养。在信息化教学技能培养中适度引入基础教育微课资源，既可以让师范生感受和接触真实的教学环境、教学方式，又可以让其加深对微课这种新型教学资源的理解，掌握微课制作和传播中的难点和要点，为今后的教育实践多掌握一项必备技能。但近年来师范生经过课堂教学实践后设计出来的微课作品却不尽如人意，具体原因分析如下：

部分教师对微课设计与开发的经验不足，在教学过程中缺乏对学科核心素养的渗透，在师范生实践时不能提供正确的指导，导致以师范生为导向的教学职能无法实现，加上课程采用的教材内容和技术相对滞后，与专业应用联系不紧密，影响了师范生学习制作微课的积极性。

师范生虽对微课的制作流程、主流的开发工具较为熟悉，但缺乏系统性的微课技能训练，面对综合型的微课设计往往会觉得手足无措。他们多数喜欢制作讲授型的微课，采用传统演示文稿 + 录屏工具的形式和开门见山的知识导入，设计相对呆板，缺少反馈功能，对学习者吸引力不足。

4.4.4 核心素养背景下师范生微课设计能力培养策略

信息技术核心素养是师范生应具备的适合终身发展和社会发展的品格和关键能力。教师要将教学理念“学会操作”转向“形成核心素养”，逐步提升师范生的信息意识，发展师范生的计算思维，驱使师范生在自主寻求、分析、解决问题的过程中形成数字化学习与创新能力，进而增强师范生的信息社会责任感。下面将通过四个方面的内容，介绍培养本学科核心素养的具体方法。

（一）创设问题情境，提升信息意识

信息意识作为信息技术学科核心素养之一，主要体现在学生对信息的敏感程度和信息价值的判断能力。在传统的课堂教学中，大部分教师都是按照教材中的案例进行演示，学生再仿照该演示步骤动手操作。这样的教学方式不但枯燥乏味，而且容易使得学生最终设计出来的作品都如出一辙，创新性不足。因此，培养学生的信息意识应该采用问题驱动法、启发式等教学方法，联系实际创设问题情境，使学生把信息需求转化为学习动机，养成主动获取信息、分析信息、加工信息和表达信息的能力。

1. 设计驱动问题

在课堂上，教师可以通过创设生动的问题情境，并提出启发性问题，将教学过程转变成探索问题、研究问题、解决问题的过程，进而激发学生的求知欲和探索精神。

在微课的设计流程中，图片素材的准备和整合是一个重要的环节。考虑到计算机专业的师范生之前已经学过数字图像制作、Flash 课件制作等课程，对光影魔术手、Photoshop、Flash 等多媒体创作工具均有一定的认识。所以，教师在介绍这节课的教学

内容时以一道数学应用题为案例，使用文字描述了父子追及的情景，然后询问学生创设这样的情境需要什么图片素材？这些素材怎么获得？利用哪些软件进行加工？经过一连串这样的提问引发学生进行思考。

2. 引导深度学习

教师鼓励学生结合情境主动积极思考、搜索并获取问题的答案，将学生引向深度学习，完成教学内容与教学情境的高效结合，让学生在学习中理解，在发现中提高，在生活中应用。

在上述案例中，教师没有提供图片素材及效果图供学生效仿，而是让学生考虑后，自主从网上选取适当的背景及人物素材。但是，大部分从网络上收集到的人物图片本身自带背景、水印，需要进一步加工、优化。于是，教师可以再次提出问题，让学生探讨在不同条件下，人物素材应该如何从源背景中抠取出来，并更好地融入到目标背景中。

3. 形成知识总结

学生在主动探究讨论的过程中，对比、反省、归纳思维模式及走向，并结合教师的指导和点拨，形成综合性总结，指向问题因而得以解决，分析能力也得到提高。与此同时，学生还深刻体验了从“数据”到“信息”到“知识”再升华为“智慧”的学习历程，信息意识得到强化。

比如上述例子，学生经过探索和实践，归纳了相关技巧，例如在 Photoshop 工具箱中，磁性套索工具可以抠出轮廓清晰但不规则的图像，魔棒工具主要用于边界色与背景色反差较为明显的选区，钢笔工具适用于边缘不连续且对精度要求高的选区等知识，并根据实际情况将其应用到作品中，加上笔刷的修饰和文字的注释，最终顺利地完成了自己的个性化学习成果（见图 4－12）。

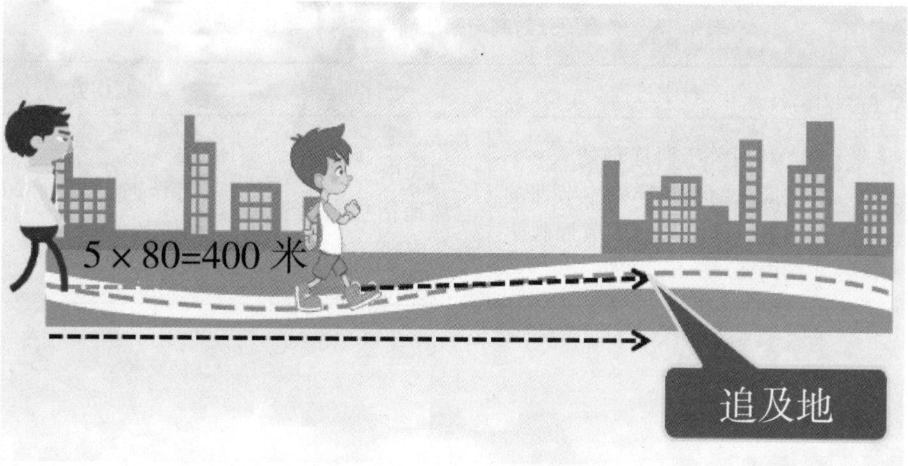

图 4－12　追及应用题学生设计作品

由以上实例可见，在课堂中创设恰当的问题情境，不仅能让学生在参与过程中构建新知识，还能激发学生获取信息的欲望，提高学生对信息敏锐的感受力和判断力，进而改掉原本自主学习能力差、被动的学习习惯。教师作为课堂的组织者和指导者，应该将学科核心素养充分渗透到教学设计中，引领学生在探究中掌握理论知识，在实践中提高技能，在面对难题时能够更加主动、积极地去收集、分析信息，寻找答案，逐步提升信息意识。

（二）开展项目教学，发展计算思维

计算思维，是指学生在运用计算机科学领域的思维方式解决问题的过程中产生的一系列思维活动。在信息技术教学过程中，教师应有意识地培养学生的计算思维，通过项目教学鼓励学生自主探究，让学生结合实际需求，合理运用信息技术工具，有效、精准地解决问题，同时不断整合和完善所学知识，实现“学与用”的融合，促进思维发展，形成创新与创造。具体可以分为五个步骤进行：

1. 确定项目主题

教师可以通过课堂提问、网络问卷调查的形式了解到学生的兴趣、学习期望，并结合学生现有的知识层次和能力水平，选取与教学目标相符合、与实际生活相关联、能有效提升学生各方面能力的项目主题，为培养学生的计算思维做准备。

2. 规划项目方案

在开展项目教学的过程中，教师应站在全局的角度对整个项目进行综合分析，引导学生将一个完整的项目分解成多个任务来完成，并合理规划项目教学设计方案，明确每个教学环节的设计理念和展示内容，确保项目的各项任务在规定的时间内能顺利完成。表4－7是“西周分封制与宗法制”微课教学具体实施的设计方案，该作品分为情景导入、新课探究、知识总结和练习巩固四个环节。

表4－7　“西周分封制与宗法制”微课教学设计方案

教学环节	教学过程	设计理念	制作方法
情景导入	利用关于西周创始人——周武王的视频导入本节课的内容，以此开展本节课教学的内容	引起学生学习兴趣，自然地衔接到本节课教学内容	万彩动画大师、Audacity音频编辑软件

续上表

教学环节	教学过程	设计理念	制作方法
新课探究	1. 讲解西周分封制： （1）以图片的形式展示分封制的实行情况，让学生正确理解分封制概念。 （2）导入烽火戏诸侯的故事，让学生通过故事的描述更加理解分封制中诸侯的权利和义务。 （3）讲授分封制的影响和作用。 2. 讲解西周宗法制： （1）运用动态的图示法，让学生理解宗法制的实施情况。 （2）讲解宗法制的目的和核心。 （3）讲授宗法制的影响和作用	1. 让学生简单了解西周的由来。 2. 理解西周分封制和宗法制的概念及其影响和作用。 3. 正确理解分封制和宗法制实行过程。 4. 熟悉西周的政治制度及当时的社会形势	Photoshop、PowerPoint 2013、Camtasia Studio 录屏编辑软件、万彩动画大师、Audacity 音频编辑软件
知识总结	总结分封制与宗法制的目的、内容、作用和弊端	归纳本节课的知识点，梳理知识结构，让学生产生清晰的知识体系	PowerPoint 2013、Camtasia Studio 录屏编辑软件、Audacity 音频编辑软件
练习巩固	通过三道练习题讲解，巩固本节课知识	巩固、强化本节课所学知识	PowerPoint 2013、Camtasia Studio 录屏编辑软件、问卷星网络试卷

3. 划分项目小组

为便于项目教学的开展，教师可以将学生分为若干个小组，每组设定为 3 ~ 5 人。学生根据自己的兴趣和技术水平进行组队和分配任务，针对每个教学环节选择恰当的制作方式，并根据组员的能力制定任务分工表（如表 4 - 8 所示），齐力推动项目高效进行。

表 4－8　项目教学小组任务分工表

项目名称	西周分封制与宗法制	学时	8 学时
组长	1 人	组员	3～5 人
姓名	任务分工		
A	利用万彩动画大师制作情景导入及新课探究中的动画内容		
B、C	利用 Photoshop 处理素材、PowerPoint 制作新课探究中的文字内容、问卷星平台完成网络试卷的习题及答案解析		
D	无线耳麦配音，并利用 Audacity 软件对音频进行剪辑，降噪处理		
E	利用 Camtasia Studio 进行录屏，并完成后期音频、视频的合成		

4．展开项目制作

展开项目制作是项目教学方案实施的中心环节。学生根据小组的任务分工表实施操作，同时加强与组内其他成员间的合作，共同对项目步骤进行探讨和处理，逐步培养自主学习、发现学习、协作学习的能力。教师在此阶段应关注各小组的进度，对学生讨论的情况给予适时的指导和建议。

例如，学生在使用演示文稿进行图文排版时，教师要及时提醒学生在幻灯片下方留出一定的空间，方便后期视频字幕的添加；在利用 Camtasia Studio 录屏之前，教师可以指导学生选择编辑区的“指针效果”，将“高亮效果”设置为“无”的同时取消“鼠标光标可见”复选框的勾选，避免鼠标指针对视频画面的干扰。

图 4－13　《西周分封制与宗法制》微课学生设计作品

5．汇报项目工作

各小组完成项目后，在课堂上进行项目成果汇报工作。各组代表将项目的制作流程及结果用准确、简洁的语言进行阐述，并接受其他各组成员的评价。在交流的过程中学生既可以了解各自项目的优缺点，也可以对组内项目的完成质量、是否达到预期效果进行自评。最后，教师对各项目的开展情况及成果进行评分和总结。在总结时教师应充分肯定学生的付出，对项目实施存在的缺陷提出完善建议，促使学生不断获取理论知识与实践经验。

在项目驱动下，学生以分组的形式参与到教学活动中，并通过共同研讨，明确了解决问题的思路和方法，完成了项目的有效构建，从而增强自身的成就感和学习的积极性。教师在此过程中应该给予一定的指导和建议，帮助学生把教材上的知识转化到现实生活中的具体应用上来，提升学生分析问题、自主学习、团队协作的能力，进一步发展学生的计算思维。

（三）开发移动微课，培养数字化学习与创新能力

数字化学习与创新是指学生能够在数字化学习环境下，充分利用数字化学习资源和工具，创造性地解决问题，从而有效输出数字化作品，形成创新的能力。

随着“互联网+教育”“互联网—移动终端—学生”的教学改革模式不断推进，基于HTML5技术开发的移动微课在当前教育界备受青睐，并快速广泛流行。学生可以通过网络和各种终端，在任何地方、任何时间访问到教师提供的数字化资源，开展研究学习，进行实时反馈，完成教师布置的学习任务。

HTML5（简称H5），是HTML、CSS和Java脚本的一整套技术的嵌入整合，主要用来进行宣传展示的工具和教育教学的新形式，适合移动互联网时代的教育教学需求。H5型微课的技术特点主要包括以下五个方面：

（1）丰富的多媒体特性。H5支持网页端的图片、音频、视频、动画等多媒体元素，摆脱了传统网页依靠各种插件实现多媒体播放的弊端。

（2）支持任意终端访问。H5型微课支持跨平台使用，并且能够根据移动终端分辨率的不同，自行调整页面的大小，确保界面整体比例协调、美观。

（3）传播共享方便快捷。每个H5型微课都可以生成二维码，并利用微信、微博等社交媒体传播分享。学习者通过扫码可以实现在移动终端上观看该微课。

（4）实现及时反馈功能。H5型微课可以使用表单、在线测试、数据统计等多种形式，收集、诊断学生的在线学习行为表现，并及时反馈给教师。

（5）易于修改和发布。教师可以通过丰富的开发平台快速制作H5型微课，并且根据不同的教学需求和实际情况对Web后台数据进行修改和更新。

根据上述特征，教师在设计教学时可以将移动微课作为切入点，引导学生利用开发平台设计、制作H5型微课，将传统的教学资源转变为数字化学习资源，以不断适应移动化、碎片化的学习环境，养成数字化学习与创新的习惯。制作H5型微课可以分为四个阶段：

（1）明确设计思路。与传统的微课制作流程相似，教师应该先让学生挑选合适的题目，确定教学目标，精心准备素材，再进行微课脚本设计。需要强调的是，H5型微课比较注重交互性，因此在设计脚本的时候可以适当加入超链接、动画效果、课后练习、测试表格等内容，给学习者带来丰富的互动体验。

（2）选择开发平台。目前网络涌现出一大批在线H5开发平台，如易企秀、炫课、MAKA、iH5互动大师等。这些平台多数采用模块化、积木式的形式，操作简便快捷，

学生无须掌握复杂的编程技术和安装应用程序就可以制作基于 H5 的精美场景，并进行传播和推广。

本案例使用易企秀在线开发平台（见图 4－14）制作 H5 型微课，它作为国内最先发展起来的 H5 页面开发平台，素材库场景丰富，功能齐全，字体数量高达百种，数据收集功能强大，主要用于活动邀请、产品展示、数据可视化展示、活动报名等应用场景需求的服务。在教学领域中，教师也可以利用该平台给学生推送学习材料，收集反馈信息。

（3）编辑微课内容。在教学实践过程中，学生可以利用易企秀中对微课内容进行编辑，具体步骤如下：

①创建场景。学生注册易企秀账号后登录，并通过模板或者空白页创建一个新的场景。

②编辑场景。

a. 左侧的模板区域提供各种版式、风格和多种互动模式的页面模板，学生可以利用模板区域快速添加封面、目录、封底等内容。

b. 上方的组件区域提供文本、图片、背景、音乐特效、视频等基本元素，学生可以点击相对应的元素获取丰富的素材；另外，学生可以选择“表单”命令在页面中快速嵌入试题测验、问答等交互式组件。

c. 中间的页面预览区提供页面的实时预览效果，学生可以实时查看、编辑页面。

d. 右侧的管理区域提供样式设置、动画效果以及页面的目录管理和切换，使用方便，同时优化了浏览体验。

③发布场景。学生完成场景编辑后点击“发布”按钮，将当前的微课作品以链接和二维码的形式进行发布。

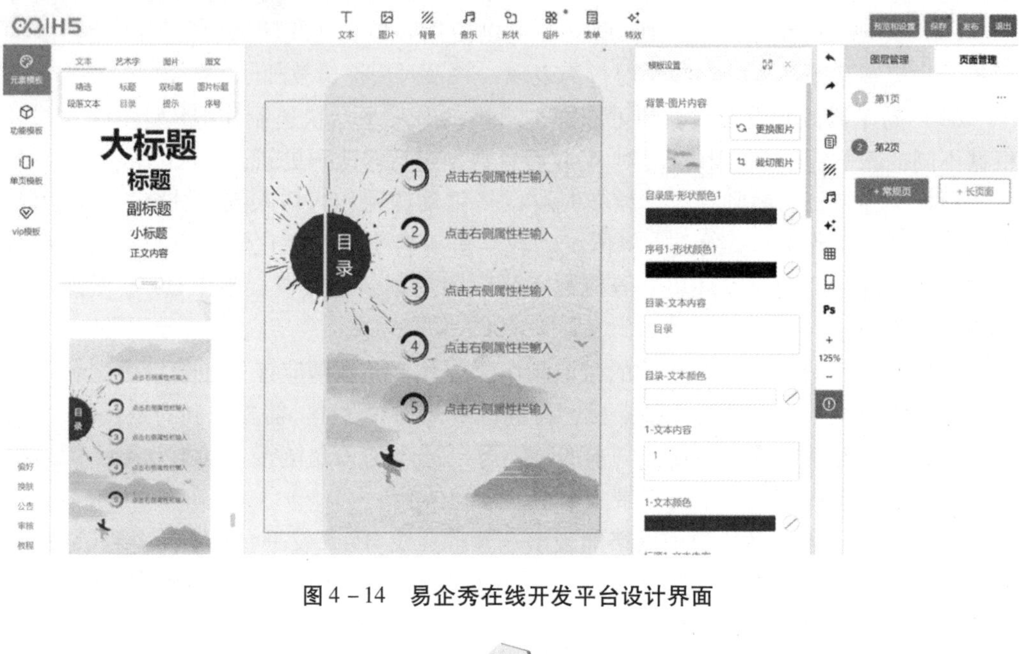

图 4－14　易企秀在线开发平台设计界面

（4）收集反馈建议。微课作品发布后通过 QQ、微博、微信等渠道进行传播与共享，学习者点击相对应的链接或者利用手机扫二维码即可进行学习，并利用微课中的选择题、留言板、评分功能进行实时反馈。学生在易企秀后台查看、分析、统计学习者提交的数据及反馈建议，从而进行教学诊断与评价。

移动互联网时代的学习必然要向移动互联、社交化学习等方式转变，基于 H5 技术开发的移动微课是未来微课的主流方向，具有广阔的应用前景。因此，教师应该不断改进教学方式，提高教育的时效性，将数字化学习与创新融入到微课的开发中，让学生感受到数字化带来的便利，继而培养学生的创新能力。

（四）引入案例教学，增强信息社会责任感

信息社会责任是指在信息社会时代学生能够具备信息安全意识和防护能力，遵守信息法律法规，维护个人和社会信息安全。作为未来的教师，师范生应该主动了解信息安全相关知识，努力提高信息道德水平，在运用信息技术时要严格遵守国家法律法规，不在网络上散布、传播不法言论。因此，教师在教学过程中要正确引导学生的人生观、价值观，结合实际案例引发学生思考，让学生在讨论中了解信息社会每个成员应当承担的义务，进而提高学生对信息的鉴别判断能力，增强学生的信息社会责任感。

1．选择讨论案例

教师在课堂传授新知识可以引入代表性的案例，激发学生的兴趣，并选择适当的时机引导学生自由发表意见。讨论的主题要切合课堂教学内容并且难易适中，让学生跃跃欲试。

例如教师在介绍“视频编辑”这节课时，可以提出一则网友制作传播虚假灾情视频的新闻，并让学生以小组形式讨论这位网友最终需要承担的后果。

2．交流讨论结果

小组成员可以记录下组内的观点，经过讨论后达成比较一致的看法，并应教师的要求向其他小组表述本组观点。在整个讨论的过程中，教师应该巡回指导、参与讨论，充分调动学生的情绪。

在上述案例中，小组成员各抒己见，其中有小组成员认为网络有很多自媒体和该名网友一样为了点击率故意制作虚假视频并进行传播，但是由于目前没有完善的互联网法律法规可以从根本上解决虚假新闻泛滥的问题，最终往往不了了之，所以该组的讨论结果是该名网友无法定罪。

3．总结拓展主题

教师应鼓励、表扬各个小组成员的发言，并根据学生讨论的结果加以总结和拓展，加深学生对案例的思考与探索，从而升华主题。

比如上述案例，教师首先要肯定小组的讨论成果，再公布制作传播虚假灾情视频网友最终被判刑的结果，接着解释原因是刑法修正案新增了编造、故意传播虚假信息罪，如果编造虚假的险情、疫情、灾情、警情，在信息网络或者其他媒体上传播，严

重扰乱社会秩序的，处 3 年以下有期徒刑、拘役或者管制；造成严重后果的，处 3 年以上 7 年以下有期徒刑，以此告诫学生网上并非法外之地，不能为了赚取关注度，利用视频编辑技术随意剪辑新闻视频、添加不实文字进行传播，以往可能最多是治安处罚，行政拘留几天，在刑法修正案（九）施行后，这种行为就可能构成犯罪了。

与此同时，教师应该倡导学生在遵纪守法的同时也要监督他人，主动承担维护网络信息安全的重任，如发现有虚假、不良信息应该自觉、及时制止传播，促使学生提升自身的道德修养，增强自身的信息社会责任感。

4.4.5 结语

微课作为一种新型的信息化教学资源，以教学时间短、容量小、设计精致等特征满足了学习者个性化学习的需求，有效弥补了传统教学模式中的不足。随着信息时代的迅猛发展，微课建设不断得到完善。同时，微课的教学应用也给师范技能的培养带来了新的机遇和挑战，师范生学习设计制作微课，并将其合理、创新性地应用于现实课堂教育教学中，已然成为高等师范院校师范生在接受相关教学技能教学中不可或缺的必修课。

因此，教师在实施教学改革工作过程中应该充分认识信息技术教育的价值，结合实际需求精心设计教学内容，整合教学策略，逐步强化教学效果，让师范生在良好的学习氛围下主动进行思考和探究，并深刻感受数字化教育资源与现代教育技术给传统教学带来的改变，从而促进师范生信息技术学科核心素养四个维度的有效达成。

第五章　核心素养导向下的第二课堂实践

实践创新是师范生核心素养的重要内容，是提高学生实践技能和应用知识技能的主导，高校第二课堂是培养学生正确价值观、全面提升核心素养、提高实践能力的主要阵地。以核心素养为主旨，以第二课堂为土壤，以创新创业为途径就能培养出具有创新创业能力的、能适应未来教育发展的师范生。

5.1　开展第二课堂的重要性

“第二课堂”的概念在教学过程中虽然被广泛地使用，但是具体的定义是不明确的。朱九思等著名教育家在《高等学校管理》一书中提出：第二课堂是在教学计划之外，引导和组织学生开展的各种有意义的健康的课外活动。这个课堂的活动包括：政治性的、学术性的、知识性的、健身性的、娱乐性的、公益性的、有酬性的活动等等。目前，第二课堂已经成为素质教育的重要组成部分，不仅在中小学中得到了普遍开展，在高校的教学中也成为一项重要的教育环节。

2016 年 9 月，团中央学校部将“第二课堂成绩单”制度在全国高校中推广。“第二课堂成绩单”在借鉴第一课堂做法的基础上强调，要客观记录学生在校情况、科学评价创业成绩、促进学生全方位发展、服务国家改革大局、提升学生工作效能、翔实地展现大学生的综合素质。2018 年 7 月，共青团中央、教育部联合印发了《关于在高校实施共青团“第二课堂成绩单”制度的意见》，明确指出了实施目标为：经过在课程设计、系统开发、制度构建、理论研究等方面探索，厘清“第二课堂成绩单”的科学内涵、工作内容、运行逻辑，努力形成行之有效的工作理念、工作机制和工作方法。通过客观记录、有效认证、科学评价学生参与第二课堂活动的经历和成果，促进“第二课堂成绩单”成为学校人才培养评估、学生综合素质评价、社会单位选人用人的重要依据。同时也系统介绍了“第二课堂成绩单”制度的育人机理和工作体系，提出通过系统梳理高校共青团的工作内容，以项目化、课程化的方式，用科学的评价机制和运行模式，使高校学生的思想道德、科技创新、社会实践和志愿服务等各项能力可记录、可评价、可测量、可呈现。在“第二课堂成绩单”创新创业板块，将记录包括学生在校期间参与创新创业的经历和成果，包括学生参与各级各类学术科技、创新创业竞赛和活动的经历及获得的相关荣誉，以及发表论文、出版专著、取得专利、创业实践等情况。

高校第二课堂主要以开展活动、项目实践、创新创业等形式进行，对学生价值观养成、素质全面提升、实践能力提高有较明显的作用，能有效地拓展人才培养模式，能有效地促进学生就业。目前，高校中的第二课堂基本上覆盖了学校教学的全过程，能够服务于绝大部分的学生。虽然丰富的教学资源可以激发学生强烈的求知欲，但是还有许多同学由于受到传统教育观念的束缚、学习压力较大等原因，没有积极参与到第二课堂当中。高校教师大多数对指导学生第二课堂都抱有十分积极的态度，同时也由于与工作任务冲突、时间不足等原因导致许多教师没能充分地参与到第二课堂的活动中。

5.2 创新创业

创新创业作为高校第二课堂的重要内容，从 20 世纪 90 年代就已经开始，至今，国家出台了各级各类文件推进高校创新创业教育发展。2010 年教育部印发了《关于大力推进高等学校创新创业教育和大学生自主创业工作的意见》。2015 年，李克强总理在政府工作报告中提出“大众创业，万众创新”，并被提升到中国经济转型和稳增长“双引擎”之一的高度。随后国务院出台《关于大力推进“大众创业，万众创新”若干政策措施的意见》，2017 年党的十九大报告指出“创新是引领发展的第一动力，要培养造就一大批青年科技人才和高水平创新团队”；2018 年李克强总理做的《政府工作报告》指出：“促进大众创业、万众创新上水平。打造创新创业升级版，跑出中国创新加速度”。创新创业已经成为经济发展的新常态，形成了良好的创新创业生态环境，极大地调动全社会创新创业的热情。高校大学生作为创新创业的主要群体之一，在“大众创业，万众创新”过程中发挥着重要的作用。

5.2.1 创新创业的概念

“创新”和“创业”是两个不同的概念，创新的核心在于“新”，美籍奥地利经济学家熊彼得在《经济发展理论》中提出，创新是“建立一种生产函数，在经济活动中引入新的思想、方法，实现生产要素新的组合，并进入生产体系”。美国经济学家华尔特·罗斯托把“创新”的概念定义为“技术创新”，把“技术创新”作为创新的主导。国内学者马晓君等认为，创新是指“人在认识和改造客观对象的过程中形成的主观能动性，并且是人类主观能动性的高级形态”。

对于“创业”的概念，霍华德·斯蒂文森认为创业就是察觉和追逐机会的意愿和获得成功的信心和可能性。高德纳认为，创业包括两个方面：创业家的个人特性和创业的行为结果。国内学者罗天虎提出：创业活动是“一项具备开拓性、自主性和功利性特点的活动”。

“创新创业”不同于“创新”，也不同于“创业”。百度百科中将“创新创业”描述为“创新创业是指基于技术创新、产品创新、品牌创新、服务创新、商业模式创新、管理创新、组织创新、市场创新、渠道创新等方面的某一点或几点创新而进行的创业活动。创新是创新创业的特质，创业是创新创业的目标”。创新创业是基于创新基础上的创业活动，既不同于单纯的创新，也不同于单纯的创业。创新强调的是开拓性与原创性，而创业强调的是通过实际行动获取利益的行为。因此，创新是创业的基础和前提，创业是创新的体现和延伸。

5.2.2 创新创业教育与师范生核心素养

（一）创新与师范生核心素养

实践创新是师范生核心素养的重要内容，目标是培养学生的创新意识、提高理论与实践相结合的能力、培养应用所学知识解决生活和社会问题的能力、提高实践技能和应用知识技能的创新能力，培养师范生的创新能力是教学工作中的一项重要任务。

1. 培养师范生创新能力的重要性

初等教育阶段学生的思维正处于抽象思维逐渐增强的过渡阶段，是青少年思维发展的重要时期。这一时期也是创造意识萌发、创造思维形成的关键时期，对于青少年能否成为具有创新能力的人才至关重要，创新教育在这一阶段更凸显了其重要性。要实施创新教育就要发挥教师的作用，就要求教师要具有能够承担创新教育的能力。著名教育家陶行知曾经指出：“处处是创造之地，天天是创造之时，人人是创造之人。”师范生是基础教育的中坚力量，只有具有创新意识和创新能力才能将创新思维带入教学之中，才能在教学中处处融入创新，才能让学生成为有创新能力之人。

2. 教师要具有培养学生创新能力的意识

高校学生是从长期的应试教育中走过来的，他们的创新意识和创新能力受到了较大的束缚，在高校教育中应该重视挖掘学生的创新意识、培养他们的创新精神。教师是整个教学过程的规划者，要培养具有创新意识的师范生，同样也要求高校教师要具有创新意识，更重要的是需要教师将创新理念引入到课堂之中，把创新意识传递给学生。教师要根据社会的需求及时更新教育理念，充分发挥课堂主导者的作用，在传授知识过程中、在培养学生实践能力过程中，甚至是通过自己的言行举止把创新意识和思维传递给每个学生。

在应试教育环境中，从小学开始学生就一直在教师的教导下成长，学生一直在仰视着知识渊博、高高在上的教师，这就造成了学生与教师之间的地位的不平衡。这种不平衡的关系制约了学生的创新思维，因此，大学生的创新教育要从转变高校教师与学生之间的不平衡关系开始，要从教师的教育思想意识开始。要打破这种不平衡的师生关系，首先要在教学过程中创设民主和谐愉快的教学氛围，要创造大胆质疑勇于创造的氛围，允许学生质疑，鼓励学生质疑，允许学生犯错，鼓励畅所欲言，让学生满怀自信地去学习。

3. 在学科教学中融入创新内容

在备课过程中要根据授课知识类型对课程进行划分，把应用类、实践类章节作为创新能力训练的重点内容。首先要对知识架构进行重新整合，将知识点绘制成知识图谱，把技能训练或实践内容按照与知识点连接的紧密程度分层次挂接到知识图谱中，然后以部分技能训练点为基础构成“创新”训练点。创新训练点的设计可以采用多种方式，最直接的是采用命题方式，即教师根据教学内容预先确定要完成的题目由学生来完成，这种方式适合难度较大的内容。也可以采用条件约束方式，即由教师制定要达到的目标、必须要含有的技术等约束条件，具体的题目和实现方式由学生自主确定，这种方式具有一定的启发作用，能够调动学生的主观能动性，能对特定的知识点进行强化学习和训练。

信息技术的高速发展改变了人们的生活方式、交流方式，教育教学方式更应该适应社会、服务社会。新课程改革、新工科等课程改革方式正是为了适应信息社会的发展而产生的，这种改革会一直以不同的表现方式持续下去。因此，在教学中要勇于打破传统的教学方式，以增加师生互动、提高教学效率、培养学生能力、启发创新思维等为目标，创新教学方法。在教育理论的指导下，创设愉快和谐、生动活泼、积极探索的课堂氛围，创设以学生为主体、以教师为主导的教学过程，营造大胆质疑、大胆尝试、不畏困难、勇于创新的学习环境。

探究式教学法是一种经常被采用的教学方法，这种方法能激发学生的学习热情，提高学生的创造性思维。采用该方法一般是由教师提出多个具有递进关系的命题，启发学生进行探究，避免难度跨越过大、内容不具体等问题。项目驱动法也是经常采用的方法之一，项目驱动法一般以学习小组的方式进行，适用于阶段性、综合性练习；项目驱动法不设定具体的技术路线，是以实际需求为出发点进行项目构建，进而对项目进行分析设计，采用可行性高的技术方式实现项目。从项目的选题到项目设计，从项目制作到项目测试验收，教师主要以指导的方式介入，而学生是整个过程中的主体，能充分发挥学生的创造力，培养团队沟通交流能力，发展学生的合作创造性人格。在教学中要经常引入学科领域前沿知识信息，引入国家科技发展动态信息，引入科技创新案例。

4. 考核评价方式中要体现“创新”内容的评价

在课程考核中要包含“创新”能力考核部分，考核方式应该采用过程性评价，避免采用终结性考核方法。过程性评价不同于终结性评价，强调对学习过程中的学习情况进行评价，强调学生的本身参与性，促进学生在学习过程中的不断发展。过程性评价有两个重要特征：第一，关注学习过程。学生在学习过程中会采取不同的学习方式，不同的学习方式会产生不同的学习结果。传统的评价方法主要侧重于对表层式学习方式所产生的学习结果进行评价，造成评价结果不准确，使得学生过多地采用表层式学习方式，不能调动学生的学习参与的积极性，无法进行创新内容的评测。过程性评价关注学生学习过程中的学习方式，通过对学习方式的评价，将学生的学习方式引导到深层次的方向上来。在深层次的学习中树立学生正确的学习动机，掌握适合于自己的学习策略，从而提高学习的质量与效果。第二，不界定评价范围。传统的目标导向的学业评价，将评价范围界定在教育者认为重要的有限范围内，这使得评价导向的积极作用被削弱。过程性评价将整个学习领域都作为评价的范围，认为凡是有价值的学习结果都应当得到评价和肯定，这种方式能提高学生学习积极性，增加学生主动参与到学习过程中的热情。过程性评价的这两点重要特征适合对学习过程中的“创新”点进行评价。通常过程性评价按照评价主体可以分成学生自评、学生互评和教师点评三类，在不同的评价方式中都要加入“创新”评价部分。例如，在学生自评中要求学生展示一下创新点或者是特点；在互评过程中要求学生要指出所评价的学生作业或项目的优点与不足，并且要提出改进的建议。通过这种方式能够使学生在评价者和被评价者之间进行角色转换，有利于激发学生的创新意识和创新思维。

（二）创新创业与师范生核心素养

随着我国经济的高速发展，对人才的要求有了新的变化，尤其是在“大众创业，万众创新”的形势下，创新创业成为社会发展新的驱动力。目前，大学生就业率低、就业困难和就业质量不高等问题一直困扰着高校教育，高校的教育急需培养具有创新能力的应用型人才的结构体制，急需培养有创业能力人才的方法和措施，在师范生核心素养教育中强调创新创业教育是一种行之有效的措施。

创新创业是以创新为前提和基础，以创业为未来达成的主要目标。虽然师范生的职业规划目标是基础教育教师，但是，现代教育更加注重高等教育的自主发展。师范生核心素养中强调学生要有效管理自己的学习和生活，认识和发现自我价值，发掘自身潜力，有效应对复杂多变的环境，发展成为有明确人生方向、有生活品质的人。师范生核心素养中也强调学生的社会责任，强调要养成现代公民所必须遵守和履行的道德准则和行为规范，增强社会责任感，提升创新精神和实践能力。在“大众创业，万众创新”的形势下，师范生不但要有这种社会责任，同时也要承担起创新创业教育的责任。开展师范生创新创业教育主要有以下两种方式。

1．开设创新创业选修课

如果要通过创新创业教育来提高师范生核心素养，就要改变传统教育模式，就要按照创新创业培养目标来展开教育教学，选修课成为了开展创新创业教学的普遍方式。有调查结果显示：73%的大学生期待学校可以开设创新创业教育必修课或选修课。

创新创业选修课要注重授课内容的选择，课程教学内容要与时俱进、联系实际，要适应社会的发展。如果教学内容脱离实践就不能给学生以正确的引导，甚至造成误导。要注重培养学生的思想品格和诚信精神，要培养学生的企业家精神。教学方式也要采用课内和课外相结合的方式，可以在教学中聘请成功的创业者或企业家进行辅导或举办讲座，也可以让学生深入社会去实践，去接触现实的就业场景，体验就业环境，感受创业的氛围。

2．积极参与创新创业竞赛

“以赛促学，以赛促教”教育模式的宗旨是通过竞赛激发学生学习的主动性和积极性，提升学生的创新能力，提高学生的综合素质，培养学生理论应用于实践的能力，培养学生为社会服务的意识。以竞赛为驱动力可以促进教学改革，也可以把竞赛引入到课堂。例如，在教学中把一些提问改成抢答方式；也可以通过在学习小组间进行比赛的方式，并且将比赛的结果进行记录作为课程成绩的一部分；也可以在教学中运用“项目驱动法”进行教学，在项目考核中把自我评价、学生互评、教师点评结合起来，让学生有一个充分的相互比对，树立竞赛意识。

每年教育厅、学科教学指导委员会、某些专业协会都会举办相关学科竞赛，如全国大学生电子设计竞赛、挑战杯、全国大学生“互联网+”大赛、计算机应用设计赛、全国大学生物联网设计赛和师范生技能赛等，这些比赛都是检验学生学习成果和能力的试金石。指导教师首先要根据每年与本学科相关的竞赛制订参赛计划，然后有目的、有计划地进行宣传，鼓励学生报名。要根据学生的知识水平、学习能力、实践能力、兴趣和特长协助学生组建团队，分阶段进行培训，并根据学生团队的特点引导学生有目标地进行拓展学习，按照计划进行辅导并定期进行检查督促。在参加竞赛前要与其他指导老师一起对各个竞赛组进行集中汇报和演练，虚心听取其他老师的指导建议，完善参赛作品。通过有计划有组织的学科竞赛既可以调动学生自主探究未知领域的探索精神，也可以激发学生的创新意识，更能够养成自主学习的好习惯。在参加竞赛的过程中学生都加入了一个良好的团队，使他们树立了团队精神、增强了合作观念。通过竞赛也增进了学生与其他院校和社会企业的交流，创设了团结协作相互学习的氛围，开阔了视野，提高了自身的实践能力和创新创业能力，为学生毕业之后能更好地就业奠定了坚实的基础。

教师在指导学生竞赛过程中能够更好地发现学生在哪些方面存在问题，通过分析学生存在的问题进而更好地总结教学经验，及时调整教学策略，改变教学方法，不断丰富知识的广度、提高知识的深度，提高自身的创新创业素养。教师在开展教学改革的时候可以将竞赛的成绩纳入课程最终成绩考核中来，将竞赛成绩与学生课程考核成绩相结合，适当设置权重比例，以此来促进学生参与各类竞赛的积极性。

“以赛促学，以赛促教”的教学模式也需要营造一个良好的生态，例如，学校颁发了明确的相关政策和文件，鼓励教职工和学生积极参与各类型竞赛，鼓励教师参加竞赛培训，组织指导教师外出学习，参加创业路演。组建了多个与学科竞赛相关的科研教学团队和学生社团，提供场地、经费和仪器设备，根据竞赛结果对指导教师和学生进行奖励。有了这样良好的环境，极大地调动了教师和学生的积极性，学校历年来在各级竞赛中都取得了较好的成绩，毕业生就业率和就业质量逐年提高。

5.2.3 创新创业的组织开展和培养模式

（一）创新创业的组织和开展

（1）培养学生创新创业意识，提升学生创新创业能力，首先要建立健全创新创业教育体系。高校在创新创业体制建立上一般采用创新创业学院、创新创业基地和创客中心、创新团队三级管理方式。创新创业学院由学校创设，下属的基地、创客中心由创新创业学院建立和管理，学生的创新创业项目和活动由创新创业学院统一管理，具体教育内容和实践活动由各基地和中心开展。这种体制下，学校对创新创业教育给予了极大的支持，加大了政策扶持力度，健全优化了相关基地和设施，提供了可靠的资金保障，为广大师生提供了良好的创新创业空间。

（2）开展创新创业训练项目，以项目驱动法进行创新创业教育可以弥补本科院校实践类课程较少的缺陷。一般高校的创新创业学院每年都会在大一和大二年级学生中开展大学生创新创业训练项目，有组织地开展项目申报、项目评审、项目进行、检查和结项评审，积极举办相关培训讲座，为学生项目团队指派指导教师。通过学生与指导教师一起进行创新创业训练项目的研究开发，在开发过程中学生可以体验到科学研究与开发的过程，项目成果可以参加相关学科竞赛。

（3）要引导学生积极主动投身于创业之中，对于有社会价值或应用价值的成果更要鼓励学生参加创业项目设计孵化。创新创业学院定期举办创新创业指导教师培训活动，对优秀校友的创业事例进行宣讲，提高指导教师和学生的创业意识，近距离接触创业实例。学校的激励措施也起到了比较重要的作用，例如对创业项目进行场地和资金扶持，对取得成果的指导教师和学生进行奖励。学生完成创新创业训练项目以后可以申报省级或者国家级项目，对于完成效果较好并且结项的项目可以进行学分置换。

（二）培养模式的创新

创新创业教育属于能力教育范畴，为了达成这一目标培养模式就要进行相应的创新。开展创新创业教育要基于学校发展定位，要坚持“人才培养是根本、学科建设是龙头、队伍建设是关键、体制机制改革是动力”，要基于创新创业教育的目标，根据专业培养标准，建立科学合理的课程体系，加强实践环节，增强学生自主学习环节。加强通识教育，设置创新创业学分，建立创新创业学分认定标准。

在专业课教学中进行教学改革是培养模式创新的主要方式之一，凡是能够提升学生自主学习能力、能够提升学生的实践能力、能够培养学生创新创业的能力的培养模式都是创新培养模式。教学改革中首先要设定课程改革的目标和人才培养目标，除了知识目标以外，还要有能力目标，更要有创新创业能力培养目标。培养模式的创新必须改变传统的授课方式，要以学生为主体，以教师为主导，要突出学生的主体地位。提倡以讨论、研究、质疑、辩论等方式开展多种多样、丰富多彩的课堂活动，改变教学思路和风格。推广大学生创新创业训练项目，以教师教学团队、科研团队为支撑，以学生创新创业为主体，形成教学、科研、创新、创业为一体的教学氛围，充分利用学校的产业学院、创新创业基地、产学合作平台、教育实习实践基地等资源，形成产学研创新创业生态链。在学校有关部门组织和管理下组建各类学生创新创业社团，丰富学生文化生活，将创新创业理念和行动根植于学生的学习生活之中。

5.2.4 创新创业评价

高校的创新创业活动是一项全校性的活动，是由学校有关部门计划、实施和评价的，一般都有健全的管理和评价体系。创新创业评价体系一般分为课内和课外两部分，课内的评价主要由任课教师来进行，一般是与教学改革相结合，主要的方式是以一定的权重和比例在教学评价中加入创新创业部分。课外创新创业的评价由于开展的形式丰富多样，因此评价形式也比较多，但是，一般都以形成的结果作为评价的主要依据。例如把创新创业项目是否结项作为评价标准，也有把参加竞赛获得的成果等级、是否发表了学术论文、是否有初创公司、是否进入创业孵化基地等引入到评价体系当中。表 5－1 是计算机科学与技术专业“传感器技术与应用”课程的创新内容评价表。

表 5－1 “传感器技术与应用”课程创新评价参考表

一级指标	具体内容	权重/分	得分/分
创新思维（10 分）	是否有创新思维	0～5	
	是否在实践中体现了创新思维	0～5	
课程作业（20 分）	单元检测中是否有创新	0～5	
	课程作业中是否有创新内容	0～5	
	创新内容是否明显	0～10	
团队合作（20 分）	在团队中承担任务的主动性	0～5	
	探索精神	0～10	
	组员互评	0～5	
自评（10 分）	对团队的计划、实施、分工、完成情况进行评价（5 分），创新点和推广价值评价（5 分）	0～10	
互评（10 分）	创新点和推广价值（至少提问两个问题）	0～10	
课程作业展示（30 分）	创新不明显	0～10	
	有创新	0～5	
	创新点明显并有一定的社会意义或推广价值	0－15	

5.2.5 大学生创新创业训练项目案例分析

（一）基于肌电臂环控制的排爆机器人项目

下面以大学生创新创业训练项目“基于肌电臂环控制的排爆机器人”为例，说明训练项目的立项、开展、结项等过程。

1. 项目题目的确定

指导教师与学生一起讨论分析，初步确定题目，由学生团队对该题目进行可行性分析、市场环境调查、创新性论证和社会效益分析等工作，明确成员的分工。经过反复论证后才能最终决定题目是否符合训练目的，如果不符合要进行相应的调整和重新论证。在此期间学生要经常与指导教师保持沟通，以免影响工作效率，教师在这一环节的作用是很重要的，要以自身的知识水平和能力带动学生，确保题目的可行性。可行性分析结果和成员分工如下：

（1）可行性分析概要。

基于肌电臂环控制的排爆小车是通过专业的肌电感应器和九轴姿态传感器检测臂部肌肉群的动作——感知用户手臂的运动，对搜集到的数据进行分析处理后通过蓝牙模块传输到小车 Arduino 控制板，进而控制小车做出相对应的行为。项目的肌电臂环作为穿戴式设备的一类，利用这类穿戴式设备控制可以实现肌电臂环对排爆小车的临场控制，使排爆小车能够根据操作者的手指和手臂变化去做出相应的动作，在将来为人体穿戴隐形、便捷的设备做基础。也可以通过臂环控制类似排爆机器人之类的机器人进入危险区域或者带离危险物品和爆炸物等，减少人员的伤亡。从未来的发展来看，穿戴式控制系统有一定的市场前景。

（2）作品的科学性与创新性。

科学性：该系统采用的机器人结实耐用、维修简单、通用性好、可靠性高，而臂环利用专业的肌电感应器和九轴姿态传感器，侦测手臂肌肉群的动作，感知用户手臂的位置和运动，从而判断各类手势，甚至手指微微颤抖这种细致的动作。在感应到这些动作以后，通过蓝牙 4.0 模块传输数据到 Arduino 板执行相关的指令。

创新性及独特之处：其他控制产品大都是通过摄像头识别用户动作。而臂环可以通过用户运动时胳膊上的肌肉产生的生物电变化对动作进行识别，达到人机交互的目的。项目采用简洁的手势进行控制，例如握拳、左右摇摆、张手，或者进行这些动作的组合。

（3）成员分工。

表 5－2 是项目组成员分工表，也可以结合甘特图来说明。

表 5－2　成员分工表

成员	成员职责（在项目中的主要职责）
组长	任务分配、项目设计、程序编码、项目测试、工作总结
组员 1	查阅资料、项目设计、程序编码、项目测试、数据记录
组员 2	查阅资料、项目测试、资料文档整理

2. 项目实施

训练项目经过指导教师审核后由学校有关部门组织专家进行评审，需要修改的项目要认真分析专家建议，通过查阅资料，或者是通过验证性试验来解决这些问题，然后重新提交，经过审核批准的项目就进入到了项目实施阶段。项目实施过程包括需求分析、概要设计、详细设计、实现与测试等环节。下面是“基于肌电臂环控制的排爆机器人”部分开发过程的节选。

（1）需求分析。

“穿戴式智能设备”是应用穿戴式技术对日常穿戴进行智能化设计、开发出可以穿戴设备的总称，如眼镜、手套、手表、服饰及鞋等。广义穿戴式智能设备包括功能全、尺寸大、可不依赖智能手机实现完整或者部分的功能。例如：智能手表或智能眼镜等。穿戴式设备也有只专注于某一类应用功能的设备，这类设备需要和其他设备如智能手机配合使用，例如，各类进行体征监测的智能手环、智能首饰等。随着技术的进步以及用户需求的变迁，可穿戴式智能设备的形态与应用热点也在不断地变化。

穿戴式智能设备拥有多年的发展历史，思想和雏形在 20 世纪 60 年代即已出现，而具备可穿戴式智能设备形态的设备则于 70—80 年代出现，史蒂夫·曼基于 Apple-Ⅱ 6502 型计算机研制的可穿戴计算机原型即是其中的代表。随着计算机标准化软硬件以及互联网技术的高速发展，可穿戴式智能设备的形态开始变得多样化，逐渐在工业、医疗、军事、教育、娱乐等诸多领域表现出重要的研究价值和应用潜力。目前国内对于穿戴式的有关设备没有比较成熟的技术，项目作为穿戴式系统的一类，需要清楚地理解基本原理，为未来更精确、更便捷的设计打下基础，随着科学技术和生产工艺的进步，社会和企业都对穿戴式设备有更多的需求。

（2）概要设计。

整个系统结构由肌电臂环内部的九轴加速度传感器和肌肉电传感器构成，由肌肉电传感器检测臂部肌肉群的动作，由数据传输模块将各类手势数据传输到排爆小车上的 Arduino 单片机控制板上，Arduino 单片机根据得到的数据进行判断，根据编写的程序控制排爆小车上的舵机和电机做出相对应的转动。系统结构图如图 5－1 所示。

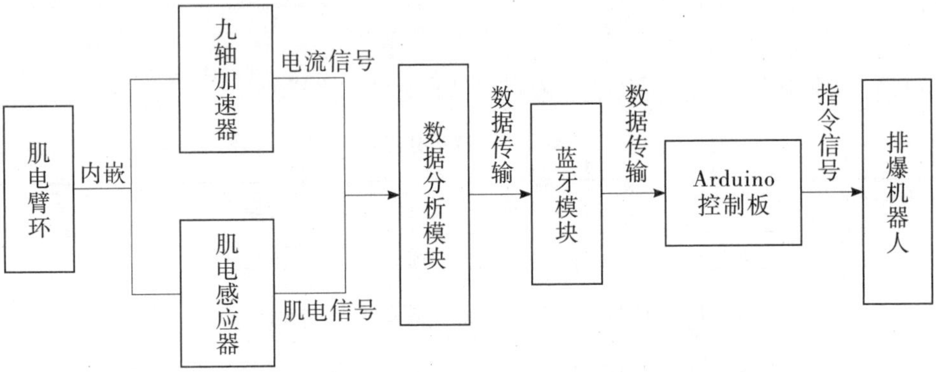

图 5－1　系统结构图

（3）详细设计与实现。

在实际操作中发现肌电臂环操作者的手势有时可能会不准确，可能做出模棱两可的手势动作，加上肌电传感器获取的数据太多且有一些不是实际数据，为了保证控制的稳定性和准确性，设计了几种准确度较高的手势，并进行了多次测试。通过各个肌电传感器得到的数据与常用的手势数据进行对比，得到了符合该手势的数据，各类手势定义如表5－3所示。然后，根据已经测试出来的手势数据与肌电臂环上的六个肌电传感器得到的数据进行比较处理，首先去除与实际数据相差较大的数据，只留下符合的数据。这样得到的数据才能通过蓝牙通信模块发送给Arduino单片机，从而精确稳定地控制排爆小车，避免由于手势不对而做出错误的控制。

表5－3　手势定义表

手势	作用
握拳	小车模式：前进 机械臂模式：当前控制的舵机ID－1
张开手指	小车模式：后退 机械臂模式：当前控制的舵机ID＋1
左内翻	小车模式：小车原地左旋转 机械臂模式：控制当前舵机角度减小
右外翻	小车模式：小车原地右旋转 机械臂模式：控制当前舵机角度增加
虚捏	切换控制模式
射击	切换舵机的转速
放松	停止当前动作

机器启动之后，默认小车操控模式，由四个手势分别控制小车的前进、后退以及左、右旋转。进入机械臂模式之后，默认控制1号舵机，控制舵机顺序为1～6号，握拳表示当前舵机ID号减1，当前为1时，握拳后当前控制舵机号为6；张开手指，则控制下一位舵机。

左内翻和右外翻控制舵机的运转方向

对数据进行了分析和处理，设计了基于SEMG过滤库的精准识别手势算法，通过SEMG过滤库对肌电臂环得到的数据进行过滤处理，去除其中大量的无用数据，降低了无效数据的干扰，得到了有效的手势数据，提高了手势识别的准确度。

由于肌电臂环操作者之间的手臂结构差异、动作不标准、戴的位置和各个肌电传感器的位置不一样等原因，最后得到的数据也会与数据库里的数据有一些差别，导致臂环不能识别出手势或识别手势有误，影响到操控的准确性。针对这个问题，通过多次实验，对多个人的多种手势数据进行了分析，最终确定出最大的允许波动范围，使数据在合理范围内时都能够符合基于SEMG过滤库的识别手势算法，提高了肌电臂环的识别率，缩短了系统响应时间，在提高小车反应速度的同时，也保证了小车的稳定性。

在实际操作中还发现，在操控排爆小车时，出现了速度太快或机械臂不可控的情况。经过研究发现了一个现象：操作者的手势被识别之后，执行的速度都比较快，这是为了加快小车的响应速度，例如前进等操作。由于在这种情况下舵机电机的转速过快，造成了运动误差增加，超出了规定的范围。为了解决这个问题，采用了在某些特定情况下通过变速手势降低舵机电机速率的方法，这样就能实现更准确的操作。

（4）测试和分析。

对基于 SEMG 过滤库的手势识别算法、速度切换算法等进行了测试，测试结果如表 5－4 所示。

表 5－4　手势测试表

手势	意义	测试人数/人	每人测试次数/次	成功率/%
握拳	小车模式：前进 机械臂模式：当前控制的舵机 ID－1	10	50	95.4
张开手指	小车模式：后退 机械臂模式：当前控制的舵机 ID＋1	10	50	94.7
左内翻	小车模式：小车原地左旋转 机械臂模式：控制当前舵机角度减少	10	50	93.5
右外翻	小车模式：小车原地右旋转 机械臂模式：控制当前舵机角度增加	10	50	94.5
虚捏	切换控制模式	10	50	91.3
射击	切换舵机的转速	10	50	91.4
放松	停止当前动作	10	50	97.9

3. 结项

大学生创新创业训练项目的结项是一项重要的工作，结项过程既是总结、验收的过程，更是知识凝聚升华的过程。学生在结项过程中能够加深对项目知识体系的深度和广度两个维度的认识，能够对科学研究的方法有比较全面的理解。在总结中不但可以发现自身存在的问题，也可以获得成就感、增加自信心，从而激发学生主动学习和探究的热情。大学生创新创业训练项目的结项分为预结项和结项两个阶段。

（1）预结项阶段。

首先由学生填写“预结项申请”并提交。预结项申请包括项目基本信息、参加学科竞赛获奖情况、发表论文和申请专利情况、同行教师评价、指导教师意见等内容。预结项申请经过所在二级学院审核后提交到学校创新创业学院，由创新创业学院对预结项申请进行评定审核，并做出验收结论，验收结论分为通过、暂缓通过、不予通过三类验收结论。

（2）结项阶段。

预结项验收结论为通过的项目就可以进入结项阶段。结项阶段由学生按照创新创业学院的结项要求提交结项材料，创新创业学院的结项材料包括以下 10 个部分。

①封面（自行设计）。

②第二页为结项报告书扉页。

③第三页为目录（目录里必须体现到三级标题）。

④第四页开始为论文正文内容（论文必须预结项后方可进行结册）。

⑤结项报告书。

⑥立项通知书的复印件。

⑦结项指导老师意见表（必须有指导老师的手写签名）。

⑧附录：预结项申请单。

若项目课题有参加各类各级比赛竞赛，附上比赛证书复印件。

若项目课题有发表论文，附上发表出版社的封面封底、目录，以及发表的论文的复印件。

若项目申请各项专利、鉴定等，必须附上鉴定证书复印件，且成果必须是项目成员独立享有。

⑨光盘（附材料原格式的 word 或图片或视频，标题注明内容，同时将除了视频之外的材料转成一个 PDF）。

⑩封底。

按照要求完成结项材料之后，将结项材料送交创新创业学院，由创新创业学院做出验收结论，验收结论分为通过、暂缓通过、不予通过三类验收结论。如果不通过或暂缓通过的项目，需要学生按照修改意见认真整改，然后再次提交，直至验收结论为通过为止。通过结项验收的训练项目将由学校教务处、创新创业学院等部门颁发结项证书。

（二）合作学习方法研究项目

1. 合作学习的概念

合作学习（cooperative learning）是 20 世纪 70 年代初兴起于美国，并在 70 年代中期至 80 年代中期取得实质性进展的一种富有创意和实效的教学理论与策略。由于它在改善课堂内的社会心理气氛，大面积提高学生的学业成绩，促进学生形成良好非认知品质等方面实效显著，很快引起了世界各国的关注，并成为当代主流教学理论与策略之一，被人们誉为“近十几年来最重要和最成功的教学改革。合作学习是一种结构化的、系统的学习策略，由 2 ~ 6 名能力各异的学生组成一个小组，以合作和互助的方式从事学习活动，共同完成小组学习目标，在促进每个人的学习水平的前提下，提高整体成绩。

2. 合作学习的意义

（1）有助于学生合作精神和团队精神的培养。

现代社会发展日新月异，单靠一个人的力量往往很难去追赶社会发展的脚步，学会合作就成了非常重要的能力，也是现代教育的重要价值取向。通过合作学习，小组成员为了完成共同的任务，需要每个人互相包容，既要积极主动完成自己的任务，也要配合其他的伙伴共同实现目标，融入小组的整体工作，在这个过程中，相互支持、相互信任、相互理解和配合，最终形成一个合作精神高度凝聚的团队，达到共同提高的目的。

（2）有助于提高学生的沟通交流能力。

在小组合作学习的过程中，最重要的就是沟通能力，如果不能很好地将自己的观点和想法表达出来，就容易让别人误解，也谈不上能够很好地合作。合作的过程，是学生思想碰撞的过程，他们通过与他人交流思想，来加强与他人的联系与合作，从而提高了沟通交流的能力和人际交往的技能。

（3）充分调动学生学习的积极性，能激励学生发挥出更高的水平。

在合作学习中，学生是学习的主体，不再是知识的被动接受者。学生能够将自己的所思所想表达出来，也能了解到别人的想法和观点，通过与他人分享、交流学习的方法、心得，从而构建自己的知识体系，能充分体验到学习的乐趣，从而对学习产生浓厚的兴趣，调动他们的学习积极性，激励他们不断去学习新的知识，与他人分享所学所得的同时也获取其他人的所学所得，从而发挥出更高的水平。

（4）学生的主体地位更为突出，有助于学生互相提高。

每个学生都有一些独特的、有价值的亮点和充满智慧的想法，合作学习可以充分发挥他们的主体作用，使他们从不同的角度、不同的思维方式去解决问题，在这个过程中产生思想碰撞的火花，集思广益，通过互相交流，促进智力品质与非智力品质的同步开发。

3. 国内外关于信息技术学科合作学习方法研究情况

合作学习于20世纪70年代初在美国兴起，在70年代至80年代中期取得实质性进展，其对促进学生的学习效率、良好的非认知品质的发展起到了积极作用，被人们誉为当代最受欢迎的教学策略之一。世界各国都纷纷将合作学习应用于教学中，并对其进行大量实证性研究。我国开展合作学习的系统研究与实验始于20世纪80年代末，开始在课堂教学中引入小组活动，探索合作学习的教学效果。随着研究的深入，发现合作学习在适用条件上缺乏清晰的界定，如在不同学科的特点、学习规律的影响下，合作学习的组织形式也应有所不同，所以研究方向也渐渐地转向不同合作学习在不同学科教学的应用上。随着信息技术的发展以及信息技术课程的开设，合作学习在信息技术学科教学应用上的相关研究也逐渐出现。

以“信息技术”并含“合作学习”为检索词、以“主题”为检索项、选择“精确匹配”在中国知网数据库中进行检索，在检索到的1 400多篇文献中，又经过人工筛选出与信息技术学科有关的合作学习研究文献200篇进行可视化分析，截止到2019年7月，得到的总体趋势如图5－2所示。

从图 5 -2 中我们可以看到，从 2005 年左右开始，研究合作学习在信息技术学科的文献数量大体上呈逐步上升的趋势，说明我国在信息技术学科的教育上越来越重视合作学习的应用，近 3 年的数量更是突增，说明合作学习在信息技术学科的应用也是最近的热门研究方向。

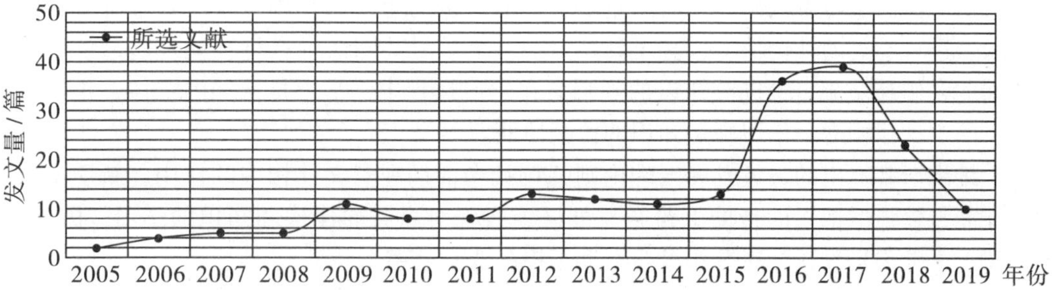

图 5 -2　总体趋势分析

通过查阅这些文献的内容，可以发现大多数是研究中小学生的合作学习情况，对于合作学习方法的研究相对较少，特别是方法的具体应用情况，而对合作学习应用于信息技术学科师范生培养的研究则更少，因此，此方面的研究具有一定的研究性和意义。

4. 合作学习方法相关理论基础

（1）群体动力理论。

“群体动力理论”是由美籍德国人库尔特·勒温（Kurt Lewin）提出的。该理论认为，一个人的行为，是个体内在需要和环境外力相互作用的结果，群体取决于群体成员相互依存的内在关系，群体则对个体有很强的支配力。处在一个协作性的群体中，不同智慧水平、知识结构和思维方式的成员之间互相启发，互相补充，在交流合作的同时，产生新的认识，上升到新的水平，用群体的力量完成学习任务。群体动力理论对于小组合作学习有着重要的指导作用，既关注个人的成长，也关注群体的发展。

（2）需要层次理论。

马斯洛教授经过多年的研究提出了需要层次理论。该理论主要把人的需要分为社会性需要及动物性需要。随着社会的发展，当低级的生理需要得到满足时，人们便会追求更高级的需要，然后慢慢向最高级的需要迈进。学生在学习和生活中，都在寻找种种方式满足自己与人交往与合作、友谊、自尊等需要。可以说，这些需要的满足程度极大地影响着学生对学习的喜爱程度、努力程度和达标程度。只有创设良好的条件满足而不是压制学生的上述需求，才会激发他们的学习主动性和积极性。许多学生正是因为在课堂教学中得不到认可、接纳，也不能表现出对别人的影响力，才转向课外活动、校外小团体等，以寻求满足自己需要的机会。因此，在合作小组中开展互助学习，小组成员之间相互交往与合作，彼此尊重，共享成功的快乐，这是满足学生基本需要的有效途径，使学生积极地投身到学习之中，以提高自己的成绩。

（3）建构主义理论。

社会建构主义主要以维果斯基的历史文化心理学理论和皮亚杰的认知发展理论为基础，认为作为知识基础的语言本身就是一种社会的建构，是通过个体间的相互作用及其自身的认知过程而建构的。而学习者与社会是相互联系、密不可分的能动关系。社会情境作为学习者认知与发展的重要资源有着极为重要的作用。学习者带着不同的经验，进入所处的社会情境，甚至具体为在一个学习共同体中进行互动，通过学习者之间的合作和交流，增进对知识的理解。在学习过程中，学生是认知的主体，是知识意义的主动建构者，学习则是知识的社会协商。

维果斯基提出的最近发展区理论则强调社会活动在意义建构中的作用，新手学习者在能力较强的他人的帮助下跨越发展区，实现对意义的建构和知识的学习。因此，以建构主义为指导，开展合作学习有助于提高课堂效率。

5．合作学习的准备与方法

（1）准备。

①合理分组。

分组是合作学习的基础，为了更好地实现合作学习的效果，第一步要做的就是进行合理分组。目前很多教师进行分组的时候大多是随机分组，例如根据报数“1、2、3、4、5”，报到的数字相同的为一组，这种分组方式只适合任务简单、目标难度低的合作方式。为了充分发挥学生主体地位和学习小组学习效果的优势，在组建小组时应尽量考虑“同组异质”原则，即要充分考虑成员在性格、能力倾向、个性特征、学习成绩等方面保持合理的差异。根据不同的合作方法进行相应合理的分组十分重要。

②营造氛围，内容适合。

合作学习是一个主动、积极且有意义的过程。什么样的教学内容适合于合作学习？要使合作学习能够发挥其价值，其内容的选取既要针对教学目标，又要具有启发性、探索性和开放性等，确保学生的思维和讨论活动不断处于最佳状态。选取合适的内容的同时，还有确保其运用的时机和范围，才能更好地营造合作学习的氛围。

③明确分工，落实责任。

为了使合作学习真正有效，小组内应该有一定的分工，根据任务的具体情况以及个体特征进行明确分工，确保每个成员都能参与到学习过程中来。如果没有一定的分工或者个体责任的落实，小组内可能就会出现“唱独角戏”和“搭便车”的现象。同时，明确的分工也有利于合作学习的效率，假如没有明确的分工，那么有可能小组内的两个或多个成员都在做相同的任务，而其他任务点却没有人做，最后导致任务完成情况不理想。

④有效评价和反思。

现代合作学习的理念认为，建立一种引导的、多元的评价体系，能够促进合作者更加有效地进行合作学习。评价可以分为自我评价、小组内互评、小组间互评、教师评价等多种形式。小组内互评能体现组内成员平时的表现，组间互评能体现小组的总体成果和表现。教师也要及时地对每个小组的情况进行评价，促进学生的能力提升和学习积极性。学生进行评价的同时，也是对平时的表现进行反思的过程。反思有利于学生发现合作学习过程中存在的问题，促进学生更好地思考和探索更有效的合作方式以及学习方法。

（2）方法。

①随机合作法。

信息技术学科对师范生的培养是多方面的，除了学科知识，还有教学技能的培训、心理学、教育学等指导。这么多方面的内容指导就需要专业方向不同的老师来指导，在有限的学习时间里，老师们的任课时间并不长，对学生也就不怎么了解，这个时候老师常采用随机分组的形式让学生进行合作学习。

随机合作法是基于随机分组的前提下，例如“报数”、动态分组等没有经过成员个体特征考虑的分组方式，这是目前很多课堂上常用的小组合作方式。优点是能够很快地将学生进行分组，快速地让学生进行合作学习，减少在分组上花费的时间。缺点是组员质量参差不齐，无法保证组员的学习效率，如有可能随机分到的小组内没有擅长某个方向的学生，导致合作效率变低。因此该方法适合于任务简单、时间较短的课堂教学任务，如果是课下作业学习的形式很容易出现“搭便车”的现象，很难保证每个人都参与到学习过程中。因此，在对师范生的培养过程中，应根据实际情况采用随机分组合作的方式，比如在课堂上针对某些现象、问题进行讨论，对某些简单的知识点进行快速学习，促进学生提升沟通交流能力。

②无组长合作法。

无组长合作法是指将数名成员集中起来组成小组，要求该小组就某一问题开展自由讨论，并最终做出一致性意见的决策。每个小组都要就确定的一致性决策进行相关发言。

无组长合作法常用于人事招聘中，具有较强的区别个体差异的能力。运用在师范生的合作中，并不是为了用于区分学生，而是这种方法能够避免对组长的依赖，促使学生积极参与学习，从多方面多角度解决问题，但是每个人的想法不同，没有组长来拍板定案，这就需要小组成员进行深入的沟通交流选取折中的方案。比如在教案的设计上，同一个主题不同的成员可能会有不同的想法，这个时候也没有组长来确定某一方向，这时候组里的成员就得在有限的时间内讨论出合适的方案，擅长这一主题的学生想出较好的教学方案，得到组内成员的认可，并且大家集思广益对细节进行修改，最终形成完美可行的教案。在这个过程中，不仅锻炼到了学生的教学能力、沟通协作能力，还能体现学生的领导能力，同时让学生接触到了这种合作模式，有利于他们在应试能力上的提高。因此，可以在教案的设计、图形图像设计等具有主观性较强的教学内容或者作业中运用无组长合作方法，并且提供多主题、多方向的内容让每个小组成员得到领导能力的锻炼。

③攘内安外合作法。

攘内安外合作法是指小组成员就一个相同主题的任务，进行自主学习并完成该任务，之后先进行组内竞争，选出组内最优秀的成员代表小组参与组间的竞争。在这个过程中，小组成员对选出的作品一起进行查漏补缺，形成一份更为完善的作品与其他小组竞争。

攘内安外合作法强调在合作中竞争，合作是前提，在团体内部，又鼓励成员个体之间的竞争，但是最终还是以小组利益为上，这种良性的竞争同时也有利于团体竞争力的提高。例如小组所有成员都要完成同一要求的程序设计，每个同学的思路、算法不同，最后程序结果也会不同。在这个过程中，先让组内成员进行竞争，将作品与组内成员进行比较，选出最好的作品，所有成员又对这份作品进行完善，最终形成更优秀的作品同其他小组进行竞争。在竞争过程中可促进自主能力的提升，通过与别人的作品进行比较也能反思自己的不足和促进专业知识的提升。

④互绑合作法。

在合作学习中，优等生学习、动手能力较好，常常处于主导的地位，学习较差的学生则较为依赖，导致学习过程中学习到更多的仍然是优等生，而学困生的成绩和表现仍没有提高，采用互绑学习法能较为有效地避免此种情况。互绑合作法是指小组成员就一个相同主题的任务，只要其中一个成员完成不了该任务，那么全组的任务就算没有通过。这种方法可以避免“搭便车”的现象，每个人都要完成任务，并且小组成员互相督促、互相帮助，避免有人落下进度拖后腿。

例如在教学技能的培养上，让小组根据相同主题的内容进行试讲，优等生一般能高效高质地完成，而教学能力较差的学生则很难完成，如果将整个小组的成绩绑在一起，只要有一个人没有通过试讲，那其他人讲得再好也很难通过，这个时候完成得比较好的学生就会紧盯未完成的学生，帮助其尽快通过试讲，而未能完成的学生在小组的压力和帮助下，则会更加用心地训练自己。因此，互绑合作法能有效地做到以优带差的效果，优等生在发现、纠正别人的过程也是一个教师教学技能学习的过程。

6. 基于信息技术学科师范生核心素养培养的合作学习方法实践

随着我国信息技术的飞速发展，知识方面的信息量持续扩张，且目前各类信息的更新速度不断加快，使得我们的生活变得越来越信息化与数字化。当前，以多媒体信息为主导的信息技术在我们的生活中发挥着越来越重要的作用。对于信息技术学科的师范生而言，培养他们的核心素养成为当代院校的一项重大任务，同时对于学校而言也是一个挑战，信息技术学科的师范生的核心素养与合作学习方法之间存在着密不可分的联系。采用恰当的合作学习，有利于学生彼此之间相互合作，互相激励，主动积极地参与学习。对于信息技术学科的师范生培养来讲，为了能更好地实现师范生核心素养培养的要求，在适当的时机采用恰当的合作学习方法尤为重要。

（1）当前信息技术学科的师范生的合作学习能力的发展现状。

倘若信息技术学科的师范生不能在互联网环境下具备充分的合作学习技能，就会导致他们在学习的过程中难以充分了解当前教育改革目标的核心内容。目前，互联网等多媒体技术的学习模式成为信息技术学科的师范生的核心学习渠道，同时也是他们能够进行终生学习的有力保障。但是，就当前我国知网对于信息技术学科的师范生合作学习的研究现状进行分析，我们可以发现信息技术学科的师范生合作学习能力的培养现状不容乐观。在以往的教学模式下，师范院校往往采用教师在讲台上讲课、学生在下面听课的模式，在这样的模式下，教师往往处于主导地位，导致学生在学习中属于被动者，久而久之就会导致信息技术学科的师范生的合作能力逐渐变弱，甚至严重阻碍他们核心素养的全面提高。在互联网背景下，学生成为学习领域中的主体，教师与学生之间的角色发生了很大的转变，使得很多学生变得不知所措。加上资源受到很大的局限，学生通过互联网进行学习的地点、时间等因素较为分散，导致大多数情况下师范院校的教师都不能及时掌握学生的自主学习情况，就更不用说进行合作学习了。信息技术学科的师范生由于缺乏相应的信息技术素养，使得他们在运用网络学习时摸不着头脑，无法通过自身获得相关的资料。互联网对于信息技术学科的师范生而言是非常开放的平台，然而各类对他们不利的网络信息也非常多，导致他们在运用互联网上网时往往无法将精力集中在学习上，部分学生经常上网打游戏、聊天，导致他们的学习成绩呈直线下降的状态。长此以往，导致他们不具备能够合理分配上网时间的能力。大部分信息技术学科的师范生在学习过程中遇到难题，找不到能够快速解决的渠道，还缺乏相关的交流平台，因此他们的合作学习能力无法得到有效提升，导致他们逐渐丧失合作学习的兴趣。

目前，很多学生在进行自主学习的过程中，一旦遇到难题，不知道怎样去解决，甚至连求助的渠道也找不到，使得教师无法掌握学生参与合作学习的具体情况，学生一旦在学习中遇到难题，往往处于失控的状况。因此在互联网背景下，学生往往在学习中处于被动地位，他们无法在学习中进行自我控制，就更加无法培养自主学习的能力。大部分信息技术学科的师范生在学习的过程中不具备一定的自主学习能力，就更加无法进行合作学习了，严重阻碍了他们学习效率的提高。针对这一系列问题，师范院校需要让信息技术学科的师范生在学习的过程中与教师之间进行重新定位，自主学习与合作学习对于学生而言并不是完完全全通过自身展开学习，而是在教师的协助下学习。学生的自主学习能力是要逐步培养的，因此在学生完全养成良好的自学习惯之前，教师要运用合理的渠道，对学生的潜能进行发掘。特别是在互联网背景下，培养信息技术学科的师范生的合作学习能力成为师范院校教师工作任务的重中之重。在互联网环境中，学生合作学习能力直接决定了他们将来的学习导向，以及能否快速实现新课改下的目标。所以在实际教学中，师范院校的教师要学会积极融入到学生当中，与他们一起学习、一起克服学习中的各种困难，才能快速实现相关的教学目标。

（2）信息技术学科的师范生核心素养培养的合作学习措施。

①培养信息技术学科的师范生的合作学习意识。

在实际教学中，师范院校的教师要培养学生养成制订学习计划的好习惯。信息技术学科的师范生在学习中只有制订一定的学习计划，才能有效提升他们的合作学习能力。在学习中，师范教师要始终让学生处于主体地位，并且充分掌握学生的学习现状，对于学生之间存在的各项差异要充分尊重。此外，教师要根据学生的个体差异，给他们制定不同的学习目标，让他们学会制订近期的与长远的学习计划。对于信息技术学科的师范生而言，近期目标就是他们每个学期或者每个学年需要完成的学习目标，要求学生在学习中充分了解自身的不足之处，并且在教师的指导下拟定相应的学习大纲。例如，学校教师要引导信息技术学科的师范生结合实际，制定具体的学习目标，培养他们学会自我检测，督促他们发现自己在学习中的不足之处，并及时改正。帮助学生制定良好的学习规划，让学生一步一步脚踏实地地完成学习目标，树立他们的自信心，有效推动他们综合素养的提高。

②进行科学分组，让学生运用互联网制定相应的合作学习任务。

在具体的教学中，师范教师可以通过分组的方式促进学生完成相应的学习目标。在合作学习小组中，由于存在个体差异，使得学生在学习的过程中自我约束能力也天差地别。因此，运用适当的方式对学生进行分组，能够让他们在合作学习的过程中具有一定的稳定性，促进他们在学习的过程中及时发现自身的不足之处，做到取长补短。合作学习要求教师给学生制定任务，只有顺利完成任务，才有助于他们合作学习技能的提高。学生运用互联网展开合作学习，能够加强小组内各成员之间的合作与交流。此外，倘若在完成任务是教师不在身边，学生一旦陷入困境，就需要在小组内其他成员的帮助下共同完成相关的学习任务。网上合作学习任务可以分为两个部分。首先是学生结合自身的需要，制定相关的学习内容。其次是规定性任务，要求合作学习小组进行明确的分工，制定具体的学习任务。例如，学校充分认识到学生的个体差异，针对不同的学生制定不同的学习任务，并要求同一小组内的成员之间互相取长补短，促使后进生学习成绩的提高。

③引导学生进行学习经验交流。

学生通过互联网展开合作学习，可以建立在线论坛，它能够让学生通过互联网展开互动性的沟通。同时，在线论坛具有开放性，学生可以通过其制定不同类别的交流区域，在此区域内，学生能够相互交流其学习经验。通过在线论坛，学生之间可以针对不同的问题提出自己的见解。学生在展开合作学习的环节中，教师是学习的引导者，能够正确引导学生通过交流找出自身的不足之处并及时改正它们。在以往的学习环节中，师范教师往往处于主导地位，而在互联网背景下，教师成为促进学生学习能力提高的主要指导者。因此教师要深入到学生中，通过沟通与交流激发学生参与讨论的兴趣，调动学生学习的积极性，激发他们的学习动力。此外，教师还需要将学生讨论的结果作为他们绩效考核的一部分内容，以此来激发他们积极参与讨论的动力。

④给学生营造合作学习的氛围。

a. 强化对师范院校信息资源共享的建设力度。

对于师范院校而言，校园内的信息资源是一座核心的宝库。目前，大部分师范院校都开设了校园网，也构建了相关的信息资源库。然而由于受数据有限且提取质量不佳、设施较为陈旧等一系列因素的影响，学生通常情况下只能去图书馆查阅资料。为此，师范院校需要强化对其内部信息资源共享的建设力度，拓宽学生获取信息的渠道。例如，学校在建设校园网过程中，加强校园网建设力度，完善网络数据传输模式，让学生可以通过信息共享平台实现合作学习，提高学习效率。

b. 为学生搭建培养合作学习能力的平台。

师范院校可以构建相应的 Wi-Fi 平台以及数字化图书馆，方便学生通过互联网获取相关的学习信息。同时，学校需要鼓励学生运用手机互联网的方式进行互动与交流，展开微学习的模式。此外，师范院校需要构建相应的校园互联网平台，加强教师与学生之间的交流与学习，促进学生信息化水平的提高。例如，学校通过合作学习平台的搭建，实现教师与学生、学生与学生之间的在线沟通，完成信息在线沟通与传递，提高了学生的学习热情，让学生在学习过程中更好地将不懂的问题提出，并得到及时解答。

c. 科学配置并合理运用互联网资源。

师范院校需要构建与教学内容相符合的网络资源库，促进学生能够更方便地获取相应的学习资源。透过搭建这样一个平台，可以培养学生自主学习的能力，同时也强化了他们合作学习与交流的能力。通过将互联网教学与课堂教学相结合的形式，让学生能够顺利完成相关的教学目标，同时通过互联网能够开阔他们的眼界，培养他们自主学习的精神。运用合作交流的方式，让学生能够在遇到困难时通过自身去解决这些问题，提高他们的学习效率。

d. 教师在教学中要起到引导作用，充分培养学生的合作意识。

师范教师在教学中要对学生具有一定的引导作用，在实际教学中，要引导学生积极发现自身在学习中遇到的问题，并且通过合作交流的形式，来解决他们的问题。教师只有正确引导学生，给学生带来一定的示范作用，才能使学生在学习的过程中变得更加积极且灵活，有效提高教师的教学质量。

综上所述，我国科学领域飞速进步，信息技术得到了空前的发展。在这样的背景下，各大院校在开展教学活动的环节中受到了来自不同领域的冲击。以往传统模式的教学方法已经无法满足当前社会发展的需要，因此，对于我国师范院校来说，改革教育是一项艰巨而又必须执行的任务。新课标改革下，对师范院校提出了新的要求，使得其不得不面对诸多新的挑战。互联网等多媒体技术需要在师范院校中得到普及，才能快速提升信息技术学科的师范生的核心素养。

5.3 竞赛

5.3.1 中小学信息技术竞赛

（一）青少年信息学奥林匹克竞赛

1. 竞赛简介

全国青少年信息学奥林匹克竞赛（NOI）是国内包括港澳在内的省级代表队最高水平的大赛，自 1984 年至今，在国内包括香港、澳门组织竞赛活动。每年经各省选拔产生5名选手（其中一名是女选手），由中国计算机学会在计算机普及较好的城市组织进行比赛。这一竞赛记个人成绩，同时记团体总分。

NOI旨在向在中学阶段学习的青少年普及计算机科学知识；给学校的信息技术教育课程提供动力和新的思路；给有才华的学生提供相互交流和学习的机会；通过竞赛和相关的活动培养和选拔优秀计算机人才。

NOI建立的背景。1984年邓小平指出：“计算机的普及要从娃娃做起。”中国计算机学会于1984年创办NOI，当年参加竞赛的有8 000多人。这一新的活动形式受到党和政府的关怀，得到社会各界的关注与支持。中央领导王震同志出席了首届竞赛发奖大会，并对此项活动给予了充分肯定。从此每年一次NOI活动，吸引越来越多的青少年投身其中。十几年来，通过竞赛活动培养和发现了大批计算机爱好者，选拔出了许多优秀的计算机后备人才。当年的许多选手已成为计算机硕士、博士，有的已经走上计算机科研岗位。为了在更高层次上推动普及，培养更多的计算机技术优秀人才，竞赛及相关活动遵循开放性原则，任何有条件和兴趣的学校和个人，都可以在业余时间自愿参加。

NOI举办期间，举办同步夏令营和NOI网上同步赛。为增加竞赛的竞争性、对抗性和趣味性以及可视化，NOI组织进行团体对抗赛，团体对抗赛实质上是程序对抗赛，其成绩纳入总分计算。

NOI系列活动包括：全国青少年信息学奥林匹克竞赛和全国青少年信息学奥林匹克网上同步赛、全国青少年信息学奥林匹克联赛、冬令营、选拔赛和国际赛等。

①NOIP：全国青少年信息学奥林匹克联赛（National Olympiad in Informatics in Provinces，简称NOIP）。自1995年至今，每年由中国计算机学会统一组织。NOIP在同一时间、不同地点以各省市为单位由特派员组织。全国统一大纲、统一试卷。初、高中或其他中等专业学校的学生可报名参加联赛。联赛分初赛和复赛两个阶段。初赛考查通用和实用的计算机科学知识，以笔试为主。复赛为程序设计，须在计算机上调试完成。参加初赛者须达到一定分数线后才有资格参加复赛。联赛分普及组和提高组两个组别，难度不同，分别面向初中和高中阶段的学生。获得提高组复赛一等奖的选手有机会免试由大学直接录取。

②冬令营：全国青少年信息学奥林匹克冬令营（简称冬令营）。自1995年起，每年在寒假期间开展为期一周的培训活动。冬令营共8天，包括授课、讲座、讨论、测试等。参加冬令营的营员分正式营员和非正式营员。获得NOI前20名的选手和指导教师为正式营员，非正式营员限量自愿报名参加。在冬令营授课的是著名大学的资深教授及已获得国际金牌学生的指导教师。

③APIO：亚洲与太平洋地区信息学奥赛（Asia Pacific Informatics Olympiad，简称APIO）。2007年创建，该竞赛为区域性的网上准同步赛，是亚洲和太平洋地区每年一次的国际性赛事，旨在给青少年提供更多的赛事机会，推动亚太地区的信息学奥林匹克的发展。APIO每年5月举行，由不同的国家轮流主办。每个参赛团参赛选手上限为100名，其中成绩排在前6名的选手作为代表该参赛团的正式选手统计成绩。APIO中

国赛区由中国计算机学会组织参赛，获奖比例将参照 IOI。

④选拔赛：选拔参加国际信息学奥林匹克中国代表队的竞赛（简称选拔赛）。IOI 的选手是从获 NOI 前 20 名选手中选拔出来的，获得前 4 名的优胜者代表中国参加国际竞赛。选拔科目包括：NOI 成绩、冬令营成绩、论文和答辩、平时作业、选拔赛成绩、口试。上述项目加权产生最后成绩。

⑤IOI：出国参加国际信息学奥林匹克竞赛（International Olympiad in Informatics，简称 IOI）。由中国计算机学会组织代表队，代表中国参加国际每年一次的 IOI。中国是 IOI 创始国之一。IOI 2000 由中国主办，中国计算机学会（CCF）承办。出国参赛得到中国科协和国家自然科学基金委的资助。自 1989 年开始，我国在 NOI（网上同步赛 1999 年开始）、NOIP、冬令营、选拔赛的基础上，组织参加 IOI。十几年中选拔 75 人次参加了 IOI，累计获金牌 46 块、银牌 17 块、铜牌 12 块。这些选手不仅在国际大赛中有好的表现，而且在现代的信息学科上也大展才华。中国已成为世界公认的信息学奥林匹克竞赛强国。

⑥CSP－J/S：CCF 非专业级软件能力认证（Certified Software Professional Junior/Senior，简称 CSP－J/S），创办于 2019 年，是由 CCF 统一组织的评价计算机非专业人士算法和编程能力的活动。在同一时间、不同地点以各省市为单位由 CCF 授权的省认证组织单位和总负责人组织。全国统一大纲、统一认证题目，任何人均可报名参加。CSP－J/S 分两个级别进行，分别为 CSP－J（入门级，Junior）和 CSP－S（提高级，Senior），两个级别难度不同，均涉及算法和编程。CSP－J/S 分第一轮和第二轮两个阶段。第一轮考查通用和实用的计算机科学知识，以笔试为主，部分省市以机试方式认证。第二轮为程序设计，须在计算机上调试完成。第一轮认证成绩优异者进入第二轮认证，第二轮认证结束后，CCF 将根据 CSP－J/S 各组的认证成绩和给定的分数线，颁发认证证书。CSP－J/S 成绩优异者，可参加 NOI 省级选拔，省级选拔成绩优异者可参加 NOI。

2. 竞赛培训

信息学奥赛 CSP－J/S 是在中国科协主管下，由中国计算机学会组织的，与数学、物理、化学、生物竞赛齐名的五大学科竞赛之一，主要考查学生使用一门具体的计算机编程语言进行数学建模、程序设计及算法实现的思维与能力。比赛分为初中组（普及组）和高中组（提高组）。这项竞赛是为有志向、有兴趣、学有余力的孩子提供一个展示才华的舞台，是对学生智力和意志最好的磨炼。

（1）C＋＋信息学奥赛 CSP－J/S 考什么？

信息学奥赛主要考查运用计算机分析问题、设计算法以及上机编程、调试程序的能力。其中对 C＋＋的掌握能力是核心，信息学奥赛首先需要学习的就是 C＋＋。

Junior/Senior 初试形式为笔试，侧重考查学生计算机和编程基础知识。复试形式为机考，侧重考查学生对问题的分析理解能力、数学抽象能力、驾驭编程语言的能力及编程技巧、想象力和创造性。信息学考试的特点和魅力，在于每一次做题都是在

“设计”，而不仅仅是被动的测试和作答，每个问题都有实际意义。对于孩子解决问题能力的提高，是其他科目都无法相提并论的。目前 CSP - J/S 可以使用 C、C + + 和 Pascal 三种编程语言，而2022 年后，CSP - J/S 比赛中 C 和 Pascal 语言将不再可用，只能使用 C + + 。所以，学信息学，很大程度上就是学习 C + + 。

（2）学校如何开展 C + + 信息学奥赛 CSP - J/S？

首先是何时开始学习及从什么学起的问题。五年级以下的孩子可以从 Scratch 学起，早点接触编程，培养对计算思维和编程的兴趣。5 ~ 6 年级开始学习 C + + ，这时相对复杂的数学和逻辑问题可以更好地理解，并且可以尝试参加 Junior/Senior 普及组的竞赛，为将来取得更好的成绩积累经验。初中阶段竞赛获奖，有助于进入重点高中。另外，有一些省份是允许初中生同年同时参加普及组和提高组比赛。

（3）如何选拔适合学习信息学竞赛 CSP - J/S 的学生？需要具备哪些素质？

如果没有竞赛这个前提，编程是谁都可以学的。但是如果是竞赛，肯定对学生有一定要求。首先需要对编程感兴趣，兴趣是最好的老师，沉浸其中的孩子总会坚持下去；再就是本来成绩较好、知识全面发展的学生更适合学习信息学，因为竞赛初衷是让学有余力的学生拓展学习领域，因为信息学现在不属于学校教育的科目，如果文化课本身不好，很难花时间学习另一门新的学科。有自控力的孩子也更适合，能坐得住，静下心来学习是重要基础，因为信息学学习需要付出心血和汗水。较强的逻辑思维能力虽然不是学习信息学的基石，但会是获奖的重要元素。

关于需要具备的素质，首先数学要好。信息学本质还是数学建模和算法设计，数学学得好，第一可以帮助选手解决数学问题；第二可以提高选手的逻辑思维水平，从而提高解题能力；第三，数学是理科的基础，万一在竞赛中没有获得理想成绩回去高考，还得靠数学拉分。其次，需要选手能比较轻松地驾驭文化课的学习，就是真的学有余力。否则即使拿到了进入清华大学的机会，但是文化课成绩太差，就白白浪费了这么一份他人梦寐以求的协议。然后还需要的是选手能够抵挡住游戏的诱惑。信息学竞赛 CSP - J/S 需要大量的时间接触电脑、随时上网，这是天然的打游戏的温床。所以，自觉很重要，环境也很重要，需要一个好教练的监督，更需要一群志同道合的同伴。

（4）初学者在信息学竞赛 CSP - J/S 训练中怎样快速入门呢？

刚入门的时候需要比较有耐心、非常负责任的教练的指导和帮助，带你走进信息学竞赛的大门，后期还要靠自己刷题，和同学朋友交流来提升自己。信息学竞赛和其他几科竞赛不同，更多的是利用网络资源，如大神的博客、刷题的网站等等。刚入门的时候，如果能认真完成书上（如《算法竞赛入门经典》《算法竞赛入门经典训练指南》等）习题的代码编写、提交到网络评测平台上评测通过，将可以大大提升自己的代码能力和思考能力，拿到 NOIP 省一等奖并不困难。关于刷题，需要说明的是，信息学竞赛本身就是一门非常注重实践的竞赛，听课后，想知道自己到底有没有弄懂，唯一的方法就是去自己手写一遍代码，也就是刷题。没有刷题，听再多的课也没有用，该解题的时候还是无从下手。只有在刚刚入门的时候才需要比较密集地听课，因为此时还没有搭建起信息学竞赛的完整知识结构。在有了一定水平之后，听课就越来越不重要了，更加重要的是通过网上的资料自学和与同学之间的讨论交流。

（5）初学者怎样平衡信息学竞赛 CSP－J/S 和文化课呢？

如果文化课做不到学有余力，就不要在竞赛上投入过多精力，但是如果文化课能够轻松掌握，就不要犹豫，义无反顾、毫无牵挂地投身竞赛。至于停课，还得看自己的目标，看学校和家长的支持力度，也可以争取一个折中的方案，如听课但是可以不做作业等。家长要关心孩子是不是真正喜欢信息学竞赛，不要频繁改变对孩子竞赛的支持态度，要么一开始就反对，要么就坚定支持，反复的态度可能会对孩子的竞赛之路带来巨大的影响。其次，和学校、教练的交流也很重要，竞赛是一条风险极大的路，万一失败也请坚定地站在孩子们的背后，给他们以鼓励和开导。

（6）初学者信息学竞赛 CSP－J/S 刷题建议历程。

一般的培训分成五个进阶：

①第一进阶：程序设计基础。大约花 15 次课，主要内容：C＋＋快速入门：程序结构，输入输出，变量，表达式，顺序、选择、循环三种结构；数组和字符串：大量数据处理技术；函数：结构化程序设计的主要工具；上机调试技巧等。其中难点主要在多重循环、递归函数等。这个阶段只能说可以编出程序，看得懂别人的程序。这段时间最好是连续上课，因为前面的没有听懂后面的就会跟不上，连贯性很强。

②第二进阶：程序思想阶段。C＋＋入门后，就可以大量训练解题，训练程序思想，因为一般的小孩子数学思想还可以，但是基本没有接触到程序，简单地说，数学思想是你会做题，程序思想是你得讲清楚去让别人做题，这个区别还是很大的。这个时候很多程序设计的思想不断地被重复，争取形成条件反射。这个时间目前设计的是 15～25 次课，100 道题左右。若学生偶有缺课，影响不太大，知识连贯性不太强，主要训练能力。

③第三进阶：数据结构和算法阶段。学生有了程序思想，做题还比较顺利后就可以讲常见的通用算法和数据结构，这里估计要 25～40 节课，一般学生要是能认真学完这个，国家一等奖基本问题就不大。主要内容有：表、树、图的表示和基本操作；递推与递归，贪心法，二分法；搜索算法；动态规划。

④第四进阶：再次大量做题巩固第三阶段的内容，基本上都是自主研究和学习，若有能力，可把这 20 年来全国赛、分区赛的所有题目全部做一次。

⑤第五进阶：学习高级数据结构和算法，进一步提升，用国际大学生程序设计竞赛（ACM）的题目来练手。

若能踏准时间，将奖项和学习结合，可以大大提高小孩子的学习积极性。

（7）信息学竞赛 CSP－J/S 刷题建议。

①近 10 年 NOIP 普及组前三题——30 道题练入门。

②USACO 全体——练基础算法。

③近 10 年 NOIP 提高组全部试题——感受 OI 基础。

④刘汝佳白书训练指南所有例题——打好基础。

⑤开始 SGU 版切刷题——不管苦难与否直接扫荡过，这个过程一直伴随着你到全国赛，最好题量破 300。

⑥HNOI 近 10 年试题——感受省队难度。

⑦WC、NOI 近 10 年试题——感受国内金牌怎么修炼成的。

⑧CTSC 近 10 年比赛试题——触摸大神脉搏，感受国内顶级比赛难度。

（8）C + + 信息学奥赛 CSP - J/S 对能力拓展和职业发展有何帮助？

2020 年初教育部公布高中新课标，将信息学竞赛必学内容纳入了必修和选修的范畴，更是将“数据和计算”列为必修，提出了“学会一种编程语言”的要求，编程普遍进入高考或许只是时间问题。只有让学生改变学习态度，整个信息学竞赛团队才会有活力。其实，对任何一个人来说，每天都在做一项重复的工作，总有一天会变得对这份工作十分厌烦。因此，作为信息学竞赛团队的导师，要做的第一件事就是，让学生对他所做的工作充满热情，让其喜欢上这份工作。组建信息学竞赛团队就是为了选出拔尖的学生竞赛团队，但只有学生积极参与、共同解决问题，才能成功。尊重个性选择，拓展学习内容，充实知识内涵，丰富学习生活。学生在学习课本知识之余，可以根据自身爱好和自主选择，挑选出适合自己的课程，并在学习的过程中更好地发挥特长、发掘爱好、施展才艺，激发探求知识的兴趣，这也是学校设置个性化课程最终想要实现的目标。

信息学竞赛 CSP - J/S 能给孩子带来逻辑思维能力、知识结构和学习能力的巨大提升，学习竞赛的过程对于学生的锻炼远比学到的知识重要。经过信息学竞赛锤炼的孩子，其思维的深度及思考问题的能力更强，更具备在具体学科上的钻研和探究的能力。在人工智能时代，编程或许将成为像开车一样基本的技能，提前储备信息学知识和编程能力，可以更好地面对即将到来的智能时代。在中国 12 类紧缺人才中，排在第一位的就是“电子信息类”。当前人工智能相关行业发展得如火如荼，人才需求火爆，包括谷歌、阿里、百度、Facebook 在内的巨头企业以及人工智能领域的创新先锋都在疯抢信息学人才，甚至开出百万年薪，而这种红利期还仅仅是刚开始。所以 Junior/Senior 信息学奥赛不仅能提供一块不错的升学敲门砖，还可以对孩子整个人生轨迹产生积极影响。

（二）全国中小学电脑制作活动

1. 简介

2000 年 10 月 25 日，教育部提出“在中小学普及信息技术教育，以信息化带动教育的现代化，努力实现我国基础教育跨越式发展”战略目标。

为大力推动全国中小学信息技术教育，展示各地中小学生信息技术学习实践成果；为纪念邓小平同志“计算机普及要从娃娃做起”的重要指示发表 16 周年，在时任教育部常务副部长吕福源同志的亲自倡导和策划下，“全国中小学电脑制作活动”正式拉开帷幕。

2000 年 10 月 25 日，教育部在北京举办了第一届“全国中小学电脑制作与设计作品制作活动”（第三届起更名为“全国中小学电脑制作活动”）颁奖仪式暨优秀作品展示会。该项活动以“教育部主办；教育部基础教育课程教材发展中心、中央电化教育馆、人民教育出版社等单位联合承办”；2005 年第六届起，该项活动以“教育部主办；中央电化教育馆等单位承办”；2008 年第九届活动由中央电化教育馆和教育部考试中心主办。

2. 组织领导

“电脑活动”和“创意大赛”由“全国中小学电脑制作活动组织委员会”领导，由教育部科学技术司、基础教育二司、体育卫生与艺术教育司、国际合作与交流司和高校学生司指导，中央电化教育馆和中国移动通信集团公司以及有关省市教育厅联合主办。

“组委会”办公室负责日常事务工作，设在中央电化教育馆项目部。

3. 活动思想

“全国中小学电脑制作活动”的指导思想是：“丰富中小学生学习生活；重在过程，重在参与；激发创新精神，培养实践能力，全面推进素质教育。”

“电脑制作活动”的主题是：探索与创新。即鼓励广大中小学生结合学习与实践活动及生活实际，积极探索、勇于创新，运用信息技术手段设计、创作电脑作品，培养“发现问题、分析问题和解决问题”的能力。

4. 项目设置

活动共分为小学组、初中组、高中组、中职组（2015 年新加入）。

项目有：艺术设计、网页设计、程序设计、动画设计（二维、三维、健康专项、手机动漫等）、创新设计（创新未来和创新三维）、微博英语、机器人竞赛等。

5. 奖项产生

历届活动“评比类项目”获奖作品都是由各省组织评选并按要求限额推荐作品参加全国评比，经主办单位（活动组委会）组织的作品技术测试、网上公示、专家评选、作者面试（包括现场技术测试和学生答辩）等步骤产生并确定。

“竞赛类项目”将与每年暑期举办的“全国中小学电脑制作活动夏令营暨颁奖仪式”同期举行，分为现场比赛和面试（包括现场技术测试和学生答辩）两个部分。

6. 夏令营活动

每年暑期（7 月下旬），“全国中小学电脑制作活动组委会”以电脑制作活动夏令营的形式，邀请各省组织中小学生代表队参加颁奖活动。在“评选类项目”中被初评为优秀作品的部分作者将参加面试。参加“竞赛类项目”的学生将进行现场比赛和面试，在这之后举行颁奖仪式。届时，全国 31 个省、自治区、直辖市及新疆生产建设兵团的专家评委和中小学师生代表、各级教育部门活动组织者近千人将分别参加有关活动。夏令营活动内容丰富多彩，场面极为活跃、热烈、壮观，已成为每年一度的盛会。

7. 鼓励政策

历届活动的成功举办得到了教育部主管部门的肯定和有关政策的支持。例如：2002 年 3 月，教育部《关于 2002 年普通高等学校招收保送生工作的通知》（教学

〔2002〕6号）规定："高中阶段获得'全国中小学电脑制作活动'一、二等奖的应届高中毕业生，经所在学校推荐，招生学校审核同意，可免于参加全国普通高等学校招生统一考试，进入高校学习。"2006年2月，教育部《关于做好2006年普通高等学校招生工作的通知》（教学〔2006〕2号）规定："高中阶段获得'全国中小学电脑制作活动'一、二等奖的应届高中毕业生，由省级招生委员会决定，可在考生统考成绩总分的基础上适当增加分数投档，由学校审查决定是否录取。最高增加分值为20分。"

目前一些省、直辖市、自治区教育行政部门为促进本地中小学教育信息化发展，也制定了类似的鼓励措施。例如对于获得"全国中小学电脑制作活动"小学组和初中组一、二、三等奖或者在本省组织的电脑制作活动中获得一、二等奖的小学生和初中生，在升入初中或高中时可以免试保送升学或者加分录取升学等鼓励措施。

8. 活动效果

"全国中小学电脑制作活动"从一开始就引起各地各级教育部门的普遍重视，将这项活动作为展示本地区信息技术教育水平、促进本地区中小学信息技术教育教学的平台。各地积极贯彻教育部提出的"普及中小学信息技术教育，以信息化带动教育现代化，实现基础教育跨越式发展"的战略部署，在积极推进计算机和网络等硬件环境建设和教育教学资源建设的同时，将这项活动的内容和形式，渗透融合到本地区中小学信息技术教育课程的教学实践活动之中。既丰富和活跃了中小学信息技术教育教学内容和形式，又很好地促进了活动深入持久地发展。

9. 社会支持

历届活动的成功举办得到了各级组织和支持单位的大力帮助。

国内许多重要媒体（中央电视台、中国教育电视台、光明日报、中国教育报等）都及时报道过活动有关情况。中央电视台在第三届活动的颁奖仪式当天，还曾将该活动作为当天的重要社会新闻在《新闻联播》中予以报道。

国内一些出版社也根据"全国中小学电脑制作活动"的内容、形式编辑出版了许多相关内容的书籍和光盘等出版物。

（三）教育机器人竞赛

1. 中国青少年机器人竞赛简介

中国青少年机器人竞赛创办于2001年，是中国科协面向全国中小学生开展的一项将知识积累、技能培养、探究性学习融为一体的普及性科技教育活动。竞赛为广大青少年机器人爱好者在电子信息、自动控制以及机器人高新科技领域进行学习、探索、研究、实践搭建成果展示和竞技交流的平台，旨在通过富有挑战性的比赛项目，将学生在课程中的多学科知识和技能融入竞赛过程中，激发学生对工程技术的学习兴趣，培养学生的创新意识、动手实践能力和团队精神，提高科学素质。自2001年起，每年举办一届，至今已举办18届。经过十多年发展，中国青少年机器人竞赛在普及机器人工程技术知识，推动机器人教育活动开展等方面发挥了积极作用，已成为国内面向青少年机器人爱好者所举办的规模最大、管理规范、认可度高、影响广泛的竞赛活动。

2. 竞赛发展历程和规模

2001 年，中国科协青少部、霍英东基金会、全国妇联儿童中心共同在广东省广州市南沙科技馆发起组织了首届全国青少年电脑机器人竞赛，随后又依次在广东广州、河南郑州、广西南宁举办了第二届至第四届竞赛，2005 年在陕西西安举办的第五届全国青少年电脑机器人竞赛更名为中国青少年机器人竞赛，2006 年在云南昆明，第六届中国青少年机器人竞赛调整为由中国科协和承办省人民政府共同主办，第七届至第十八届竞赛分别在重庆、湖南长沙、青海西宁、北京、河南郑州、天津、吉林长春、新疆乌鲁木齐、内蒙古鄂尔多斯、北京（中国科学院大学）、广东中山、贵州贵阳举办。

每年，全国共有 9 000 多支队伍、25 000 多名中小学生参加各省级青少年机器人竞赛选拔赛，辅导教练员超过 5 000 人，服务比赛的裁判员数量约 1 000 人，参与学校数量达到 3 700 所。经过省级竞赛选拔，共有来自 30 多个省、自治区、直辖市，以及新疆生产建设兵团，香港和澳门特别行政区的约 500 支参赛队、1 400 多名选手、500 多名教练员入围全国竞赛，此外，还有嘉宾、专家、评委、裁判、领队、志愿者、工作人员和媒体记者共 400 多人，总人数约 2 500 人。

3. 赛项介绍

中国青少年机器人竞赛从最开始的一个竞赛项目，一直到 2016 年整合为现在的机器人综合技能比赛、机器人创意比赛、FLL 机器人工程挑战赛、VEX 机器人工程挑战赛和教育机器人工程挑战赛五个竞赛项目，集知识性、竞技性、趣味性为一体的竞赛一直吸引着广大青少年。

机器人综合技能比赛，面向中小学生，在一块固定的场地上设置数个不同难度的任务，要求参加比赛的代表队在完全封闭的现场自行拼装机器人、编制机器人运行程序、调试和操作机器人。机器人综合技能比赛可以检验青少年对机器人技术的理解、对机械结构的认识以及对基本程序编写的掌握程度，可以激发青少年对机器人技术的兴趣，培养他们动手、动脑的能力。经过比赛，学生们不仅完成了自己的比赛机器人，也提升了对科技和利用科技来积极影响周围世界的认识。

机器人创意比赛，是一项自由度比较高的竞赛，每年设置一个主题。学生在辅导老师的指导下，在学校、家庭、校外机器人工作室或科技实验室里，以个人或小组的方式进行智能机器人的创意、设计、编程与制作，最后完成自己的机器人创意作品参加大赛展示和评选，整个制作过程可以持续 6 个月左右。这是一个可充分发挥青少年创新性思维，培养团队协作能力，展现他们综合素质的竞赛项目。

FLL 机器人工程挑战赛，是一项青少年国际机器人比赛项目，整个竞赛分为现场竞技、技术问辩、课题研究几个部分，在培养青少年机器人兴趣和技能的同时鼓励他们关注社会，积极运用科学和工程学知识解决各种问题。比赛每年设置一个主题，围绕主题设计十余项任务，由机器人在固定场地内完成，同时要求参赛团队结合生活对这个主题开展课题研究，最后还要在技术问辩时进行课题介绍和展示团队风采，这也是对参加活动青少年的一次综合、全面的考查。

VEX 机器人工程挑战赛，也是一项国际青少年机器人比赛项目，每年设置一个主题并设计新的竞技内容。比赛采用联队对抗形式进行，参赛青少年通过遥控器控制己方的两个机器人获得尽量多的分数，同时还要合理运用战略防止对方得分。VEX 比赛对抗性强、展示性高，深受青少年的喜爱。

教育机器人工程挑战赛，设置与年度主题有关的模拟场景任务，要求参赛队在现场拼装机器人、编程、调试和操作机器人，完成比赛任务。比赛检验青少年对机器人技术的理解和掌握程度，激发青少年对机器人技术的兴趣，培养动手能力。

（1）人型机器人全能挑战赛。

①人型机器人简介。

关于机器人如何分类，国际上没有制定统一的标准，有的按负载量分，有的按控制方式分，有的按自由度分，有的按结构分，有的按应用领域分。我国的机器人专家从应用环境出发，将机器人分为两大类，即工业机器人和特种机器人。所谓工业机器人就是面向工业领域的多关节机械手或多自由度机器人；而特种机器人则是除工业机器人之外的、用于非制造业并服务于人类的各种先进机器人，包括：服务机器人、水下机器人、娱乐机器人、军用机器人、农业机器人、机器人化机器等。在特种机器人下，有些分支发展很快，有独立成体系的趋势，如服务机器人、水下机器人、军用机器人、微操作机器人等。目前，国际上的机器人学者，从应用环境出发将机器人分为两类：制造环境下的工业机器人和非制造环境下的服务与仿人型机器人。这和我国的分类是一致的，参见表 5－5。

表 5－5　人型机器人分类

分类名称	简要解释
操作型机器人	能自动控制，可重复编程，有几个自由度，可固定或运动，用于相关系统中
程控型机器人	按预先要求的顺序及条件，依次控制机器人的机械动作
示教再现型机器人	通过引导或其他方式，先教会机器人动作，输入工作程序，机器人则自动重复进行作业
数控型机器人	通过数值、语言等对机器人进行示教，机器人根据示教后的信息进行作业
感觉控制型机器人	利用传感器获取的信息控制机器人的动作
适应控制型机器人	机器人能适应环境的变化，控制其自身的行动
学习控制型机器人	机器人能“体会”工作经验，具有一定的学习功能，并将所“学”的经验用于工作中
智能机器人	以人工智能决定其行动的机器人

②竞赛规则。

a．任务。

要求机器人在规定的时间内完成多项挑战动作。每个动作都有相应的分数，从起始区出发按逆时针方向依次完成挑战动作，完成动作越多、用时越少，得分越高。

在比赛中，参赛队员除了要掌握机器人编程和对物理、力学平衡等知识的应用外，还要考虑如何面对一个多任务的项目，在有限时间内取得最好的成绩。

b. 竞赛场地说明。

竞赛场地的外尺寸是 250 cm × 120 cm，上面有机器人跨栏、机器人钻障碍、机器人侧向行走、机器人上下楼梯和机器人滑雪的场地设施。

在场地中粗黑线是机器人做每项动作的起始线，粗红线是机器人做每项动作的终止线。机器人在做每项动作前双脚不能越过本动作任务的起始线和上个动作任务的终止线，在做每项动作时机器人必须从本动作任务的起始线进入，机器人的双脚完全越过本动作任务的终止线才可以视为机器人完成该动作。

五个任务分为技巧类和速度类两种。其中机器人跨栏和机器人钻障碍为技巧类任务，机器人越过本动作任务终止线后必须自动站稳停止，才可视为机器人完成该动作；机器人侧向行走、机器人上下楼梯、机器人滑雪为速度类任务，机器人越过本动作任务终止线后在尚未进入下一个任务区或完全离开场地范围前，可自动停止站稳，也可以通过遥控器使其停止站稳。

竞赛场地光源照度稳定、无明显磁场干扰。但由于一般赛场环境的不确定因素较多，例如，场地表面可能有纹路和不平整、光照条件有变化等，参赛队在设计机器人时应考虑各种应对措施。

c. 任务说明和得分。

任务主要包括机器人跨栏、钻障碍、侧向行走、上下楼梯、滑雪。下面介绍跨栏和钻障碍任务的规则和记分方式。

第一，机器人跨栏

规则：跨栏尺寸如图 5 – 3 所示。要求机器人通过指定高度的栅栏。机器人可以接触栏，但不得碰翻或移动栏（栏的任一部分的垂直投影不得超出起始线、终止线），否则视为动作失败而不能得分。

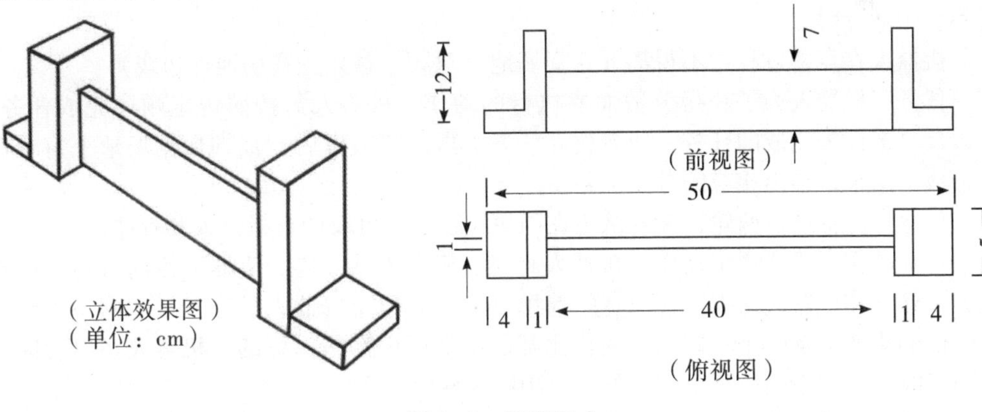

图 5 – 3 跨栏尺寸

记分：机器人成功跨过栏，可获得该项动作的 100 分，不成功则得 0 分。

第二，机器人钻障碍。

规则：障碍物尺寸如图 5 – 4 所示。要求机器人从一个具有固定高度的障碍物底下钻过。在障碍物的上面有一个平衡杆，杆的材质为塑胶，直径是1 cm。机器人可以接触障碍物，但不得碰翻或移动障碍物（即障碍物的任一部分的垂直投影不得超出起始线、终止线），否则视为动作失败而不能得分。机器人若钻过障碍物，但碰落了上面的平衡杆，将按照规则罚分。

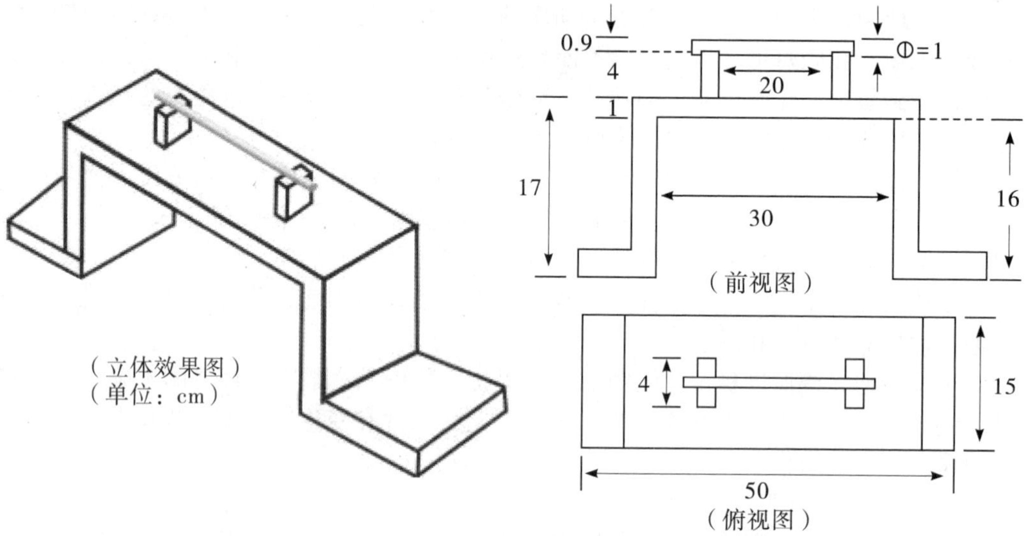

图5－4 障碍物尺寸

记分：机器人成功钻过障碍物，可获得该项动作的100分，不成功则得0分。

d. 竞赛。

规则：同一时间内，每个场地只有一个队伍在场比赛。

要求机器人在5分钟的比赛时间内，尝试完成所有任务以获得更多的分数，比赛时不会中断计时。

机器人在竞赛过程中不得离开竞赛场地（双脚接触到竞赛场地外边线）。

任务：机器人为了获得分数而要执行的动作。机器人需按照规定顺序完成任务，可以反复尝试未完成的任务，或者放弃任务。当比赛结束后，裁判根据场地上每个任务完成的结果，给出相应的分数。

轮次：比赛进行两轮，参赛队伍在两轮比赛之间可以调整机器人和程序。

比赛动作：比赛规定动作为机器人跨栏、机器人钻障碍、机器人侧向行走、机器人上下楼梯和机器人滑雪。在比赛之前抽签决定和公布机器人的出发区。同一组别所有队伍的比赛出发区是一样的，两轮比赛的出发区也都是一样的。机器人在出发区等候出发时，双脚必须位于出发区的白色阴影区域内。

机器人在每项动作之间的切换，如途中绿色的地面部分，可以使用机器人的程序控制器指引机器人到达合适的位置；机器人在执行每项动作的过程中，必须是自动运行。不使用遥控器进行途中指引时，遥控器必须摆放在指定的地面或桌面，脱离参赛学生的双手。

竞赛顺序：参赛队通过抽签确定参加比赛的先后次序。

竞赛顺序一旦排好不再改变；所有参赛队必须按照规定的顺序进行比赛；在第一轮比赛全部结束后再开始下一轮的比赛。

机器人：参赛机器人应符合以下规则：

• 机器人的外形必须是类人型，由四肢、躯干和头等几部分组成，如图 5 – 5 所示。

图 5 – 5　机器人

• 机器人必须且只能使用一个可编程处理器。

• 机器人必须使用电池供电，其电压不超过 12.6 V。

• 机器人编程语言不限，编程软件中不可以有任何模块化的程序，所有动作程序均需完全由参赛队员自行编写，参赛队员必须能够解释其程序。

• 在不影响正常比赛的基础上，机器人可进行个性化的装饰，以增强其表现力和容易被识别。

比赛安排：参赛选手不得携带 U 盘、手机等任何具有存储功能的设备进入场地。参赛选手只能携带清空程序及所有参数的机器人和装有中文版操作系统和 Windows Media Player 播放器的电脑进入竞赛场地并交裁判检查程序是否清空；未清空的，将由裁判负责清空，并做上标记。参赛队最多可带两个机器人进入竞赛场地。

编程软件将由组委会统一安装或指派。

在比赛过程中，如检测到参赛选手自带电脑已存储机器人程序（编程软件中有任何模块化的程序）或使用 U 盘、手机等存储设备，使用非选手现场编写的程序和子程序，将取消比赛资格。编程中程序和子程序命名应符合现场裁判给出的命名规则。

现场编程和调试的时间是 3 个小时。编程和调试好的机器人，由参赛选手贴标记后，统一放置在组委会指定的位置。

在比赛正式开始时，参赛选手才可以取走自己的机器人参加比赛。

场地损坏：如场地出现意外损坏，比赛将暂停，裁判应尽快将之修复。如果裁判认定某一队故意破坏竞赛场地，该队将受到警告，严重者将取消其比赛资格。

场地恢复：在比赛过程中，选手可以申请重新完成未完成的任务，由裁判尽快恢复该任务场地。

规定区域：指机器人侧向行走和机器人滑雪任务的任务区域。

e. 评分标准。

每轮得分 = 实际得分 × 完成任务系数 + 奖励分 − 罚分。

在竞赛中，每个参赛队有两轮比赛机会。最终成绩为两轮得分相加后乘以可靠性系数。

最终以得分最高的机器人胜出。

参赛队伍的得分不能为负分，最低为零分。

完成任务系数：如果机器人在规定时间内完成所有规定的动作，则其完成任务系数为 1.0；如果机器人在规定动作中完成 4 个，则其完成任务系数为 0.8；如果机器人在规定动作中完成不足 4 个，其完成任务系数为 0.6。

奖励分：如果机器人在规定时间内完成所有规定的动作，每提前 1 秒钟奖励 1 分（每 1 秒钟为 1 个分值，精确到百分之一秒），此为奖励分。

可靠性系数：两轮指定任务都成功的可靠性系数为 1.1，其他情况为 1.0。

关于罚分：

- 机器人在竞赛场地上（从开始比赛到比赛结束）每跌倒一次，罚 10 分。
- 机器人钻障碍过程中，碰落上面的平衡杆，罚 50 分，罚分不累计。
- 机器人滑雪过程中，每碰倒一面旗子，罚 10 分，罚分累计，但每轮比赛不超过 30 分。
- 机器人在执行一项任务时，其垂直投影部分不能进入下一个动作的任务区域，每违反一次，罚 50 分。
- 机器人在竞赛场地上，参赛队员不能触摸机器人，每违反一次，罚 50 分，且机器人必须回到比赛起始区。
- 比赛场地平面示意图，见图 5 − 6。

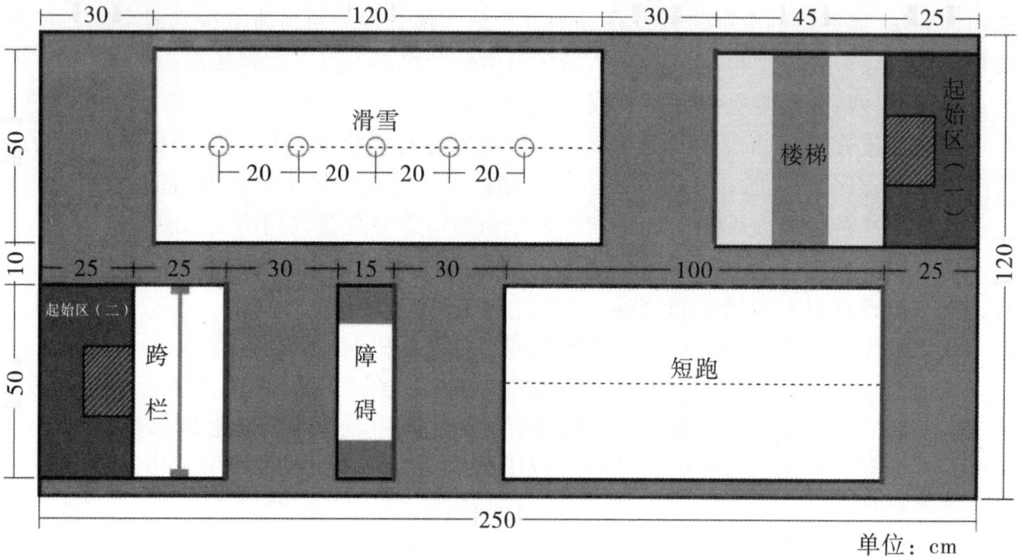

图 5 − 6　比赛场地

（2）WER 教育机器人竞赛。

WER 由世界教育机器人学会（非营利性机构、香港注册）发起并主办，主要是针对全球 4～18 岁少年儿童的国际性教育机器人比赛，是全球规模最大、项目最多、最有教育价值的教育机器人大赛，旨在培养少年儿童的科技素养及团队协作精神，训练少年儿童的成功能力（分析能力、创新能力、实践能力），为国家培养和选拔技术天才。

WER 每年提出一个全新的比赛主题，分为市级赛、省（州）级赛、国家赛，逐级选拔国家代表队参加 WER 世界锦标赛。此外，WER 也是全球奖金额最高的少儿机器人比赛，每年全球总奖金额超过 1 000 000 元人民币，奖金由世界教育机器人学会提供。

WER 2017 有 50 多个国家的 50 多万名选手参加各级 WER 选拔赛。随着 WER 影响力的扩大，越来越多的国家和地区的少年儿童参加到 WER 中来，而 WER 世界锦标赛的获胜者也将为自己、学校和国家带来崇高的荣誉，获得每年不断提升的奖学金，甚至被著名大学直接录取或作为录取的重要依据。

WER 被誉为全球教育机器人竞赛的更高水平，其比赛项目、赛项规则、竞赛形式等也成为全球教育机器人竞赛的风向标，常为其他赛事追随和模仿。

WER 2017 赛季积木赛主题是“工业时代”，正式比赛项目有：积木教育机器人赛、展示创意赛、扩展任务赛和 WER 微视频赛。与一般传统机器人竞赛不同，WER 由“预设任务”和“现场任务”组成，分别占比赛总分的 40% 和 60%。现场任务选手在正式开赛前两小时才能拿到比赛题目，全靠选手现场分析任务、创意方案、编程调试，指导老师不得现场指导，使比赛更加公平，也更具挑战性。

每支参赛队伍由 2～3 名队员组成，参赛队员需要以团队合作的形式，自由设计、搭建、调试各种功能的教育机器人，完成规则内指定的必做任务。比赛采用的教育机器人均为选手自己“打造”，其核心构成主要是控制器、舵机、光电和触觉传感器，这是教育机器人的“大脑”。而其他“肢体部位”由能力风暴教育机器人的各种元件构成，实现教育机器人的移动、搬运、托举功能。这些教育机器人虽然品类、造型各异，但都能通过孩子的制作和编程完成相应的任务，教育机器人完成任务的时间和准确程度作为评分的标准。

WER 设有丰富的比赛项目，除了积木教育机器人赛、移动教育机器人赛、类人教育机器人赛、飞行教育机器人赛等，还设有附加比赛，如微镜头、展示创意、扩展任务等，选手开放主题自由创作、自由设计搭建、自我展示、团队协作等，使竞赛更加丰富、有趣。

电教赛事限时 180 秒，允许一台机器人上场比赛；而科协赛事限时 150 秒，允许两台机器人上场比赛。

举例 3 个任务：

①智能仓储。

任务模型初始状态：

智能仓储任务模型固定在场地上，如图 5－7 所示。

图 5－7　智能仓储模型初始状态图

任务的得分标准及分值：

• 机器人需转动转柄打开储物箱，并将物料完全脱离任务模型（见图 5－8、图 5－9），得 60 分。（低难度得分）

• 机器人需转动转柄打开储物箱，并将物料带回基地，在低难度得分基础上，每个物料可加得 40 分。（高难度得分）

图 5－8　智能仓储任务一阶完成状态图

图 5－9　智能仓储任务二阶完成状态图

②物料存放。

任务模型初始状态：

物料存放模型固定在场地上，如图 5－10 所示。

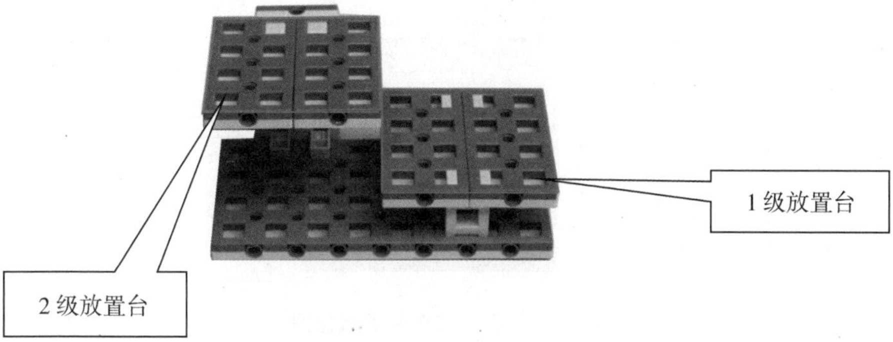

图 5－10　物料存放模型初始状态图

任务的得分标准及分值：

机器人需要将智能仓储任务中获得的物料运送至放置台上（物料垂直投影必须完全处于红色得分区域内）。放置于 1 级放置台上，得 30 分；放置于 2 级放置台上，得 40 分。每个放置台只能放置一个物料（如图 5－11 所示）。

图 5－11　物料存放任务完成状态图

③概率模型。

任务模型初始状态：

概率模型固定在场地上，数据位于拨动装置里面，如图 5－12 所示。

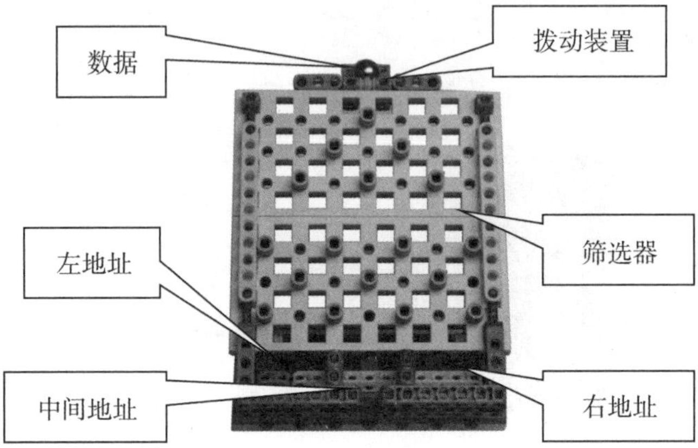

图 5－12　概率模型初始状态图

得分标准及分值：

机器人需触发拨动装置，使数据经过筛选器落入地址内（如图 5－13 所示），落入左右地址得 50 分，落入中间地址得 80 分。

图 5－13　概率模型任务完成状态图

（四）师范技能竞赛

师范生作为未来的教师，其专业素质关乎国家教育兴衰。师范技能是师范生必备的基本功，是其综合素质的具体体现。为主动适应我国教育改革与发展对高素质师资的需求，提高师范生教学技能，加强师范生实践应用能力，检验师资培养质量，加强教师基本技能的教学与训练，促进教师教育的发展，近年来，全国各级各类教育主管部门和师范院校纷纷举办师范生教学技能竞赛，目的是便于各级院校交流师范生培养经验、促进师范生教学能力提升以及为社会输送优秀教师后备力量。

1. 大赛简介

为进一步深化教育教学改革，充分发挥学科竞赛对大学生实践能力和创新能力培养的积极作用，优化广东省师范生培养机制，促进院校间的学习交流，提高师范生的教学技能和综合素养，为基础教育培养更多高素质的教师人才，自 2013 年起，由广东省教育厅主办，师范院校承办的“广东省本科高校师范生教学技能大赛”（以下简称“大赛”）至今已是第七届，2019 年的承办院校是韩山师范学院，大赛的具体方案如下。

（1）参赛单位及大赛分组。

①参赛单位。

广东省内开设有相关师范专业的本科高校自愿组队报名参加，有赛事的每个专业均可组织一支参赛队伍，各高校必须在开展校内选拔比赛的基础上确定参赛选手。

②大赛分组。

大赛分语文、数学、英语、物理、化学、生物、政治、历史、美术、教育信息技术、心理、地理、音乐、学前教育、小学教育等 15 个学科组。

（2）大赛设奖。

①个人奖：每学科组均设一等奖、二等奖、三等奖，每个学科总获奖比例不得超过该学科参赛学生总人数的 50%，其中一等奖 10%、二等奖 15%、三等奖 25%；同时，为一等奖获奖选手的指导教师颁发优秀指导教师奖。

②省级决赛获奖由省教育厅颁发获奖证书。

（3）大赛组织机构。

①第七届广东省本科高校师范生教学技能大赛工作由广东省教育厅主办、韩山师范学院承办。

②竞赛组织委员会主要职责：负责制定竞赛方案、规则，设计评审标准，赛事工作的组织领导，审定竞赛奖次，处理竞赛申诉，决定其他与竞赛有关的重大问题。

为便于工作开展，竞赛组委会成立两个工作小组，具体如下：

一是竞赛工作组。具体承担竞赛的组织和日常事务等。

二是检审仲裁组。受理参赛单位或选手仲裁申请并给予仲裁，评委专家的抽取，对比赛过程中公平公正规范运作的监督等。

（4）大赛评委会。

大赛按学科组设学科评委会，负责该学科各参赛选手表现的评判。各学科组评委会按照如下规则组成：评委会由 7 名成员组成且必须来自不同推荐单位（教育厅推荐除外），其中韩山师范学院 1 个名额，剩余 6 个名额（其中 3 名高校教师，3 名中小学教师）由大赛总组委会在赛前一周内从评审专家库中抽取，抽取专家评委现场全程录像并公开，接受教育厅和参赛兄弟院校的监督。评审专家库组成方法如下：韩山师范学院不推荐评审专家，教育厅高教处有权推荐评审专家（推荐专家数不限），其他各参赛高校必须推荐 2 名评审专家（其中一名高校中教法教师，另一名中小学具有副高相当职称或以上的教师，且能按时参加比赛的评审工作）。

2. 教育信息技术组比赛简介

（1）竞赛形式。

本次大赛包括初赛和决赛 2 个环节，初赛由各高校自行组织，决赛由学科组组委会组织。

（2）需提交的参赛资料。

本届竞赛由参赛者自行选择中小学（含中职教育）信息技术教材中的一个主题（年级、教材版本自定）进行授课，参赛选手提交的资料包括教学设计、所用课件及相关资源（或资源链接）、依托教材、测评练习（可选）等组成。由于大赛采用匿名评审制，提交的所有材料中不得报出或透露本人及其学校身份信息，违者取消比赛资格。

选手提交的材料应符合以下相关要求：

①教学设计文档的电子版、纸质版 1 式 7 份，内容为与模拟授课一致的教学设计，字数不限，可附图、表、资料等，电子版用 DOC 或 DOCX 格式提交。

②所用课件及相关资源需提交源文件和脱离运行环境的打包文件电子版，音频资料请提供 MP3 格式，视频资料请提供 flv 或 MP4 格式。

③依托教材需将纸质教材封面、扉页、目录、授课所涉及的正文内容、封底等扫描为 PDF 格式，并提交电子版、纸质版 1 式 7 份。

（3）决赛内容。

决赛内容由课堂的现场模拟授课和评委提问两个部分构成。

①现场模拟授课。

现场模拟授课时间不超过 10 分钟，当天具体比赛时间段将根据最终统计的决赛选手数量而定。选手按比赛顺序（在比赛前一天由抽签产生）在电脑里找到自己的课件进行模拟授课，模拟学生由承办学校统一提供，可与之进行教学互动。模拟授课中，主办方提供多媒体教学设备。参赛者需使用的其余一切设备（包括演示教具等）由参赛者自备。模拟授课还剩 1 分钟时铃声提示一次，结束时铃声提示两次，超时扣分。

②评委提问。

每位选手模拟课堂教学环节结束后，将由评委进行 3 分钟的提问。提问环节还剩 1 分钟时铃声提示一次，结束时铃声提示两次。

（4）评审规则。

本次决赛满分为 100 分，其中现场模拟授课 70%，评委提问 30%，选手提交的参赛资料仅作为决赛现场评委打分的参考。

（5）命题范围。

①模拟教学范围：参赛选手选取的教学内容应来自广东省中小学（含职业教育）信息技术课程的教学内容（版本自定）。

②教师评委提问环节提问范围：教学设计、课件制作、模拟授课、学科理论（包括学科基本素养、学科教育基本理论、学科课程与教学、学科课程改革和学科教师专

业化发展等方面）。

（6）比赛补充细则。

①比赛场内人员。

除评委、监督员和现场工作人员外，每个学校的指导老师凭学科组旁听证，可进现场旁听；参赛选手和模拟学生比赛期间由工作人员指引进入赛场，赛后即离场；其他人员一律不准进入现场。

旁听者不可带手机进入现场（手机可交工作人员代保管），进场后不要说话和发出其他任何声响，选手比赛中途旁听者不准离开座位。赛场是全程录像的，若出现影响选手发挥的事件，学科组委会将根据实际情况追究肇事者的责任。

②比赛顺序。

按报到先后抽签取得比赛顺序号，工作人员登记顺序号并由选手本人签字后，方可下发盖有公章的顺序号牌。

③现场参赛要求。

选手携带学生证、身份证原件、顺序号牌参赛，以备核查；组委会可提供模拟学生；工作人员依参赛次序发放选手教学设计文档和依托教材文档纸质材料给 7 位评委。

注意：所有参赛资料、授课和回答问题环节均不能出现学校、选手和指导教师姓名，如果出现，取消比赛资格。

④计时。

模拟授课≤10 分钟，超时 30 秒总分扣 10 分；选手根据现场抽签获得的 2 个问题号，回答问题≤3 分钟，超时 30 秒总分扣 10 分。

模拟授课计时起点：评委组组长询问选手是否准备好后，宣布“请开始模拟授课”。

回答问题计时起点：评委组组长宣布“请开始回答问题”。

⑤计分。

评委 7 人的打分（指模拟授课和提问两个部分的总分），去掉一个最高分，去掉一个最低分，其他的打分汇总后，作为选手的最终得分。

⑥比赛衔接。

选手应在自己顺序号的前一位选手入场前在比赛室门口等候；工作人员叫顺序号 3 次无人应答，将按弃权处理。

选手进入比赛现场前，工作人员公布上一位选手的顺序号及得分。

⑦监督员。

监督员 2 人，由参赛学校带队老师中产生（承办单位韩山师范学院除外）。

⑧评委。

评委 7 人，由非参赛单位人员组成；评委组组长由 7 位评委内部自行推选，监督员监督。

⑨保密要求。

比赛期间，评委、监督员和工作人员均不可接受任何参赛单位有关人员的宴请，不可透露参赛选手个人信息、参赛内容；严禁评委与参赛人员私下接触，以免影响赛事公平公正。

⑩评委评分表，见表5-6。

表5-6 第七届“广东省本科高校师范生教学技能大赛”教育信息技术组比赛评分表

选手顺序号		评委编号	
一级指标		二级指标	得分
模拟授课（70分）		教学设计（15分）	
		课件制作（15分）	
		授课过程（20分）	
		学科理论（20分）	
回答问题（30分）		2个问题（30分）	
总分（满分100分）			
评委（签名）			

（7）参赛对象及参赛名额。

详见表5-7。

表5-7 参赛对象及参赛名额

组别	参赛对象	参赛名额
教育信息技术组	广东省高校计算机科学及教育技术学专业2016级全日制在校生	各院校按照2016级相应专业的本科师范生总人数推荐参赛名额： 1. 计算机科学专业总人数在300人以下的学校可推荐2人参赛，301人以上的学校可推荐3人参赛； 2. 教育技术学专业的参赛名额与计算机科学专业相同

韩山师范学院计算机与信息工程学院历来高度重视师范生知识、技能和素质培养，注重平时积累，同时赛前对选手进行科学指导，强化训练。成立了由党总支书记、主管比赛副院长、中教法专任教师等共同指导的专门小组，从前期选手选拔、深入培训到参赛期间给予了精心指导；选手们刻苦努力，反复训练。通过师生的共同努力，在继上一届取得了1个一等奖、2个二等奖良好成绩的基础上，韩山师范学院派出的选手均获得一等奖的好成绩，再创新高。

5.3.2　大学生信息技术学科竞赛

大学生学科竞赛可以促进学生综合素质的提高，是培养创新型人才的重要途径。通过学科竞赛可以拓展学生的知识领域，可以培养学生的探索精神，了解学科前沿领域。同时可以锻炼学生的心理素质，培养学生的团队合作精神和竞争意识。学科竞赛可以大大促进学科教学改革和课程体系建设，使得教师能发现自身存在的不足，及时调整教学策略；能使学生更好地把课堂上所学的知识转化到实际应用之中，也使得学生更加有目的地去学习。可以帮助高校了解自身的发展情况，促进教学内容和教学体系改革，进一步提高教学质量。大学生学科竞赛可以分为 A、B、C 三类，A 类一般是由教育部确认的竞赛，B 类是由各省教育厅主办，C 类是由教指委确认由专业协会主办的赛事，截止到 2019 年 6 月，A 类竞赛共有 10 项。每年一度的全国高校学科竞赛排行榜中列入统计的竞赛共有 34 项，其中只纳入高职排行的有 4 项。

1. 挑战杯

百度百科中将“挑战杯”描述为：“挑战杯”全国大学生课外学术科技作品竞赛是由共青团中央、中国科协、教育部、全国学联和地方省级政府共同主办，国内著名大学承办，新闻媒体联合发起的一项具有导向性、示范性和群众性的全国竞赛活动，“挑战杯”系列竞赛被誉为中国大学生科技创新创业的“奥林匹克”盛会，是目前国内大学生最关注最热门的全国性竞赛，也是全国最具代表性、权威性、示范性、导向性的大学生竞赛。自 1989 年首届竞赛举办以来，“挑战杯”竞赛始终坚持“崇尚科学、追求真知、勤奋学习、锐意创新、迎接挑战”的宗旨，在促进青年创新人才成长、深化高校素质教育、推动经济社会发展等方面发挥了积极作用，在广大高校乃至社会上产生了广泛而良好的影响，被誉为当代大学生科技创新的“奥林匹克”盛会。“挑战杯”包括两个项目，奇数年举办的是“挑战杯”全国大学生课外学术科技作品竞赛，偶数年举办的是“挑战杯”中国大学生创业计划竞赛。

2. 中国大学生计算机设计大赛

“中国大学生计算机设计大赛”是由教育部高等学校计算机类专业教学指导委员会、教育部高等学校软件工程专业教学指导委员会、教育部高等学校大学计算机课程教学指导委员会、教育部高等学校文科计算机基础教学指导分委员会、中国教育电视台联合主办。竞赛分三个阶段进行，首先是进行校内选拔赛，优秀作品差额进入由省教育厅举办的省级赛事，再经过省级赛事决赛评选出优秀作品参加国赛。参赛作品按照内容分为软件应用与开发、微课与教学辅助、物联网应用、大数据、人工智能等 13 个类别，每个类别中又分为小类，例如软件应用与开发类又分成了 Web 应用与开发、管理信息系统、移动应用开发、算法设计与应用等 4 类。一般每队的参赛人数限定为 1 ~ 3 人，指导教师不超过 2 人。

3. 全国大学生物联网设计竞赛

“全国大学生物联网设计竞赛”由教育部高等学校计算机类专业教学指导委员会

主办的物联网领域的唯一的学科竞赛。竞赛是以物联网技术为核心，以培养学生创新思维、协作精神、实践能力为目的，将学科教育与技能实践有机地结合起来，为社会培养复合型人才，培养物联网技术及应用方向的优秀人才。竞赛与中国大学生计算机设计大赛的组织方式相同，也采用逐级选拔机制，首先是初赛，初赛合格的作品将进行地区决赛，然后在地区决赛中选择优胜者进入全国总决赛。竞赛由世界范围内的知名厂商提供相关设备和命题，参赛队伍也可以自由命题。选择华为技术有限公司命题的队伍将有资格参加华为举办的“全球开发者大赛 IoT 赛道”，经过初评以后可以进入决赛，进入决赛的队伍将与来自企业的队伍同台竞技。

附录

1.《教育部关于实施卓越教师培养计划 2.0 的意见》

教育部关于实施卓越教师培养计划 2.0 的意见

教师〔2018〕13 号

各省、自治区、直辖市教育厅（教委），新疆生产建设兵团教育局，有关部门（单位）教育司（局），部属有关高等学校，部省合建各高等学校：

为贯彻《中共中央　国务院关于全面深化新时代教师队伍建设改革的意见》决策部署，落实《教育部等 5 部门关于印发〈教师教育振兴行动计划〉（2018—2022 年）的通知》（教师〔2018〕2 号）工作要求，根据《教育部关于加快建设高水平本科教育　全面提高人才培养能力的意见》，现就实施卓越教师培养计划 2.0 提出如下意见。

一、总体思路

围绕全面推进教育现代化的时代新要求，立足全面落实立德树人根本任务的时代新使命，坚定办学方向，坚持服务需求，创新机制模式，深化协同育人，贯通职前职后，建设一流师范院校和一流师范专业，全面引领教师教育改革发展。通过实施卓越教师培养，在师范院校办学特色上发挥排头兵作用，在师范专业培养能力提升上发挥领头雁作用，在师范人才培养上发挥风向标作用，培养造就一批教育情怀深厚、专业基础扎实、勇于创新教学、善于综合育人和具有终身学习发展能力的高素质专业化创新型中小学（含幼儿园、中等职业学校、特殊教育学校，下同）教师。

二、目标要求

经过五年左右的努力，办好一批高水平、有特色的教师教育院校和师范专业，师德教育的针对性和实效性显著增强，课程体系和教学内容显著更新，以师范生为中心的教育教学新形态基本形成，实践教学质量显著提高，协同培养机制基本健全，教师教育师资队伍明显优化，教师教育质量文化基本建立。到 2035 年，师范生的综合素质、专业化水平和创新能力显著提升，为培养造就数以百万计的骨干教师、数以十万计的卓越教师、数以万计的教育家型教师奠定坚实基础。

三、改革任务和重要举措

（一）全面开展师德养成教育。将学习贯彻习近平总书记对教师的殷切希望和要求作为师范生师德教育的首要任务和重点内容，将“四有”好老师标准、四个“引路人”、四个“相统一”和“四个服务”等要求细化落实到教师培养全过程。加强师范特色校园、学院文化建设，着力培养“学高为师、身正为范”的卓越教师。通过实施导师制、书院制等形式，建立师生学习、生活和成长共同体，充分发挥导师在学生品德提升、学业进步和人生规划方面的作用。通过开展实习支教、邀请名师名校长与师范生对话交流等形式，切实培养师范生的职业认同和社会责任感。通过组织经典诵读、开设专门课程、组织专题讲座等形式，推动师范生汲取中华优秀传统文化精髓，传承中华师道，涵养教育情怀，做到知行合一。

（二）分类推进培养模式改革。适应五类教育发展需求，分类推进卓越中学、小学、幼儿园、中等职业学校和特殊教育学校教师培养改革。面向培养专业突出、底蕴深厚的卓越中学教师，重点探索本科和教育硕士研究生阶段整体设计、分段考核、有机衔接的培养模式，积极支持高水平综合大学参与。面向培养素养全面、专长发展的卓越小学教师，重点探索借鉴国际小学全科教师培养经验、继承我国养成教育传统的培养模式。面向培养幼儿为本、擅长保教的卓越幼儿园教师，重点探索幼儿园教师融合培养模式，积极开展初中毕业起点五年制专科层次幼儿园教师培养。面向培养理实一体、德业双修的卓越中职教师，重点探索校企合作“双师型”教师培养模式，主动对接战略新兴产业发展需要，开展教育硕士（职业技术教育领域）研究生培养工作。面向培养富有爱心、具有复合型知识技能的卓越特教教师，重点探索师范院校特殊教育知识技能与学科教育教学融合培养、师范院校与医学院校联合培养模式。

（三）深化信息技术助推教育教学改革。推动人工智能、智慧学习环境等新技术与教师教育课程全方位融合，充分利用虚拟现实、增强现实和混合现实等，建设开发一批交互性、情境化的教师教育课程资源。及时吸收基础教育、职业教育改革发展最新成果，开设模块化的教师教育课程，精选中小学教育教学和教师培训优秀案例，建立短小实用的微视频和结构化、能够进行深度分析的课例库。建设200门国家教师教育精品在线开放课程，推广翻转课堂、混合式教学等新型教学模式，形成线上教学与线下教学有机结合、深度融通的自主、合作、探究学习模式。创新在线学习学分管理、学籍管理、学业成绩评价等制度，大力支持名师名课等优质资源共享。利用大数据、云计算等技术，对课程教学实施情况进行监测，有效诊断评价师范生学习状况和教学质量，为教师、教学管理人员等进行教学决策、改善教学计划、提高教学质量、保证教学效果提供参考依据。

（四）着力提高实践教学质量。设置数量充足、内容丰富的实践课程，建立健全贯穿培养全程的实践教学体系，确保实践教学前后衔接、阶梯递进，实践教学与理论教学有机结合、相互促进。全面落实高校教师与优秀中小学教师共同指导教育实践的“双导师制”，为师范生提供全方位、及时有效的实践指导。推进师范专业教学实验室、师范生教育教学技能实训教室和师范生自主研训与考核数字化平台建设，强化师范生教学基本功和教学技能训练与考核。建设教育实践管理信息系统平台，推进教育实践全过程管理，做到实习前有明确要求、实习中有监督指导、实习后有考核评价。遴选建设一批优质教育实践和企业实践基地，在师范生教育实践和专业实践、教师教育师资兼职任教等方面建立合作共赢长效机制。

（五）完善全方位协同培养机制。支持建设一批省级政府统筹，高等学校与中小学协同开展培养培训、职前与职后相互衔接的教师教育改革实验区，着力推进培养规模结构、培养目标、课程设置、资源建设、教学团队、实践基地、职后培训、质量评价、管理机制等全流程协同育人。鼓励支持高校之间交流合作，通过交换培养、教师互聘、课程互选、同步课堂、学分互认等方式，使师范生能够共享优质教育资源。积极推动医教联合培养特教教师，高校与行业企业、中等职业学校联合培养中职教师。大力支持高校开展教师教育管理体制改革，构建教师培养校内协同机制和协同文化，鼓励有条件的高校依托现有资源组建实体化的教师教育学院，加强办公空间与场所、设施与设备、人员与信息等资源的优化与整合，聚力教师教育资源，彰显教师教育文化，促进教师培养、培训、研究和服务一体化。

（六）建强优化教师教育师资队伍。推动高校配足配优符合卓越教师培养需要的教师教育师资队伍，在岗位聘用、绩效工资分配等方面，对学科课程与教学论教师实行倾斜政策。加大学科课程与教学论博士生培养力度和教师教育师资国内访学支持力度，通过组织集中培训、校本教研、见习观摩等，提高教师教育师资的专业化水平。加强教师教育学科建设，指导高校建立符合教师教育特点的教师考核评价机制，引导和推动教师教育师资特别是学科课程与教学论教师开展基础教育、职业教育研究。通过共建中小学名师名校长工作室、特级教师流动站、企业导师人才库等，建设一支长期稳定、深度参与教师培养的兼职教师教育师资队伍。指导推动各地开展高等学校与中小学师资互聘，建立健全高校与中小学等双向交流长效机制。

（七）深化教师教育国际交流与合作。加强与境外高水平院校的交流与合作，共享优质教师教育资源，积极推进双方联合培养、学生互换、课程互选、学分互认。提高师范生赴境外观摩学习比例，采取赴境外高校交流、赴境外中小学见习实习等多种形式，拓展师范生国际视野。积极参与国际教师教育创新研究，加大教师教育师资国外访学支持力度，学习借鉴国际先进教育理念经验，扩大中国教育的国际影响。

（八）构建追求卓越的质量保障体系。落实《普通高等学校师范类专业认证实施办法》，构建中国特色、世界水平的教师教育质量监测认证体系，分级分类开展师范类专业认证，全面保障、持续提升师范类专业人才培养质量。推动高校充分利用信息技术等多种手段，建立完善基于证据的教师培养质量全程监控与持续改进机制和师范毕业生持续跟踪反馈机制以及中小学、教育行政部门等利益相关方参与的多元社会评价机制，定期对校内外的评价结果进行综合分析并应用于教学，推动师范生培养质量的持续改进和提高，形成追求卓越的质量文化。

四、保障机制

（一）构建三级实施体系。教育部统筹计划的组织实施工作，做好总体规划。各省（区、市）教育行政部门要结合实际情况，制定实施省级“卓越教师培养计划2.0”。各高校要结合本校实际，制定落实计划2.0的具体实施方案，纳入学校整体发展规划。

（二）加强政策支持。优先支持计划实施高校学生参与国际合作交流、教师教育师资国内访学和出国进修；对计划实施高校适度增加教育硕士招生计划，加强教师教育学科建设，完善学位授权点布局，教育硕士、教育博士授予单位及授权点向师范院校倾斜。推进教育硕士专业学位研究生培养与教师职业资格的有机衔接。将卓越教师培养实施情况特别是培养指导师范生情况作为高校教师考核评价和职称晋升、中小学工作考核评价和特色评选、中小学教师评优和职称晋升、中小学特级教师和学科带头人评选、名师名校长遴选培养的重要依据。

（三）加大经费保障。中央高校应统筹利用中央高校教育教学改革专项等中央高校预算拨款和其他各类资源，结合学校实际，支持计划的实施。各省（区、市）加大经费投入力度，统筹地方财政高等教育、教师队伍建设资金和中央支持地方高校改革发展资金，支持计划实施高校。

（四）强化监督检查。成立“卓越教师培养计划2.0”专家委员会，负责计划的指导、咨询服务等工作。实行动态调整，专家组将通过查阅学校进展报告、实地调研等形式对计划实施情况进行定期检查。对完成培养任务、实施成效显著的，予以相关倾斜支持；对检查不合格的，取消“卓越教师培养计划2.0”改革项目承担资格。

教育部
2018年9月17日

2.《高等师范学校学生的教师职业技能训练大纲（试行）》

高等师范学校学生的教师职业技能训练大纲（试行）

（国家教委师范司1994年颁布）

本大纲适用于高等师范学校，是对学生进行教师职业基本技能训练的依据。

高等师范学校学生的教师职业技能训练内容包括讲普通话和口语表达、书写规范汉字和书面表达、教学工作、班主任工作技能等四部分。它是高等师范学校各专业的学生都应具备的，是学生必修的内容。对高等师范学校在校学生有目的、有计划地进行系统的教师职业技能训练，目的是引导学生将专业知识和教育学、心理学的理论与方法转化为具体从师任教的职业行为方式，并使之趋于规范化，对于形成学生教育和教学能力，对于学生毕业后胜任教师工作都具有重要的作用。

本大纲在教师职业技能训练的各部分内容中，都提出了明确的训练目的、训练内容以及训练建议和考核要求。在实施训练中可根据各部分训练内容的特点，进行合理的安排，以形成系统的、各部分之间有机联系的训练链。

对学生进行教师职业技能训练应在理论的指导下加强实践环节，指导教师要在精讲有关职业技能的基本知识、组成要素和操作程序的基础上，重点指导学生进行系统的实践，使学生在实践中不断改善、不断趋于整体协调和完善，以获得稳定的教师职业技能。

大纲提出了训练中的讲授与实践的学时比例为1∶2。

在教师职业技能训练中，要制作和充分利用声像等多种媒体，对学生进行各种教师职业技能的示范定向，及时反馈训练效果。重视调动学生参加教师职业技能训练的积极性，让学生积极主动地投入训练。

本大纲是根据国家教委师范司颁发的《关于印发〈高等师范学校学生的教师职业技能训练基本要求〉（试行稿）的通知》制定的。

第一部分　讲普通话和口语表达技能训练

说　明

高等师范学校是国家推广普通话的重点之一，普通话是教师的职业语言，用普通话进行教育教学工作是合格教师的必备条件，因此高等师范学校学生必须讲普通话，并按国家主管部门制定的《普通话水平测试标准》的要求通过测试。教师的教育和教学工作都要求很强的口语表达能力，因此对高等师范学校学生进行专门的口语训练并且提出较高的要求，是十分必要的。应当逐步扭转对口语重视不够的偏向。

讲普通话的技能是口语表达技能的基础，讲普通话没有达到一定的水平，无法进行口语表达技能的训练。在口语表达技能训练中，能够进一步提高讲普通话的水平。讲普通话达到要求的，可重点进行口语表达技能的训练。这两项技能训练应当安排在一年级。

考核办法：按《普通话水平测试标准》普遍进行测试，合格者发给证书。口语表达的考核由任课教师或校内专门机构负责，主要考核朗读和讲演（或讲课）两项，但不得用教育实习替代。成绩分为优秀、良好、及格、不及格四等。

一、讲普通话技能的训练

（一）训练目的

对高等师范学生的普通话训练，一般应当达到国家主管部门制定的《普通话水平测试标准》的二级，即能用比较标准的普通话进行朗读、讲课和交谈。对中文专业学生的要求：北方方言区一般应达到一级，南方方言区达到二级中等。

（二）训练内容

1. 树立或加强推普意识：了解普通话的形成，了解推普的重要意义，了解国家推普的方针、政策和任务。

2. 了解发音器官、发音部位和发音方法；掌握好《汉语拼音方案》；掌握普通话的声母、韵母、声调，掌握变调、轻声、儿化等。

3. 熟练掌握现代汉语 3 500 常用字所组词语的标准读音，学习《汉语拼音正词法基本规则》，能直呼音节，正确拼写汉语词语。

4. 用普通话朗读、对话。

5. 了解本地方言语音与普通话语音的主要差别和对应规律，能进行方音辨正。

6. 了解本地方言的词汇、语法与普通话的主要区别，能进行本地方言词汇、语法辨正。

（三）训练建议

1. 要给学生准备学习普通话的材料，准备学习普通话的音像资料，供学生上课或自学使用。建立普通话学习中心，学生在这里可以看到资料，得到指导。

2. 创造条件开设国家教委要求开设的“教师口语”课程。

3. 按国家主管部门制定的《普通话水平测试标准》对新生普遍进行测试，达到二级者发给证书，不达标者参加学习班学习和训练。学校主要是办“普通话二级达标班”，也可办提高班。

4. “普通话二级达标班”每个系根据需要开设若干班。每班学生人数以十几个为宜，以便教师指导练习。

5. “普通话二级达标班”的教师（专职或兼职）如人手不够，可由中文系高年级学生经过培训后承担。

二、口语表达技能训练

（一）训练目的

对高等师范学校学生口语表达技能训练的目的是：有较强的朗读、讲演和讲话能力，口语表达做到清晰、正确、得体，掌握教学、教育、交谈的口语特点，力求做到科学、简明、生动，具有启发性。

（二）训练内容

1. 朗读。

（1）朗读是口语训练的重要途径。

（2）朗读的要求：正确、清楚、流畅；恰当而充分地表达思想感情。

（3）朗读的准备：熟悉内容，明确目的，了解对象。

（4）朗读的技能：吐字归音、重音、停连、语调、节奏等，朗读与朗诵的区别与联系。

（5）要求熟读诗 2 ~3 篇，基本达到朗读的各项要求。

2. 讲演。

（1）讲演的特点和作用。

（2）讲演的要求。

（3）讲演的准备：选好讲演内容——自己熟悉，听者关注；了解听众，加强针对性。写好讲稿——观点明确，材料丰富，逻辑严密，语言准确、生动；进行充分的练习、准备，增强自信心。

（4）讲演的技能：开头与结尾，突出重点，显示条理，临场应变，适当的手势、表情、姿态。

（5）做讲演 2 ~3 次，基本达到讲演的各项要求。

3. 交谈。

（1）交谈的特点与要求。

（2）交谈的种类（偶然性的或约会性的，拜访性的或采访性的，电话或其他）及其技能。

4. 教学口语。

（1）教学口语的特点与要求。

（2）教学口语的种类（复述、描述、概述、评述、解说等）及其技能。

5. 教育口语。

（1）教育 12 语的特点与要求。

（2）教育口语的种类（说服、评论、指导等）及其技能。

（三）训练建议

1. 创造条件，开设国家教委要求开设的“教师口语”课程。

2. 购置或制作朗读、讲演、交谈、教学口语、教育口语等的音像资料，供教学使用。

3. 由学生会、共青团或其他社团经常组织学生进行朗诵比赛、讲演比赛，各班级也要经常组织。对朗诵和讲演好的优秀学生要给予奖励。还可以组织讲演团、朗诵团、话剧团等，学校要给予支持。

4. 各专业的教学法课要讲授教学、教育语言的运用问题。

5. 教育实习期间，指导教师要注意培养和考查实习生的口语表达能力。

第二部分　书写规范汉字和书面表达技能的训练

说　明

汉字是记录汉语、传递信息的重要工具，也是教师教育工作的重要工具。国家对现行汉字已经确定了统一的规范和标准，教师应当掌握这个规范和标准。是否能写一笔规范的好字（或比较好的字），直接关系到教育教学效果和教师的威信，因此对高等师范学校学生应进行书写规范汉字的训练，提高书写规范汉字的水平。文科各系需要阅读繁体字书籍的，可引导学生通过查字表或字典自行掌握，不必也不宜为此进行教学和训练。

为了胜任教师工作，还应当教育高等师范学校学生注意书面语言的表达，进行有关训练，使他们养成良好的写作习惯，提高写作水平。

对高等师范学校学生进一步加强规范汉字、书写技能和书面表达这三项技能的训练是很有必要的，但是这些任务相当困难而且容易被忽略。这三项技能在原有基础上能不能提高，关键在于学习的态度是否认真，思想上重视了才谈得上技能的提高。因此训练中要坚持思想教育和技能训练并举。这三项技能的训练应当从一年级开始。

考核办法：与其他课程一样，按学籍管理办法的有关条文进行。评定成绩分为优良、良好、及格、不及格四等。也可组织全校语言文字基本功考核。

一、掌握规范汉字的训练

（一）训练目的

教育高等师范学校学生树立用字要规范的意识，训练他们写字规范正确，笔画清楚，要掌握好 3 500 常用字，自觉纠正错别字。

（二）训练内容

1. 了解国家语言文字工作的方针、政策，掌握汉字的规范标准。

（1）巩固汉字简化成果，坚持汉字简化方向。

（2）汉字规范的重要意义。什么是规范汉字，什么是不规范汉字。

（3）教师把汉字写得规范正确的重要意义。

2. 掌握好现代汉语常用字。

（1）掌握常用字的笔画、笔顺和字形结构。

（2）掌握《简化字总表》中的简化字。

（3）会读、会写、会用《现代汉语常用字表》中所收的 3 500 字。

（4）自觉纠正错别字。掌握容易读错的字、容易写错的字、容易写别的字、多音多义字。

（三）训练建议

1. 给学生提供规范汉字的学习、练习资料，有关的音像资料。

2. 学校内要创造使用规范汉字的环境和氛围，学校教师要以身作则，各科教师要齐抓共管，如各科教师对学生作业、论文、实习教案中的错别字和不规范字都要给予纠正。

二、书写技能的训练

（一）训练目的

对高师学生加强书写技能的训练，主要是进一步培养良好的书写习惯，纠正已经形成的不良书写习惯。这是一个相当繁难的任务。考虑到现实情况，训练目的定为：以提高硬笔楷书的书写技能为主，兼顾行书；提倡写好毛笔字。这里所指书写技能，不是书法艺术。

（二）训练内容

1. 教师掌握书写技能的重要性。

2. 对教师书写技能的要求：笔画清楚，正确规范，熟练有力，匀称美观。

3. 掌握执笔、运笔的方法，纠正不正确动作和姿势。

4. 汉字笔画的书写，间架结构的安排。纠正有关的书写毛病。

5. 掌握书写款式：卷面干净，留有天地，布局恰当，行款整齐。

6. 掌握选帖、读帖和临摹的基本知识和要领，培养对书法作品的鉴赏能力。

（三）训练建议

1. 给学生提供书法学习的练习资料和有关音像资料。

2. 举办多种多样的有关书法的课外活动，如观摩、展览、比赛等等，鼓励学生把字写好。

三、常用文体写作技能的训练

（一）训练目的

训练高等师范学校学生掌握教师常用文体的写作技能，所写文章内容符合文体要求，语言得体，语句通顺，标点符号正确无误。

（二）训练内容

1. 掌握工作计划、工作总结、申请报告、调查报告、各类信函等常用文体的写作知识（包括行款格式）和技能。

2. 学习范文，并习作若干篇。

3. 掌握常见语病的类型和改正方法。

4. 进一步掌握标点符号用法，纠正容易出现的错误。

（三）训练建议

1. 给学生提供有关常用文体写作技能的学习、练习资料（包括范文和误例）。

2. 各科教师对学生的书面表达要齐抓共管，对学生作业、论文、实习教案等都严格要求，发现问题要给予指正，要讲评，要作为评分的标准之一。

第三部分　教学工作技能训练

说　明

教学工作技能训练系指教师备课、上课、批改作业和评定成绩等教学环节所必备的技能训练。教学工作技能是高等师范学校学生的教师职业技能的重要组成部分，是师范生提高从师任教素质的必修内容。进行教学工作技能训练是师范教育改革的重要方面。

教学工作技能是教师运用专业知识和教学理论进行教学设计、使用教学媒体、编制教学软件、组织课内外教学活动和进行教学研究等所采取的一系列教学行为方式。教学工作技能训练是在教育学、心理学和学科教育理论的指导下，以专业知识为基础进行的教学基本技能训练，是理论联系实际的实践活动。其主要内容包括进行教学设计的技能，使用教学媒体和编制教学软件的技能，课堂教学的技能，设计和批改作业的技能，组织和指导学科课外活动的技能及教学研究的技能。

教学工作技能训练是实践性的教学活动。在进行教学技能训练的过程中，要利用多种形式充分调动学生的积极性，参加实践、讨论、评论等活动，使其掌握教学基本技能。为了便于学生对各项教学技能的感知和理解，要提供必要的录像示范或直接示范。在实践过程中应使用声像设备对其实践过程进行记录和反馈，使学生的教学技能不断改善和趋于稳定。各校对学生进行教学工作技能训练可采取多种形式，有计划、有步骤地开展工作。

在训练过程中采取定性与定量相结合的评价方法，定性评价指出优缺点以便改进，定量评价是给出量化结果以记入成绩。为此，首先要制定每项教学技能的评价标准，训练时由学生自己根据标准进行评价，作为平时训练成绩，占总考核成绩的40%。单项教学技能训练结束后进行教学技能综合训练，由指导教师评价，占总考核成绩的60%。

一、教学设计技能的训练

（一）训练目的

理解教学设计的概念，了解教学设计的方法，通过训练掌握制定教学目标、分析和处理教材、了解学生、制定教学策略、制订教学计划和编写教案的方法。能结合学科特点设计和批改学生作业，课后能评价自己和别人的教学。

（二）训练内容

1. 概念：教师在备课过程中，用系统的方法把各种教学资源有机地组织起来，对教学过程中相互联系的各个部分的安排做出整体计划，建立一个分析和研究的方法，制定解决问题的步骤，对预期的结果进行分析。

2. 制定教学目标：了解教学目标的类别，掌握制定教学目标的方法和要求，重点掌握制定课堂教学目标的方法。

3. 分析和处理教材：通过训练初步学会分析教材的方法，能围绕教学目标组织和处理教材。

4. 了解学生：了解学生学习的特点，掌握分析学生学习的方法。

5. 制定教学策略：能根据教学目标、教学内容和学生实际选择教学媒体，其中包括：教学内容与媒体选择；学生特点与媒体选择；媒体的教学特性与选择，媒体的价值与选择。将各种媒体有机地结合，设计课堂教学活动。

6. 制定教学计划和编写教案：了解教学计划和教案的结构和要求，掌握制定教学计划和编写教案的方法，通过训练能写出合乎要求的教学计划和教案。

7. 作业的类型和设计：了解本学科学生作业的类型及设计的方法，能根据教学的需要选择和设计作业的内容。

8. 学习评价：了解学习评价的依据和标准，通过训练掌握学习评价的方法。

（三）训练建议

1. 如果在教材教法等课程中已有此内容，可结合教材教法课进行训练。2、3、5、7的内容可作为训练的重点。

2. 可选择中学某节教材的教学内容训练学生制订教学目标、分析处理教材和编写教案，并分组讨论相互交流。

3．设计和批改作业的训练，可选择中学教材的某节内容让学生设计练习题，也可组织学生分析教材上的习题，搜集其他练习题，通过讨论和研究建立小题库。

二、使用教学媒体技能的训练

（一）训练目的

使学生了解教学媒体的种类和功能，掌握现代教学媒体的使用方法及常用软件编制的方法。能根据教学内容和学生的特点选择、使用教学媒体，设计制作教学所需的教学软件及简易教具。

（二）训练内容

1．概念：教师在进行教学设计和课堂教学中。根据教学内容和学生的特点设计、选择、使用教学媒体的行为方式。

2．教学媒体及其教学特性：

（1）常规教学媒体及其教学特性：图书、实物、标本、模型、图画、挂图。

（2）现代教学媒体及其教学特性：投影、幻灯、录音、电视与录像、计算机。

3．简易教具的制作方法。

4．教学软件的编制与使用；投影片的种类和制作；录音教材制作；幻灯、电视录像教材和计算机辅助教学软件的应用。

5．将各种媒体有机组合。

（三）训练建议

1．在训练内容中常规媒体与现代教学媒体并重。

2．教学软件的编制以投影片的制作为主。

3．在现代教学媒体的使用、制作训练中可请电教教师协助教学。

三、课堂教学技能的训练

（一）训练目的

使学生了解课堂教学中基本教学技能的类型，理解各项基本教学技能的概念。掌握各项教学技能的执行程序和要求，通过训练能根据教学任务和中学生的特点把教学技能应用于教学实践。

（二）训练内容

1．导入技能。

（1）概念：导入是在新的教学内容或活动开始时，教师引导学生进入学习的行为方式。

（2）导入的类型：直接导入；旧知识导入；生动实例导入；直观教具导入；故事导入；问题导入；实验导入等。

（3）导入的程序：集中注意—引起兴趣激发思维—明确目的—进入学习课题。

（4）导入的要求：针对教学内容和学生的特点，导入目的明确；能引起学生兴趣，有启发性；导入与新知识联系紧密，进入课题自然合理。

2. 板书板画技能。

(1) 概念：是教师利用黑板以凝练的文字语言和图表等形式，传递教学信息的行为方式。

(2) 板书板画的类型：提纲式；语词式、表格式；线索式；图示式、示意图、简笔画等。

(3) 板书板画的要求：书写规范迅速，示范性强；条理清晰，布局合理；形式多样，启发思维；文字、图表科学准确；板画简单明了，形象生动。

3. 演示技能。

(1) 概念：教师根据教学内容特点和学生学习的需要，运用各种教学媒体把事物的形态、结构或变化过程等内容展示出来，指导学生理解和掌握知识、传递教学信息的行为方式。

(2) 演示的类型：实物、标本、模型的演示；挂图的演示；幻灯、投影的演示；电视的演示和课堂实验的演示。

(3) 演示的程序：心理准备—出示演示物—对演示物说明—讲解—总结—核查学生理解。

(4) 演示的要求：对演示物精心选择；演示前提出问题和观察重点；演示时要指导学生观察，充分感知；多种媒体相互配合，综合利用；演示后及时总结，明确观察结果。

4. 讲解技能。

(1) 概念：教师利用语言及各种教学媒体引导学生理解重要事实，形成概念、原理、规律、法则等行为方式。

(2) 讲解的类型：事实性知识的讲解，抽象性知识的讲解。

(3) 讲解的程序：

事实性知识的讲解：提出问题叙述事实—提示要点核查理解。

抽象性知识的讲解：

归纳法：提供感性材料—指导分析—综合概括巩固深化。

演绎法：提出概念—阐明术语—举出实例（正、反例）—巩固深化。

(4) 讲解的要求：明确目标、重点突出；运用丰富的实例（正、反例），联系已学过知识，引导学生分析概括，培养学习方法；及时巩固、应用，理论联系实际。

5. 提问技能。

(1) 概念：教师以提出问题的形式，通过师生的相互作用，检查学习、促进思维、巩固知识、运用知识、促进学生学习的行为方式。

(2) 提问的类型：回忆提问；理解提问；运用提问；分析提问，综合提问，评价提问。

(3) 提问的程序：引入阶段—陈述阶段介入阶段—评价阶段。

(4) 提问的要求：设计多种水平的问题；问题重点突出，简明易懂，把握提问时机，给予启发和引导；给予分析和评价。

6. 反馈和强化技能。

（1）概念：反馈是教师传出教学信息后，从学生那里取得对有关信息反应的行为方式。强化则是教师通过各种方法促进和增强学生的某一行为变化朝更好方向发展的行为方式。

（2）反馈的类型：课堂观察；课堂提问；课堂考查；实践操作。

（3）强化的类型：语言强化；符号（标志）强化；动作强化；活动强化。

（4）反馈和强化的要求：反馈及时准确，强化恰到好处；反馈形式灵活多样，强化方式适合学生特点，发现学生的微小进步，强化以表扬为主。

7. 结束技能。

（1）概念：是在完成一个教学内容或活动时，教师积极进行归纳总结，使学生所学知识形成系统，转化升华的行为方式。

（2）结束的类型：归纳式；比较式；活动式；练习式；拓展延伸式。

（3）结束的程序：简单回忆，提示要点；巩固练习或拓展延伸。

（4）结束的要求：明确教学重点，提示知识要点；形成知识系统，使学生理解升华；及时巩固，强化学习；结束形式多样，增强学生兴趣。

8. 组织教学技能。

（1）概念：是在课堂教学中教师不断组织学生的注意，管理纪律，引导学习，建立和谐的教学环境，指导学生进行学习的行为方式。

（2）组织的类型：管理性组织；指导性组织；诱导性组织。

（3）组织的要求：明确目的，教书育人；了解学生，尊重学生；重视集体，形成风气；灵活应变，因势利导。

9. 变化技能

（1）概念：是教师利用表情、动作等身态语，辅助口头语言传递教学信息和表达情感的行为方式。

（2）变化的类型：动作变化；表情变化；眼神变化；声调变化。

（3）变化的要求：根据教学内容和学生的特点确定变化的类型；每一种类型的应用要有助于组织学生的注意和传递教学信息；变化技能的应用要合理适度。

10. 教学技能综合训练：综合运用以上几种教学技能进行训练。

（三）训练建议

1. 训练的方法主要采用微型教学的方法。注意提供必要的示范，有条件的学校要应用现代教学手段提供声像反馈，以获得更好的训练效果。

2. 根据学生情况，训练要有重点，技能的分别训练与综合实践相结合。

四、组织和指导学科课外活动技能的训练

（一）训练目的

使学生了解学科课外活动的特点、方法、组织形式及活动方案的设计，能组织和指导与本学科教学有关的课外活动。

（二）训练内容

1. 概念：是教师根据学生的特点及培养学生能力的要求，组织、指导学生开展有关学科课外活动的教学行为方式。

2. 学科课外活动的类型：课外兴趣小组；科技知识竞赛；读书报告会；小论文和小制作比赛；参观；调查等。

3. 学科课外活动常用的方法：观察和调查；实验和实践；讨论和评议；制作和创作。

4. 学科课外活动方案的设计：了解活动方案的构成和活动方案设计的方法。

5. 学科课外活动内容选择的要求：活动目的明确，有利于人才培养；活动内容的选择要适合青少年的特点，课内课外知识有机结合；教师具有辅导能力。

（三）训练建议

组织学生开展学科课外活动，由学生自己设计方案，执行方案，从而得到训练。训练活动也可结合教育实习进行。

五、教学研究技能的训练

（一）训练目的

使学生了解教学研究的方法，能初步运用本专业知识的教育学、心理学原理进行教学研究，探索教学改革，提高教学质量。

（二）训练内容

1. 概念：是初步运用教学理论进行教学研究设计、资料搜集与统计处理、撰写论文的行为方式。

2. 教学研究课题的选择：了解教学研究课题；课题选择的方法及如何制定研究计划。

3. 教学研究的方法：调查研究；观察研究；实验研究；比较研究。

4. 研究资料的统计和分析：掌握统计描述的基本方法，了解统计检验的适用范围。

5. 研究论文撰写的方法：了解科研论文的结构和撰写科研论文的要求。

（三）训练建议

1. 此项教学技能训练可结合教学提出研究课题，在教师的指导下由学生自己设计研究方案、搜集资料、统计分析、写出研究报告。

2. 结合教育实习中的教育调查或毕业论文进行训练。

第四部分　班主任工作技能训练

说　明

班主任工作技能训练是高等师范学校学生的教师职业技能训练的重要组成部分，掌握班主任工作技能是师范生成为合格的中学教师的必备条件之一。因此，加强师范生的班主任工作技能训练，是高等师范学校教育教学工作不可缺少的内容。

班主任工作技能训练系指“中学班级管理，对学生进行思想品德教育和组织指导学生进行课外活动等方面的技能训练”。它是以教育学、心理学等学科的基本理论为指导、理论与实践相结合的教学实践活动。

班主任工作技能主要包括：集体教育的技能、个体教育的技能、与任课教师和学生家长沟通的技能。在对学生进行技能训练的过程中，既要做到有组织、有计划、有措施，又要注意调动学生参加训练的主动性和积极性，使训练达到预期效果。

此项训练应有考核。考核可采取定性评价与综合考试相结合的方式。定性评价是指出学生在某项训练中的优缺点，以利于提高；综合考试则是根据训练的内容，对学生应掌握的技能进行全面测试，以检验训练的效果。为此，各校应将班主任工作技能进行分类，逐类加以训练。根据学生的实际状况和所应达到的要求，制订出考核标准。在训练的基础上，对学生进行考核，并将其成绩记入学习档案。

一、集体教育技能的训绩

（一）训练目的

了解建设班集体的几个重环节，掌握组建班集体的主要方法；了解在中学开展各种活动的形式和内容，并能实际组织各种活动；了解中学生日常行为规范的基本要求，掌握对其训练的一般方法。

（二）训练内容

1．组建班集体的技能。

（1）制定班级工作计划：包括学期计划、阶段计划、月计划、周计划和具体活动计划。每项计划包括：工作内容、时间安排、实施方案以及应该注意的问题等。

（2）确立班级奋斗目标：包括近期目标、中期目标和长期目标。

（3）选拔、培养和使用学生干部：学生干部选拔的基本方式是民主选举；培养的方法是在实际工作中指导；使用的方法是支持、鼓励、发挥特长。

（4）协调好正式群体与非正式群体的关系。

（5）培养优良班风：正确运用表扬、批评、奖励、惩罚等教育手段，形成正确的舆论导向，通过活动形成学生正确的是非观念和集体荣誉感，严格管理、严格要求，使学生养成良好的行为习惯，促进优良班风的形成。

（6）组织与指导班会和团队活动：

第一，了解班会的类型：日常班会和主题班会；掌握组织与指导班会的基本步骤。

第二，帮助团支部或少先队制定工作计划，指导他们开展好各项活动，协助团组织和少先队组织正确地进行组织发展工作。

2．组织各种活动的技能。

（1）组织和指导中学生参加课外活动：

第一，课外活动的种类，主要有科技活动、文学艺术活动和体育活动。

第二，课外活动的形式，可以分为全班性的集体活动、小组活动、个人活动。

第三，课外活动的要求：坚持自愿的原则，鼓励和发挥学生的独立性与创造性，班主任应具有科技、音乐、美术、体育等某方面的基本知识和基本技能，如：对音乐、美术作品的鉴赏知识，识谱，合唱指挥和简单绘画（包括会写美术字，能够设计和画黑板报、墙报），某种体育项目比赛的裁判方法，队列训练的方法，科技小制作等等。

（2）组织和指导中学生参加社会实践：

第一，社会实践的主要形式：到工矿、农村、部队、学校进行社会考察、体验生活、参加劳动、军事训练，也包括走访各类典型人物。

第二，组织和指导社会实践的要求：必须具有明确的目的性和针对性；要掌握组织社会实践的方法：选择实践场所，联系有关单位。做好实践活动前的具体准备工作，在偶发事件发生的时候，能够妥善地进行处理。

（3）组织和指导中学生参加校内外其他集体活动：活动的内容主要是指日常思想教育活动和各种社会公益活动；组织这类活动，必须要根据学生的思想热点或带有倾向性的问题来确定活动的主题，并根据内容选好活动的形式，同时，引导学生积极参与，使活动的过程成为学生接受教育的过程。

3. 对学生进行日常行为规范训练的技能。

（1）中学生日常行为规范的内容：自尊自爱，注重仪表，真诚友爱，遵规守纪，勤奋学习，勤劳俭朴，孝敬父母，遵守公德，严于律己。

（2）中学生日常行为规范训练的要求：既要有共性教育，又要针对不同学生的特点，采取不同的训练方法，因人施教。

上述几种训练方法既可单独使用，又可综合使用。

（三）训练建议

1. 组织师范生观看班主任工作的录像片，使他们对如何组建班集体和怎样开展集体教育，有一个基本的认识。

2. 向师范生推荐班主任工作方面的读物，并开展阅读、书评、演讲等教育活动。

3. 根据师范生的需要，开设科技、音乐、美术、体育等方面的知识讲座。

4. 就班集体建设中的某些问题走访、信访优秀班主任，或请他们来校讲课、座谈。

5. 在见习或实习期间，观摩 1 ~ 2 项中学班主任组织的活动，并且提出自己的活动设想，在实习中，将“组织活动”列入计划，并且评定成绩。

6. 根据目前中学生的思想热点，设计并模拟一次主题班会。

7. 在实习中，师范生参与班级行为规范训练计划的制定，并根据中学生存在的某些问题制定教育实施方案。

二、个体教育技能的训练

（一）训练目的

了解学生个体思想和心理变化的特点，掌握对他们进行教育的几种主要方式方法。

（二）训练内容

1. 了解学生的技能。

（1）观察学生：观察的形式可分为自然状态下观察和特定条件下观察两种；要根据观察的内容确定观察的形式；班主任对观察到的第一手资料，要随时记录下来，并将有价值的信息分门别类地建立学生情况卡片，定期进行整理分析，从中寻找带有普遍性和规律性的东西，使对学生的教育更具有针对性。

（2）与学生谈话：谈话的形式可分为正式和非正式谈话两种；谈话前要做好充分的准备；掌握谈话的方法；谈话后要对学生进行观察，检验谈话的效果；运用谈话法还可以与其他教育方法相结合。

（3）分析书面材料：包括学生填写的各种表格，学籍卡片、日记、周记、入团申请书，班主任的操行评定、班级日志、班级荣誉册等等。

分析方法：系统分析法或数理统计法。

（4）调查访问：具体形式有个别交谈、座谈会、书信往来、家访、请访问对象来校参加活动、问卷调查等。调查访问力求做到实事求是，全面深入，对所了解到的情况要进行认真、客观的分析和研究，排除人为的因素，以便对学生个体或群体做出公正、准确的判断与评价。

2．心理咨询的技能。

（1）了解中学生的生理和心理特点以及心理障碍产生的原因。

（2）掌握心理咨询的主要方法和技术。

（3）在对学生进行心理咨询的过程中，要与其他教育方法相结合。

3．操行评定的技能。

（1）操行评定的时间：一般可分为期末评定和毕业鉴定。

（2）操行评定的内容：期末评定和毕业鉴定力求全面地对学生德智体美劳几方面的状况做出公正的评价，并提出今后的努力方向，以激励学生发扬优点，克服缺点，争取更大的进步。

（3）操行评定的方法：学生自评、互评、小组鉴定、班主任评定。

4．处理偶发事件的技能。

（1）了解偶发事件的特点。

（2）掌握处理偶发事件的一般方法。

（三）训练建议

1．开设青少年教育学、心理学知识讲座，为师范生从教打好理论基础。

2．模拟训练：假设某学生的情况、特点，组织师范生对其进行模拟谈话、心理咨询和操行评定；假设一个偶发事件，请师范生对此提出处理方法。

3．在实习中，选择几个不同类型的学生，作为谈话对象，实施谈话的准备、谈话的过程和谈话后的工作等环节。

4．针对目前中学生存在的思想困惑和心理变化趋势，设计一份调查问卷，或实地调查，将收集到的信息做一分析，并写出分析报告。

5．在班级中，开展“一句话评语”的活动，即学生之间以一句格言或谚语的形式，互相评价、提醒、激励。通过这种活动，使师范生掌握这种评语的特点，并学会组织这种活动。

三、与任课教师、学生家长沟通技能的训练

（一）训练目的

了解班主任与任课教师、学生家长关系的基本特点和相互配合的教育意义；掌握与其沟通的几种主要方法，努力获得任课教师和家长对班主任工作的支持。

（二）训练内容

1. 与任课教师的沟通。

（1）主动向任课教师介绍中班学生的基本状况，向学生介绍任课教师的教学情况。

（2）定期邀请任课教师座谈，交流学生的听课及学习情况，帮助任课教师解决问题；听取教师对班级工作的意见和建议。

（3）邀请任课教师参加班级活动，增加师生之间的相互了解和加深感情。

2. 与学生家长的沟通。

（1）家访：明确家访的目的，订好家访的计划，了解家长的个性特点，做好与家长谈话的各项准备工作；考虑可能出现的问题和家访后应做的工作。

（2）信访：

第一，信访内容的设计。

第二，信访的要求：用词准确诚恳；字迹认真工整；要体现出对家长的尊重和希望家长配合的态度。

（3）家长会：

第一，规模：全体学生的家长会和部分学生的家长会。

第二，形式：座谈会、汇报会、家长委员会。

第三，时间：开学初、期中考试后、学期结束前。

第四，家长会的准备工作：确定会议的主题、收集各种资料、预先通知家长、构思发言等等。

第五，家长会后的工作：针对学生的表现，及时与家长取得联系；激励和表扬学生的进步。

（三）训练建议

1. 在师范生之间开展模拟训练：假设某班学生的基本状况，以班主任的身份向任课教师做介绍；模拟家访。将两种模拟实况录像。在学生中开展讲评活动。

2. 走访优秀班主任，请他们介绍与任课教师和家长沟通的经验、体会以及应注意的问题。

3. 在实习期间，如有条件，可参加中学班主任的家访，以取得家访的实际经验。

3.《全国青少年信息学奥林匹克联赛组织指南》

全国青少年信息学奥林匹克联赛组织指南

第一条 NOIP 是由中国计算机学会（CCF）主办的以省为赛区单位组织实施的全国性竞赛，是全国青少年信息学奥林匹克竞赛（NOI）系列活动的重要组成部分。

第二条 为规范全国青少年信息学奥林匹克联赛（简称 NOIP），制定本指南。

竞赛形式和时间

第三条 竞赛分普及组和提高组两个组别，各分初赛和复赛两轮进行。

第四条 初赛为笔试，主要测试选手有关计算机方面的基本知识，每年 10 月份的第三个周六下午 2：30—4：30 在各赛区进行。

第五条 复赛为上机编程，主要测试选手算法设计编程能力，每年 11 月份的第三个周六在各赛区进行：提高组于上午 8：30—12：00 进行，普及组于下午 14：30—18：00进行。

参赛对象及报名

第六条 凡初、高中阶段的学生和同等年龄段中等专业学校的在校生均可以报名参加。

第七条 参赛选手到 NOI 网站报名，由所在学校老师确认后统一提交学会。

第八条 初赛报名截止时间为当年 9 月 20 日。

第九条 复赛各赛区根据初赛成绩从高到低依次确定参加复赛的选手，不参加初赛的选手不具有参加复赛的资格。参加复赛的人数不高于参加初赛人数的 20%。特派员应于初赛后 10 天内，按普及组和提高组（分语言）统计出参加复赛的选手和人数以及复赛试卷申请数量，用电子邮件或网络方式上报主办单位。

主办单位

第十条 主办单位（简称 CCF）负责统一大纲、统一命题、统一制卷、统一评分标准、统一竞赛时间、统一评测。

第十一条 NOIP 竞赛时间、报名方式、收费标准需由 CCF 于赛前 3 个月发布，试卷邮寄方式需由 CCF 于赛前 1 个月确定。初赛纸质试卷需由 CCF 于赛前 10 日寄至各赛区管委会保密员保管并确认收到；复赛电子版加密试卷需由 CCF 于赛前 12 小时以邮件形式发至各省特派员，密码于赛前半小时以短信及邮件形式告知各省特派员。

第十二条 CCF 于复赛前 15 日组织 NOI 科学委员会、竞赛委员会确定各省一等奖获奖名额。

第十三条 CCF 需于初、复赛前 10 日聘任 NOIP 巡视员，并制作巡视员指南、胸卡及聘书，CCF将给予每位巡视员200元补助，可邮寄本人也可作为下年度会费。

第十四条 初、复赛当日，CCF需安排NOI办公室人员接听电话、查询邮件及协助处理突发事件。

第十五条 CCF负责将初赛标准答案于初赛结束两小时内发至各省特派员，于初赛结束第10日发布到NOI网站。复赛当日24：00前CCF负责以邮件形式收集全部选手考试源程序。

第十六条 复评时间为复赛结束第二周周一8：00—周四8：00，申诉受理截止日为第三周周二8：00前，申诉处理为第三周周二8：00—周五12：00前，CCF负责在相应截止日前将复评及申述结果发至申诉单位。复赛一等奖全国分数线由CCF于第四周周四前划定，最终成绩于次日在NOI网站进行公示一周。

第十七条 公示期结束两周内，CCF需按照中国科协青少年科技中心格式要求上报复赛一等奖信息。并于当年12月31日前制作和寄发获奖选手证书。

第十八条 CCF负责在竞赛结束3个月内与各省组织单位结清参赛费用并开具发票（原则上一个省份开具一张发票），特殊情况（如推迟缴费、多开发票）需由学会秘书长批准。

第十九条 CCF负责及时处理来自各地的署名举报，经核实确系重大舞弊之事实，需报中国科协青少年中心备案。

省组织单位

第二十条 省组织单位负责设置NOIP考点。所有考点须得到主办单位的批准，未经批准的考点，其竞赛结果不予承认。

初赛：可在若干城市设置若干考点，一个考点可以设置若干考场。每个考场不应少于20个选手。

复赛：一般应安排在同一城市的同一考点进行。如需在一个城市增设考点，则两个考点之间的距离不超过5公里。如有特殊情况，一个省可申请在其他城市增设考点，一个省的考点数不超过3个。在其他城市增加考点的组织单位需另缴纳一定费用，此费用主要用于主办单位巡视员的监督成本。复赛时申请增加考点的时间为复赛前3周。

第二十一条 特派员组织各赛区的考务工作，具体要求按照中国科协颁布的《全国五项学科竞赛条例》的规定执行：

1）特派员负责组织考场、任命考点负责人和考场监考人、监督竞赛等考务工作。每个考点设有负责人1人，每个考场设有主监考人1人、副监考人1人，上述人员的工作对特派员负责。特派员须填写考场分配表，初赛前10天报主办单位。

2）初赛笔试结束后，答卷纸收齐后当场由主监考人装订、密封（试题可由选手带走），并由考点负责人签名。装订时不得露出密封线内的内容。各赛区根据全国评分标准统一组织阅卷，阅后将全部答卷封存备查。

3）阅卷须在竞赛后7日内完成，各省特派员须填写《NOIP初赛成绩报表》，以电子版的形式报送主办单位。初赛参赛选手人数以得分大于零分者计算。

4）复赛及评测：选手按照复赛前主办单位给出的《NOIP复测答卷提交要求》提

交答卷。复赛结束后，监考人应立即收取所有参赛选手的程序并交由本赛区评测组评测，评测必须在竞赛当日 24 小时内完成，选手须在其本人竞赛成绩单上签字确认。省 NOIP 组织者要为每个选手建立一个以其姓名命名的文件夹，并将该选手的源文件和可执行文件放在该文件夹中。具体要求参见主办单位发布的关于选手程序上报的规定。省组织单位需在复赛当日 24：00 前将所有选手程序及需复测的 200% 选手程序以电子邮件形式上报 CCF。

5）对于没有足够技术力量组织评测或主办单位认为不宜进行自行评测的省，需将选手程序全部提交到主办单位，由主办单位 NOI 科学委员会统一评测。

6）复测：各省可采用 NOI 科学委员会提供的自动评测系统进行评测，但最终成绩以主办单位 NOI 科学委员会的复测结果为准。

7）特派员须于复赛后 3 日内（以寄出时间计）用快递方式将上报材料寄送至主办单位。上报到主办单位的材料包括：装有选手源程序和 NOIP 成绩报表的光盘和由特派员签字并由省竞赛管委会（或者相应组织）盖章确认的 NOIP 成绩单。如此次上报的选手程序和竞赛当日上报的程序不一致，本次上报的相应选手的程序和成绩无效。

技术支持

第二十二条　CCF 责成 NOI 科学委员会专人负责提供 NOIP 技术支持，主要包括竞赛环境、评测系统的安装和使用、复测、申诉处理、编程语言的使用限制、提交程序的格式。参与技术支持的人员应服从该负责人的工作安排。

第二十三条　CCF NOI 科学委员会如对评测系统及编程语言使用限制进行修改，需至少提前半年对外公布。

第二十四条　CCF NOI 科学委员会需安排专人负责对复赛期间各省组织单位提出的技术问题随时进行解答。

第二十五条　CCF NOI 科学委员会需安排专人负责进行复评及处理申诉，复评时间为：复赛结束第二周周一 8：00—周四 8：00，申诉处理时间为：第三周周二 8：00—第三周周五 12：00 前。评测工作需两名以上人员共同完成，测试结果须经复评负责人确认后，方可向 CCF NOI 竞赛办公室正式提交。

第二十六条　评测人员应严格按照竞赛规则和评测负责人的要求进行评测，不得接受非正式渠道提出的评测要求，也不得通过非正式渠道发布任何与竞赛评测相关的信息。

第二十七条　评测人员应认真、公平、公正地对待每个选手。评测应以 CCF 提供选手于竞赛当日 24：00 前提交的答案为准，不得擅自修改选手源程序。

第二十八条　评测人员应保证评测数据的完整、真实、准确、安全，及时做好评测记录和数据的备份。

命题

第二十九条　命题工作由 CCF 责成 NOI 科学委员会专人负责，参与命题的人员应服从该负责人的工作安排。命题工作对 CCF 负责。

第三十条　命题实行回避制度，所有命题成员在接触竞赛题目后不得以任何形式对任何人进行全国信息学竞赛方面的辅导。如有违规，视为泄密行为。

第三十一条 命题小组成员如有直系亲属或旁系亲属参加竞赛，则其应事先向NOI科学委员会报告，由NOI科学委员会决定是否参加命题工作。如在上述情况下没有事先报告并参加了命题工作，则无论结果如何，都视为泄密。

第三十二条 所有命题人员在接触竞赛题目前需签署命题保密承诺书。

第三十三条 命题人员如有泄密行为，经确认，CCF将于NOI网站公示并向命题人员所在单位去函。造成严重后果者还应承担相应的法律责任。

第三十四条 NOIP有关的题目、说明、题解、测试数据、经当事人授权的答案（包括解题过程和源程序）以及相关资料的所有权属于中国计算机学会。出题者和提供答案者本人享有署名权。未经CCF同意和授权，任何组织和个人不得以任何形式自行出版和传播，或以任何形式谋取商业利益。如结集出版，应纳入信息学奥林匹克丛书出版系列并以CCF名义出版，或和出版机构合作出版，主编或编者可以署个人姓名。

监督

第三十五条 主办单位CCF的工作由中国科协监督，同时接受社会监督。

第三十六条 NOIP特派员的工作由CCF监督。

第三十七条 特派员对联赛的事务负责并全权监督所负责赛区的各分赛区。

第三十八条 如发现某个人或组织单位有违规行为，任何与竞赛有关的个人与单位都有权向违规人或该单位的上一级机关投诉。

第三十九条 选手在NOIP中有违规行为，该选手将被立刻取消参赛资格，并从次年算起被禁赛三年。

第四十条 在竞赛中监考老师纵容违规行为或发现违规行为不予制止，视为失职。从次年算起被禁赛三年。

第四十一条 在联赛中特派员已发现违规行为但不予处罚，视为失职，主办单位将撤销其特派员资格。

第四十二条 在联赛中省组织单位失职，主办单位视情形给予降级或取消其省竞赛组织单位资格的处罚。

第四十三条 主办单位派巡视员对各省NOIP竞赛进行巡查，代表主办单位独立行使监督权力。主办单位有权随机调阅各省NOIP考卷。

第四十四条 科学委员会如有泄密，取消其委员资格，并公布。

第四十五条 所有违规行为均由主办单位记录在案。

第四十六条 受理投诉的单位必须为投诉人保密。

第四十七条 被处罚方可向主办单位或其上一级单位申诉。主管单位为最终裁决单位。

第四十八条 主管单位对主办单位及主办单位组织者的处罚由主管单位制定。

4.《全国青少年信息学奥林匹克联赛考试大纲》

全国青少年信息学奥林匹克联赛考试大纲

一、总则

由中国计算机学会负责组织的全国青少年信息学奥林匹克联赛（National Olympiad in Informatics in Provinces，简称 NOIP）是全国信息学奥林匹克竞赛（NOI）系列活动中的一个重要组成部分，旨在向中学生普及计算机基础知识，培养计算机科学和工程领域的后备人才。普及的重点是根据中学生的特点，培养学生学习计算机的兴趣，使得他们对信息技术的一些核心内容有更多的了解，提高他们创造性地运用程序设计知识解决实际问题的能力。对学生的能力培养将注重以下的几个方面：

1. 想象力与创造力；
2. 对问题的理解和分析能力；
3. 数学能力和逻辑思维能力；
4. 对客观问题和主观思维的口头和书面表达能力；
5. 人文精神：包括与人的沟通能力，团队精神与合作能力，恒心和毅力，审美能力等。

二、命题程序和组织机构

命题是考核和选拔过程中的重要一环，对计算机的普及的内容具有导向性作用。命题应注重趣味性、新颖性、知识性、应用性和中学生的心智特点，不直接从大学专业教材中选题。

在命题和审题工作中，坚持开放和规范的原则。在 NOI 科学委员会主持下成立的 NOIP 命题委员会负责命题工作，命题委员会成员主要来自参加 NOIP 的省（包括直辖市、自治区，下同。每个省最多派一名委员），也可来自社会计算机界。NOIP 命题委员会的主要职责是提供 NOIP 的备选题目，并承担对所提供的题目保密的责任。

1. NOIP 命题委员会委员应具备如下资格：

从事一线计算机教学或信息学奥赛辅导工作两年（含）以上；

有精力和时间从事该项工作；

对此项工作有兴趣并愿意作为志愿者从事 NOIP 命题及其相关工作。

2. NOIP 命题委员会委员的产生过程：

本人提出申请（填写表格）；

中学教师需得到所在单位同意或省奥赛主管部门同意；

科学委员会批准，由中国计算机学会颁发聘书（每一聘期为两年）。

3. NOIP 命题委员会委员的职责：

每年为 NOIP 提供备选题题目若干，在 9 月 1 日之前提交科学委员会；

备选试题的保密期为 2 年，在该段时间内不得泄密或另作他用；

搜集本省信息学奥赛的有关信息并向科学委员会通报；

4. 题目一经提交，即表明同意授权中国计算机学会科学委员会全权处理，包括使用、修改和出版。

试题原型被科学委员会采用后，中国计算机学会将为命题者颁发试题录用证书，并颁发酬金。无论是委员提交的题目还是科学委员会直接提交的题目，试题版权均归中国计算机学会所有。NOIP 所用试题由科学委员会确定，这些试题可能从备选题库中选取并做适当修改后成型，也可能直接命题。

三、竞赛形式和成绩评定

NOIP 分两个等级组：普及组和提高组。每组竞赛分两轮：初试和复试。

初试形式为笔试，侧重考查学生的计算机基础知识和编程的基本能力，并对知识面的广度进行测试。初试为资格测试，获本省初试成绩在本赛区前 15% 的学生进入复赛。

复试形式为上机编程，着重考查学生对问题的分析理解能力、数学抽象能力、编程语言的能力和编程技巧、想象力和创造性等。各省 NOIP 的一等奖在复试的优胜者中产生。

比赛中使用的程序设计语言是：

初赛：PASCAL 或 C/C + +；

复赛：PASCAL 或 C/C + +。

每年复赛结束后，各省必须在指定时间内将本省一等奖候选人的有关情况、源程序和可执行程序报送科学委员会。经复审和评测后，由中国计算机学会报送中国科协和教育部备案。中国计算机学会对各省获 NOIP 二等奖和三等奖的分数线或比例提出指导性意见，各省可按照成绩确定获奖名单。

四、试题形式

每次 NOIP 的试题分四组：普及组初赛题 A1、普及组复赛题 A2、提高组初赛题 B1 和提高组复赛题 B2。其中，A1 和 B1 类型基本相同，A2 和 B2 类型基本相同，但题目不完全相同，提高组难度高于普及组。

（一）初赛

初赛全部为笔试，满分 100 分。试题由四部分组成：

1. 选择题：共 20 题，每题 1.5 分，共计 30 分。每题有 5 个备选答案，前 10 题为单选题（即每题有且只有一个正确答案，选对得分），后 10 题为不定项选择题（即每题有 1 至 5 个正确答案，只有全部选对才得分）。普及组 20 个都是单选题。

2. 问题求解题：共 2 题，每题 5 分，共计 10 分。试题给出一个叙述较为简单的问题，要求学生对问题进行分析，找到一个合适的算法，并推算出问题的解。考生给出的答案与标准答案相同，则得分；否则不得分。

3. 程序阅读理解题：共4题，每题8分，共计32分。题目给出一段程序（不一定有关于程序功能的说明），考生通过阅读理解该段程序给出程序的输出。输出与标准答案一致，则得分；否则不得分。

4. 程序完善题：共2题，每题14分，共计28分。题目给出一段关于程序功能的文字说明，然后给出一段程序代码，在代码中略去了若干个语句或语句的一部分并在这些位置给出空格，要求考生根据程序的功能说明和代码的上下文，填出被略去的语句。填对则得分；否则不得分。

（二）复赛

复赛的题型和考试形式与NOI类似，全部为上机编程题，但难度比NOI低。题目包括4道题，每题100分，共计400分。每一试题包括：题目、问题描述、输入输出要求、样例描述及相关说明。测试时，测试程序为每道题提供了5～10组测试数据，考生程序每答对一组得10～20分，累计分即为该道题的得分。

五、试题的知识范围

（一）初赛内容与要求

计算机基础知识：

1. 计算机和信息社会（信息社会的主要特征、计算机的主要特征、数字通信网络的主要特征、数字化）。

2. 信息输入输出基本原理（信息交换环境、文字图形多媒体信息的输入输出方式）。

3. 信息的表示与处理（信息编码、微处理部件MPU、内存储结构、指令、程序和存储程序原理、程序的三种基本控制结构）。

4. 信息的存储、组织与管理（存储介质、存储器结构、文件管理、数据库管理）。

5. 信息系统组成及互联网的基本知识（计算机构成原理、槽和端口的部件间可扩展互联方式、层次式的互联结构、互联网络、TCP/IP协议、HTTP协议、WEB应用的主要方式和特点）。

6. 人机交互界面的基本概念［窗口系统、人和计算机交流信息的途径（文本及交互操作）］。

7. 信息技术的新发展、新特点、新应用等。

计算机基本操作：

1. Windows和LINUX的基本操作知识。

2. 互联网的基本使用常识（网上浏览、搜索和查询等）。

3. 常用的工具软件使用（文字编辑、电子邮件收发等）。

数据结构和程序设计基本知识：

1. 程序语言中基本数据类型（字符、整数、长整、浮点）。
2. 浮点运算中的精度和数值比较。
3. 一维数组（串）与线性表。
4. 记录类型（PASCAL）/结构类型（C）。

程序设计：

1. 结构化程序设计的基本概念。
2. 阅读理解程序的基本能力。
3. 具有将简单问题抽象成适合计算机解决的模型的基本能力。
4. 具有针对模型设计简单算法的基本能力。
5. 程序流程描述（自然语言/伪码/NS图/其他）。
6. 程序设计语言（PASCAL/C/C++），2022年后只使用C++。

基本算法处理：

1. 初等算法（计数、统计、数学运算等）。
2. 排序算法（冒泡法、插入排序、合并排序、快速排序）。
3. 查找（顺序查找、二分法）。
4. 回溯算法。

（二）复赛内容与要求

在初赛内容的基础上增加以下内容：

数据结构：

1. 指针类型。
2. 多维数组。
3. 单链表及循环链表。
4. 二叉树。
5. 文件操作（从文本文件中读入数据，并输出到文本文件中）。

程序设计：

1. 算法的实现能力。
2. 程序调试基本能力。
3. 设计测试数据的基本能力。
4. 程序的时间复杂度和空间复杂度的估计。

算法处理：

1. 离散数学知识的应用（如排列组合、简单图论、数理逻辑）。
2. 分治思想。
3. 模拟法。
4. 贪心法。
5. 简单搜索算法（深度优先、广度优先）搜索中的剪枝。
6. 动态规划的思想及基本算法。

参考文献

［1］王蕊. 新课程理念下信息技术课程的教学改革与创新［J］. 中小学教师培训，2008（12）：48－50.

［2］周克江，张子石. 信息技术教育学［M］. 北京：中国电力出版社，2007.

［3］吴军其. 新理念信息技术教学论［M］. 北京：北京大学出版社，2010.

［4］李艺. 信息技术课程与教学［M］. 北京：中央广播电视大学出版社，2011.

［5］杨欢耸. 小学信息技术课程与教学［M］. 上海：华东师范大学出版社，2010.

［6］赵波，段崇江，张杰. 信息技术课程标准与学科教学［M］. 北京：科学出版社，2014.

［7］教育部基础教育课程教材专家工作委员会. 普通高中信息技术课程标准（2017版）解读［M］. 北京：高等教育出版社，2018.

［8］王建仙. 地方院校师范专业内涵建设与提升路径措施［J］. 大学教育，2018（10）：1－3.

［9］闫丽霞. UGS协同视野下乡村教师专业发展支持体系的构建［J］. 继续教育研究，2018（2）：91－94.

［10］孙玉红，李广，程媛. 地方高校培养师范生的联动优集机制（UGS）探索［J］. 黑龙江高教研究，2017（1）：91－93.

［11］徐敬标. 基于“C－UGS”的小学教师培养实践：以南京晓庄学院为例［J］. 科教导刊（下旬），2015（2）：58－61.

［12］舒易红，刘诗伟. 高师教师教育“UGS三位一体”人才培养模式的建构［J］. 衡阳师范学院学报，2015，36（1）：151－153.

［13］曾碧，马骊. 基于UGS模式下的卓越教师培养策略［J］. 廊坊师范学院学报（社会科学版），2015，31（3）：117－119.

［14］教育部关于实施卓越教师培养计划的意见［EB/OL］.（2014－08－19）. http://www.moe.gov.cn/srcsite/A10/s7011/201408/t20140819_174307.html.

［15］教育部等五部门关于印发《教师教育振兴行动计划（2018—2022年）》的通知［EB/OL］.（2018－03－23）. http://www.moe.gov.cn/srcsite/A10/s7034/201803/t20180323_331063.html.

［16］教育部关于实施卓越教师培养计划2.0的意见［EB/OL］.（2018－10－10）. http://www.moe.gov.cn/srcsite/A10/s7011/201810/t20181010_350998.html.

[17] 中共中央国务院印发《中国教育现代化 2035》[EB/OL].(2019-02-25). http://edu.people.com.cn/n1/2019/0225/c1006-30899811.html.

[18] 张伟坤，熊建文，林天伦. 新时代与新师范：背景、理念及举措 [J]. 高教探索，2019 (1)：32-36，110.

[19] 张怡红，刘国艳. 专业认证视阈下的高校师范专业建设 [J]. 高教探索，2018 (8)：25-29.

[20] 杨跃. 从"师范专业"到"教师教育项目"：教师专业人才培养模式改造初探 [J]. 教育发展研究，2015，35 (18)：66-72.

[21] 教育部关于印发《教育信息化 2.0 行动计划》的通知[EB/OL].(2018-04-25).http://www.moe.gov.cn/srcsite/A16/s3342/201804/t20180425_334188.html.

[22] 中共中央办公厅、国务院办公厅印发《加快推进教育现代化实施方案(2018—2022 年)》[EB/OL].(2019-02-23).http://www.gov.cn/xinwen/2019-02/23/content_5367988.htm.

[23] 明桦，林众，罗蕾，等. 信息素养内涵与结构的国际比较 [J]. 北京师范大学学报 (社会科学版)，2019 (2)：59-65.

[24] 国务院办公厅关于深化产教融合的若干意见[EB/OL].(2017-12-19). http://www.gov.cn/zhengce/content/2017-12/19/content_5248564.htm.

[25] 林璇，冯健文. 基于微课的师范生教学技能训练研究与实现：以计算机师范专业为例 [J]. 软件导刊 (教育技术)，2018，17 (10)：59-62.

[26] 林崇德. 构建中国化的学生发展核心素养 [J]. 北京师范大学学报 (社会科学版)，2017 (1)：66-73.

[27] 林崇德. 学生发展核心素养：面向未来应该培养怎样的人？[J]. 中国教育学刊，2016 (6)：1-2.

[28] 金荷华. 中外核心素养研究与教师教育课程的优化 [J]. 江苏第二师范学院学报，2018，34 (2)：79-88.

[29] 蔡清田. 核心素养在台湾十二年国民基本教育课程改革的角色 [J]. 全球教育展望，2016，45 (2)：13-23.

[30] 教育部基础教育课程教材专家工作委员会. 普通高中信息技术课程标准 (2017 版) 解读 [M]. 北京：高等教育出版社，2018.

[31] 解月光，杨鑫，付海东. 高中学生信息技术学科核心素养的描述与分级 [J]. 中国电化教育，2017 (5).

[32] 朱桂琴. 核心素养视域下的师范生实践教学变革：方向、困境与路径 [J]. 教育发展研究，2017 (12)：52-57.

[33] 王又新，王中华. 论新建本科院校师范生核心素养框架：以贵州师范学院为例 [J]. 中小企业管理与科技，2017 (24)：77-78.

[34] 王素坤. 计算机专业师范生教育职业能力培养研究 [J]. 教育与职业，2012 (6)：120-122.